本书获湖北省省级优势特色学科群建设项目“中国语言文学与文化传承创新”、湖北文理学院博士科研启动项目资助

传统、现代、民间视域下的贾平凹小说创作

江河 著

武汉大学出版社
WUHAN UNIVERSITY PRESS

图书在版编目(CIP)数据

传统、现代、民间视域下的贾平凹小说创作 / 江河著 . -- 武汉 : 武汉大学出版社,2025.9. -- ISBN 978-7-307-25014-7

Ⅰ. I207.42

中国国家版本馆 CIP 数据核字第 20254HV655 号

责任编辑:白绍华　　　责任校对:汪欣怡　　　版式设计:马　佳

出版发行:**武汉大学出版社**　(430072　武昌　珞珈山)

(电子邮箱:cbs22@ whu.edu.cn　网址:www.wdp. com.cn)

印刷:武汉中远印务有限公司

开本:720×1000　1/16　印张:17.5　字数:240 千字　插页:1

版次:2025 年 9 月第 1 版　　2025 年 9 月第 1 次印刷

ISBN 978-7-307-25014-7　　定价:89. 00 元

目　　录

绪　论

贾平凹是当代重要作家，小说创作成果尤为丰富。自1973年发表处女作《一双袜子》至今，小说创作时间逾50年，长篇小说收获尤其丰富，截至2024年，已出版长篇小说18部，可谓文坛常青树。对他的研究一直都是学界热点，目前已出版《贾平凹研究资料》两套，分别由天津人民出版社2005年和山东文艺出版社2006年出版，研究专著和论文不断涌现。贾平凹勤奋多产，直面现实，勇于创新与突破，敢于揭露与批判。其小说以鲜明的传统和民间文化底蕴形成浓厚的民族化风格，字里行间又标举着现代性的追求，是当代西部文学一面高举的大旗。他的作品如《浮躁》《废都》《秦腔》等出版时都在文坛激起热潮，成为阅读和评论的焦点，尤其是20世纪90年代初围绕《废都》的毁誉交加、被禁和解禁的聚讼纷纭，更成为当代文学史上一个重要的"文学事件"。研究他小说创作中传统、现代、民间相交缠的现象，对理解当代作家复杂多样的创作姿态，提点作家在民族化与国际化背景下确立自己的价值立场和美学追求，具有标本式的价值。以下先对其小说创作的"传统、现代、民间"特性的研究现状做一综述。

一、与本书论题相关的研究现状

（一）贾平凹小说的"传统性"研究

费秉勋的专著《贾平凹论》较早指出了贾平凹与传统的关系，在该书第十八章"贾平凹与中国古代文化及美学"中，指出贾平凹接续了历时性断线的中国表现性体系小说的创作，并吸收西方现代派艺术，与之冶为一炉，他把以《庄子》、《世说新语》、唐代传奇、《浮生六记》等为代表的，具有“重写意，散文化，流动着充盈的艺术气韵”特征的文本称为“表现体系小说”，认为贾平凹接续了中国表现文学传统。对于中国传统文化，他认为贾平凹在对美的追求和对人生意义探寻中，感性地、不成体系地接受了中国的古典哲学，其中既有儒家的宽和仁爱，也有道家的自然无为，甚至有着程朱理学对世界的客观唯心主义的认识。从地域文化的角度，他认为贾平凹由于“客观地利上的文化熏染，加上作家主体方面强大的艺术吸收力，形成了贾平凹创作上的所谓‘秦汉风’”①，其特征体现为厚重朴拙、有开放气息和神秘感。至于传统文学的影响，他着重强调了贾平凹受苏轼和司马迁的影响。苏轼的旷达、品德和节操令贾平凹仰慕，而他小说中的秦汉风采源于他对《史记》的学习。

关于贾平凹与中国传统文化的关系研究成果较多，如他对中国儒道释思想的吸取，此类代表性的论文有：石杰的《贾平凹及其创作的佛教色彩》(《徐州师范学院学报》，1994(1))、《贾平凹创作中的禅的超越》(《河北师范大学学报》(社科版)，1995(4))、《道家文化与贾平凹作品中的意象建构》(《中国人民大学学报》，1998(6))，王玉宝的《庄禅文化精神的现代遭遇——〈废都〉与贾平凹的文化心态》(《洛阳大学学报》，1997(3))，曾令存的《禅宗意识与贾平凹的散文创作》(《嘉应大学学报》(社科版)，1997(4))，姜波的《传统文化的审视与现代文化的重构：评贾平凹文化小说的创作困境》(《理论观察》，2001(1))，贾平凹的《我与传统接受》(《小说评论》，2017(2))，韩鲁华的《论贾平凹对传统的三个承续》(《小说评论》，2017(2))等。如韩鲁华在《论贾平凹对传统的三个承续》中认为：贾平凹的传统承续来自文化思想、文学艺术、文化人格三个方面，他所说的传统包括了文化、文学、人格三个方面，本书所论贾平凹与传统的关系，主要指他的小说与古典文学的关系，而且侧重阐述他与古典文学叙事与抒情传统

① 费秉勋：《贾平凹论》，西北大学出版社1990年版，第215、222、223页。

的关系。

对贾平凹小说中国文学的叙事与抒情传统承续关系的研究视角主要来自陈平原以及董乃斌。前者提出了“史传传统与诗骚传统共同制约着中国叙事文学发展的理论构想”①。后者认为“抒情，或是叙事，在我们看来，是涵指文学表现手法及其功能的高层概念，概括性和包容性很强，故惟有它们才有资格上升来指称文学传统。抒情传统或是叙事传统，作为贯穿线可对文学总体和文学史作出比较清晰的区分，已是文学批评和研究界比较公认的对应性提法”，“小说的因子蕴藏在神话传说、民间故事、子部寓言乃至歌谣辞赋之中，但史述才是孕育小说最重要的母体。如果我们想寻找中国古典小说的生长基因，历代史述应该是最理想最丰富的库藏”②。因此，谈到贾平凹小说对中国叙事传统的承继自然离不开他对史传文学的承续。

1. 贾平凹小说与中国文学的抒情传统

费秉勋在分析贾平凹小说时，认为其具有“生命审美化”的气质特点，强调其早期创作注重主体抒发，追求审美怡悦的艺术个性，又将贾平凹小说归为中国表现体系小说的传统。所谓“表现”是和“再现”对应，指“注重主观感受，对客观事物的描写不求形似，只抓取其神髓，以作为抒写主体感受的载体，在这种创作中，客观事物常常被作了或大或小的变形。这是非现实主义的创作方法，所持的是‘表现论’”③。这种“表现”体系的传统就是中国文学的抒情传统。

持类似观点的还有李遇春，认为贾平凹的小说有“史”与“诗”的双重特点，“就贾平凹的闲聊式说话体小说而言，它直接源自《金瓶梅》和《红楼梦》的说话传统，因此，如同曹雪芹在骨子里是诗人而又有民间历史书写冲动一样，贾平凹也有‘史’与‘诗’的双重文体追求，他的小说文体中同时

---

① 陈平原：《中国文学叙事模式的转变》，北京大学出版社 2010 年版，第 2 页。

② 董乃斌：《中国文学叙事传统研究》，中华书局 2012 年版，第 15、502 页。

③ 费秉勋：《贾平凹论》，西北大学出版社 1990 年版，第 216 页。

受到了客观历史书写与主观诗歌抒情的双重渗透”，“除了历史冲动和历史的文体渗透，贾平凹的长篇小说系列中还存在着抒情冲动和诗赋的文体渗透”①。

黄平指出了贾平凹小说创作在抒情和写实之间时而分离时而交融的态势，认为：“贾平凹一直尝试整合‘诗人’与‘现实主义’这‘两个世界’的关系，他基本走了一条U字形的路线，从‘潮流化’的呈现‘现实’开始，经历‘诗人’压倒‘现实主义’的高度个人化的‘自我倾诉’‘意象写实’两个阶段，最后回到‘现实’的世界，但已是一个放逐了‘主义’的破碎的世界。”②笔者倒是不太同意他关于“在‘诗人’和‘现实主义’两极之间靠近了‘实’的一极，贾平凹写得比较出色；靠近了‘虚’的一极，贾平凹的作品就比较糟糕”的说法，此论对“伟大的现实主义”过于推崇，忽视了贾平凹偏好主体抒发的艺术个性和抒情主义的、意象化的写“虚”的笔法的价值和意义，而这才正是贾平凹不同于其他作家的独特之处。

笔者认为贾平凹小说有鲜明的主体性和抒情性。他借鉴了中国传统文学的意象建构和境界营造，以及明清世情小说的写法，延续了中国现代抒情小说的传统，是当代作家中较具抒情特性和语言美感的作家之一。作为深受两大传统影响的当代作家，其小说具备了写实和抒情交替发展、综合会通的特点，可以作为当代作家继承抒情与叙事传统并加以转化的典型范本。可以说，他是当代作家中较自觉地借鉴传统同时也是结合得较好的作家之一。

2. 贾平凹小说与中国文学的叙事传统

陈平原提出史传和诗骚传统共同制约着中国叙事文学的发展，强调了《史记》对中国古代小说的巨大影响：“实际上自司马迁创立纪传体，进一步发现历史散文写人叙事的艺术手法，史书也的确为小说提供了可资直接

① 李遇春：《“说话”与贾平凹长篇小说的文体美学——从〈废都〉到〈带灯〉》，《小说评论》，2013年第4期。

② 黄平：《贾平凹小说论稿》，云南人民出版社2013年版，第150页。

借鉴的样板。这就难怪千古文人谈小说，没有不宗《史记》的。"①董乃斌也指出"史述"是孕育中国小说最重要的母体，以《史记》为代表的中国史传文学成为中国小说最重要的资源，产生了巨大的影响。李建军认为《史记》对当代小说的影响和启示，在于"张扬着坚强不屈的生命意志与自强不息的进取精神，始终显示出充满同情心和包容态度的人文情怀，始终表现出对现实的清醒的批判态度、对权力的高贵的反讽精神"以及"实录"精神所体现出来的"忠于事实的求真精神和叙事伦理"②。韩鲁华则从具体的传统的文脉承继中，看到了贾平凹对抒情和叙事传统的综合借鉴、转益多师，"贾平凹的文学创作，从中国文学发展的历史神脉中，各个时期都有所汲取，这就是：先秦的开放与深邃、博广，魏晋的随心而述、神采飞扬，汉唐的雍容与饱满，两宋的忧愤旷达，明清的性灵通透。或者说，在贾平凹的文学创作艺术中，有着史传传统，笔记传统，志怪传统，传奇传统，世情传统"③。

李遇春是对贾平凹小说创造性转化中国文学叙事传统研究较充分的论者。他对贾平凹小说的写实艺术和说话文体与中国文学叙事传统的关系都做了卓有成效的研究，如他认为贾平凹《废都》以来的长篇小说复活了以《金瓶梅》《红楼梦》为代表的中国古代闲聊式说话体小说的传统，而"这种闲聊式的说话体小说传统中隐含着现代性的文体资源"④。他将贾平凹的写实手法命名为"微写实主义"，并对其特点作如下归纳："客观冷静、含蓄深沉的超越性精神姿态""借助于中国古典小说传统的'说话'体——'闲聊体'——来从事日常生活原生态的精细描摹""非戏剧性的、反情节的散文

① 陈平原：《中国文学叙事模式的转变》，北京大学出版社2010年版，第197页。

② 李建军：《〈史记〉与中国小说的未来》，《小说评论》，2014年第4期。

③ 韩鲁华：《贾平凹文学创作与中国传统文脉的承续》，《文艺争鸣》，2017年第6期。

④ 李遇春：《"说话"与贾平凹长篇小说的文体美学——从〈废都〉到〈带灯〉》，《小说评论》，2013年第4期。

化结构”“反中心主义的多元人物群像的雕塑或构筑”①。在他看来，贾平凹的小说创作是中国文学传统的现代转化的重要实绩。

通过以上研究成果的分析，不难发现，中国文学的叙事传统对贾平凹小说创作的影响不是单一的某一个时期、某一类文学传统，而是从先秦散文到明清小说整个传统文脉的整体借鉴与承继。大致说来，在他 20 世纪 80 年代归入“寻根”文学的《商州三录》以及土匪系列小说受笔记小说、志怪和传奇小说影响较大，而从《废都》以降，直到《秦腔》更多受到明清以《金瓶梅》《红楼梦》为代表的文人白话世情小说的影响，及至《带灯》《老生》《山本》又可看到他对《史记》《山海经》等秦汉风骨的追求。而在一些具体作品中，还可看到古今一一对应的承继关系，如《废都》与《金瓶梅》，《高老庄》与《西游记》，《秦腔》与《红楼梦》，《山本》与《三国演义》《水浒传》等。同时笔者发现，在对中国叙事传统的承继中，贾平凹始终没有放弃抒情化的追求，他的抒情和写实(叙事)的融通与拮抗在不同创作阶段呈现出不同的风貌，但整体说来，将中国文学的叙事和抒情的传统中有益成分加以创造性的转化，呈现出虚实相即、意象䌷缊的艺术效果，是他一直以来的追求。

(二)贾平凹小说的“现代性”研究

费秉勋在《贾平凹论》里最早指出了贾平凹小说中的现代意识，认为“贾平凹创作中的现代意识包括对人生底蕴的追求，对人性、人本质的探求，对民族精神、民族文化心理的历史根源与历史联系的映现等。而这一切又都是通过现代审美意识进行的，这样就构成了贾平凹创作中现代意识的总结构。”②在他看来，90 年代之前的贾平凹创作的现代意识主要体现为人本思想、启蒙思想和审美意识。

其后更多的研究者指出贾平凹创作在传统与现代之间博弈、往返、纠

① 李遇春：《贾平凹：走向“微写实主义”》，《当代作家评论》，2016 年第 6 期。
② 费秉勋：《贾平凹论》，西北大学出版社 1990 年版，第 146 页。

结的关系。具代表性的有刘一秀的博士论文(2012年吉林大学)《传统与现代的纠结——贾平凹长篇小说创作研究》，论述了贾平凹现代与传统相纠结的思想与创作特征，对《浮躁》为代表的早期创作的现代启蒙意识与宗法制乡土叙事的杂糅、《废都》《白夜》为代表的知识话语形态，并对贾平凹长篇小说体现出的神秘叙事、自然生命观、现实关怀等特点做了辨析。但研究对象截至2011年的《古炉》，并且贾平凹作品中受哪些古典和西方的影响，又呈现哪些传统与现代的特征，界定并不十分清晰明确。更多论者肯定了贾平凹对传统的现代性转换，如傅异星认为："他从自身的经验出发，对传统与现代的文化问题进行了艰苦卓绝的思考，反抗了强大的现代性意识形态。"①谢有顺则认为他主要从三个方面把传统和现代相结合："有意识地在语言上气势上借鉴传统资源的同时，其实也为传统的外表下面埋下了很多现代意识"，"创造了新的叙事方式"，"继承、反抗并扩大了五四新文学的传统"②。

相对于对贾平凹小说与传统关系的研究，其现代性特征并未得到学术界充分的挖掘。贾平凹习惯性混用"现代意识"和"现代性"概念，其作品中的"现代"在不同创作阶段有着不同的体现，下文会有具体分析。

(三)贾平凹小说的"民间性"研究

在王光东看来，"民间"包括实有层面的"民间文化空间"和精神层面的"民间价值取向"两个方面，前者主要体现为作品中包含民间宗教、哲学、艺术等构成的一种自在的生活方式，后者则主要体现为作家观察民间、描述民间的价值立场和审美方式。试图给民间做一个简单而明确的定义是困难的，至于本书所说的文学的"民间性"，当是指文学作品中所具有的民间

① 傅异星：《在传统中浸润与挣扎——论贾平凹的小说》，《文学评论》，2011年第1期。

② 谢有顺：《在传统与现代之间往返博弈的贾平凹》，《小说评论》，2017年第2期。

文化形态内涵和作家表现出的民间价值立场的属性特征。因此对于贾平凹的民间性分析也从以上两个方面展开。

80年代是贾平凹民间感初萌的时期，他对商州地区民间文化形态的勾画体现在四个方面，首先，表现在民俗的展示上；其次，表现在对民间美好的人性、人情的书写上；再次，表现出现代文明、都市文明对传统文明、乡野文化的冲击。最后，描绘出了商州地区独特的民间宗教信仰。90年代开始，贾平凹对自己创作的平民立场、农民身份有了明确的认识，开始具有了自觉的民间意识和观念并指导自己的创作，对城市、乡村民间现实和文化的表现是他创作的重要内容。21世纪始，尤其是从《秦腔》开始，贾平凹真正有了自觉的民间写作立场，主要体现在两个方面，一是小说人物叙述视角的下移，由知识分子视角变为农民视角，成为真正的“作为老百姓的写作”；二是创作姿态的调整，由一种居高临下的俯视姿态，到一种悲悯、认同的平视姿态。

通过以上对贾平凹小说传统、现代、民间“三性合一”创作特点的研究综述，笔者发现了现有研究的不足或值得深入拓展的研究空间：

首先，缺乏一个整体性的研究。以上成果都是从传统、现代、民间某一个或两个视角或维度展开研究，尤其是对其在传统与现代之间游移、纠结、融汇的关系研究比较充分，缺少对其小说创作一个整体性研究，要么限于长篇小说，要么停留在较早时间，没有把其最新的作品包括在内。本书研究的整体性体现在三性融合比较全面的维度，容纳作者50余年小说创作的整个创作历程，具有时间和空间上的广度。

其次，对贾平凹小说的传统性研究充分，但对其民间性和现代性认识不足，对其小说民间性和现代性的体现以及三者之间的相互联系又相互拮抗的关系，分析比较缺乏。

最后，对其在当代文学中的价值和局限认识不足，其创作经验和理论主张值得做更全面深入的总结归纳，以为当代小说创作提供更多可供借鉴的经验和教训。

二、研究思路及方法

(一)所要解决的主要问题

本书以贾平凹小说不同创作阶段的思想意蕴和审美风貌为中心，以其创作的传统性、现代性、民间性追求和艺术特征为切入点，将内容分析和形式研究相结合，围绕当代小说创作的美学、文化学、叙事学、文体学等相关理论问题，力图对贾平凹 50 多年小说创作的成就与不足做一整体研判。贾平凹作为当代颇具传统与民族美学风格的作家之一，研究其作品的意义在于：思考在现代化、世界化的进程中，传统与民间的审美精神和艺术形式有哪些值得继承和转化的元素？这些元素与现代的政治、经济、文化语境是否能构成合榫的关系？传统的文化、审美精神、小说形式如何能同现代的思想、审美精神、小说形式的汲取相结合？通过以上问题的研究，对于当代作家理解传统与现代、民族与世界、精英与民间等的复杂关系，将文学的触角深入丰富、细腻的民间的肌理，具有借鉴价值。

(二)研究的思路及方法

本书在论述内容设计上，将传统、现代、民间作为考察贾平凹小说创作的三个重要维度，以其 50 余年小说创作的时间为经，以不同创作阶段的主题意蕴、审美风貌、叙事特征为纬，力图比较客观、准确地把握其不同创作阶段的思想与美学变迁。本书主要以社会历史批评的方法，在文本细读基础上，运用叙事学、民间理论、古典文论等相关理论，研究其小说创作的创作历程和风格演变。本书的结构由绪论和第一至四章构成。绪论部分对当代乡土小说及贾平凹小说创作的基本状况、研究面貌做整体综述之后，提出了本书所要解决的主要问题、研究方法及路径。以下四章分别对应贾平凹小说创作的四个阶段，第一章是初涉文坛的尝试期（1973—

1982)，认为在其小说创作的起步阶段就建立起了与“传统”和“现实”的紧密联系，而这种特点是与其接受孙犁创作影响密切相关的。第二章是探索期(1983—1992)，本阶段创作以归入“寻根小说”和“改革小说”的作品为主。其寻根小说体现了对传统美学精神和文体特征的继承，其改革小说则体现了对现实主义传统的深化。此时他的民间意识尚未觉醒，不自觉地记录了商州的民间文化形态，现代意识的体现是主体意识的弘扬和分析人性。第三章是成熟期(1993—2004)，《废都》在文坛掀起轩然大波，在创作观念、书写对象、审美追求等方面都有较大转变。本阶段的小说大多以文化思考为主题，意象写实注重整体象征，叙事视角多变，悲凉风格进一步突显，成熟的标志性作品是《废都》和《高老庄》。他的小说从叙事和抒情两个方面继承了传统，尤其是明清世情小说传统；此时开始有了自觉的民间意识，有意识地书写着城市和乡村的民间现实和文化，他的现代意识主要体现为受西方现代派文学影响下的存在主义哲学观念。第四章是突破期(2005 年至今)，寻求在创作主题、美学风貌和创作姿态上的突破。在创作主题上由现实兼及历史，创作姿态更加俯身于民间、关注底层，体现出现实主义的回归与深化的审美特征。作品以人性的光芒烛照现实，现代意识体现为“人类意识”，追求“云层上的那道光”，用悲悯情怀对待笔下人物，在记录社会的同时给人以心灵的慰藉。结语部分对其小说的传统性、现代性、民间性特征做出整体研判，认为其创作的主体呈现出传统与现代、城市与乡村、精英与民间、诗性与理性的矛盾与纠结状态——在文化取向上偏向传统，在精神归属上偏向乡村，在创作姿态上经历了由知识分子话语到民间话语的转变，在审美追求上力求写实与抒情、理性与诗性的结合，而这种悖论式的文化选择和创作观念体现在小说的人物塑造、叙事策略、审美风貌等各方面；认为其小说创作形式接续了传统美学精神，现代小说技巧和美学精神并不充分，其小说的现代性主要体现在西方哲学和人学思想观念上。传统美学与现代语境之间有冲突，当代乡土小说仍需以现代美学精神加以观照，才能真正实现对传统的继承与现代性转化。本书采取文本分析、社会历史研究、审美研究、影响研究等方法，结合文化学、美学、社会学、叙事学、发生学等相关学科理论，既在纵向上论析贾平凹小说的创作历程与演变，也在横向上阐述其在当代文学史坐标上的价值与意义。

第一章　初涉文坛：喜悦的歌唱与哀伤的低吟（1973—1982年）

发表于1983年的《商州初录》（《收获》1983年第5期），是贾平凹小说创作的标志性作品，代表着他结束了长达10年的"游击战"，找到了可以安身立命、反复挖掘的"富土"和"阵地"——商州，开始建构起他的"商州世界"。贾平凹的小说创作分期可以有空间和时间两个划分标准。从作品表现的地域（空间）来看，《废都》之后作者有短暂的都市生活书写，但大体仍未逸出商州的范畴，小说主人公都是由商州入省城的知识分子或商州地区的农民。《秦腔》中贾平凹为故乡立了一块碑，是纪念也是告别，之后他的笔触似乎慢慢逸出了商州，延展至秦岭地区甚至整个大西北。因此从小说表现的地域来看，贾平凹《商州初录》之前的创作可以称为"前商州时期"（1973—1982年），之后直到《秦腔》的创作时期可称为"商州时期"（1983—2004年），《秦腔》及其之后创作时期称为"后商州时期"（2005年至今）。从贾平凹小说艺术成熟的演变过程（时间）来看，如果要指出贾平凹具有转折性的标志性作品，也无疑是《商州初录》《废都》《秦腔》。《商州初录》标志着贾平凹开始建构他的"商州世界"，为他小说艺术的成熟提供了丰富的民间化"土壤"；《废都》标志着他小说美学追求的转变，由传统的批判现实主义向生活化、细节化、意象化的古典写实艺术过渡，建立起自己独特的小说叙事艺术；《秦腔》标志着他日常化意象叙事的成熟。正基于此，笔者认为贾平凹的创作从地理空间上分为三个阶段，即"前商州时期""商州时期""后商州时期"，从时间来看分为四个阶段，即尝试期、探索期、成熟期和突破期，大致对应着70年代、80年代、90年代和新世纪，为了叙述方便，行文中也用代际指代他的四个创作阶段。两个不同划分阶段的对应关系是，“前商州时期”对应他的尝试期(70年代)，“商州时期”对应着他的探索期和成熟期(80、90年代)，“后商州时期”对应他的突破期(新世纪)。本章论述其初涉文坛尚未发出自己独特声音的“前商州时期”的小说创作。

一、与现实的紧密关系：歌颂或讽刺

(一)清浅的颂歌

《一双袜子》是贾平凹第一篇公开发表的作品，发表在1973年8月号的《群众艺术》上。这是一篇写雷锋勤俭节约不留名帮助他人的故事。1960年8月的一天，少先队员周铁蛋和同学们来到雷锋部队驻地，请雷锋同志讲故事。雷锋战友王大力正在给孩子们讲“信的故事”(雷锋给大力父亲寄去20元买药治病)。与此同时，另一个“信的故事”在团政治处发生(雷锋给辽阳市灾区寄去100元，辽阳市委给部队寄来了表扬信)。更巧的是，此时，郊区和平人民公社的周书记敲锣打鼓，送来感谢信，感谢雷锋为庆祝抚顺市望花区和平人民公社成立支援了100元。铁蛋拿来了雷锋的袜子，上面打着10块补丁。三个不同时空的“信的故事”被“一双袜子”联系在一起，显示出传统现实主义小说“巧中巧”的情节编排格局。作者最后借团政委之口坦露了自己的心声，表达敬慕英雄的时代强音：“雷锋同志用自己的行动发扬了我党我军的优良传统。同志们，这不是一双普通的袜子，这是一笔巨大的精神财富啊！雷锋同志这种精神永远值得我们学习！”

这篇作品开启了贾平凹小说与现实、历史、文化、政治等宏大主题的剪不断理还乱的复杂关系，从中也可看出他早期作品的一些特点：为时代和人物唱赞歌，追求情节的巧合与戏剧的冲突，人物塑造的观念化、脸谱化，用直白的语句点明主旨等。这些特点一方面和那个时代的文学潮流相关：“1976年底‘文革’结束后的一段时间，文学并未在较大的范围里实现从‘文革文学’的转变。写作者的文学观念、取材和艺术手法，仍是‘文革文学’的沿袭。”①另一方面表明贾平凹创作的起点不是太高，他说：“我们都经历过‘文化大革命’的动乱年代，在对于中国古代文学艺术的继承上和对于外国现代文学艺术的借鉴上，都十分浅薄。我们一开始学习创作，凭借的是我们的生活和可怜的一点文学知识，而把这种生活的表象写出来罢了。”②对此他有着清醒的认识，并成为激励自己不断创新、突破的动力。同时，在他的这篇作品里，我们看到他日后小说写作技法的一些雏形，如采用多种描写方式追求细致与生动，对小说结构的讲究(该作就采用了类似于俄罗斯套娃式的“套层结构”，一个故事套另一个故事)，以及融诗入文的抒情化写法，小说的结尾就是一首短诗：“一双袜子接过来，革命传统记心怀。艰苦奋斗干革命，雷锋精神放光彩。”

“文革”后，当别的作家还沉浸在“伤痕”的悲苦与控诉中时，他却反其道行之，唱着青春的抒情曲，这一点与汪曾祺类似，汪的《受戒》写的就是“四十三年前的一个梦”。究其原因，贾平凹自述道：“《伤痕》出来后，影响很大。我也曾经试着模仿写过，但失败了。我很苦恼。我个人缺乏那样的生活经历和生活感受。写出来，也不动人。后来，我下决心还是回到自己比较熟悉的生活领域中来。我再一次深刻体会到：没有真实生活感受，没有形象的东西，是怎么也写不好的。”③其实贾平凹并非没有写“伤痕”，只是写得并不成功。如写于 1978 年的《端阳》，通过写一个 12 岁的小姑娘端阳用卖花的钱从“我”——一个犯了“智育第一错误”的下放改造知识分子手里买一本好看的书《安徒生童话》，反映了“不再和知识打交道”的时代伤痕。《琴声》中“‘四人帮’不让民间艺人拉唱”，老艺人被逼死，小孙女因为照样拉那些群众喜爱的曲子，也是周恩来爱听的曲子，竟然被人下毒变成了哑巴。小说中为了凸显“伤痕”的历史意味，不惜将底层的民间艺人直

---

① 洪子诚：《中国当代文学史》，北京大学出版社 1999 年版，第 240 页。

② 贾平凹：《答〈文学家〉编辑部问》，《文学家》，1986 年第 1 期。

③ 胡采：《山地向导——写在前面的话》，《山地笔记》序言，上海文艺出版社 1980 年版。

接和当时的政治领导人联系起来，以突出事件的政治背景和“伤痕”的普遍意义。《日历》中的小林达刚刚四岁，父母被不明不白地带走，领养她的父母战友在1976年4月11日那天抱回了她父母的骨灰，而年幼的小林达此时还在懵懂地期待着父母的归来……这些“伤痕”描写无疑是不很成功的，究其原因，首先，初涉文坛的贾平凹力图跟上时代的主潮，奈何社会洞察力和人生阅历尚浅，写“伤痕”不免隔靴搔痒，未能戳到痛处；其次，作为回乡知青又被推选成为工农兵大学生，作者的人生之路相对比较平顺，此时还缺乏一些时代和个人的刻骨的创伤经验，自然也无法写出真正有力道的“伤痕”。

让贾平凹享有全国声誉的是获得了首届全国优秀短篇小说奖的《满月儿》(发表于《上海文艺》1978年第3期，《上海文艺》后改名为《上海文学》)。1977年被费秉勋认为是贾平凹创作的“一个飞跃”时期，在于有了三个“发现”：“发现了非常切合自我心境的主题命意，这就是讴歌青年对事业和爱情的崇高追求和美好憧憬；发现了自己文学表现上的所长，即意境的创造和诗情抒发；归根到底，他发现了自己，即发现了诗人的贾平凹。这三个发现对贾平凹的迅速成长和取得文坛上的一定地位是带有关键意义的。”①这无疑是卓有见地的论断，但现在看来，说他在1977年就“发现了自己”未免有些夸大，在笔者看来，他真正“发现自己”并尽情释放自己的才情应该始于《废都》，但说他此时部分地“发现了自己”倒是恰切的，尤其是对爱情的描写、意境的创造和诗情的抒发，是他日后创作一直未变的方向。

《满月儿》同样是一篇呼应时代潮流的作品，塑造了一对“社会主义新人”姐妹形象。姐姐满儿一心要为生产队改良麦种，以实现两年建成大寨队的理想，妹妹月儿受姐姐精神感召，由单纯热情、活泼爱笑变为沉静下来去学习测量知识。该作的“成功”主要在两个方面，一是它切合了当时的主流意识诉求：从“文革”的心灵创伤中解脱出来，满腔热情地投入社会主

① 费秉勋：《贾平凹论》，西北大学出版社1990年版，第25页。

义现代化建设；二是它生动地塑造了一对姐妹形象，尤其是妹妹月儿的形象。前一个方面，当文坛充斥着一片“伤痕”的伤痛责难之声的时候，贾平凹已告别“伤痕”瞄向新生，正如有研究者所说：“同样是对当时流行文学思潮的迎合，贾平凹的《满月儿》高明之处在于：没有简单地模仿一个乡村版的《伤痕》，而是给出了一个‘反伤痕’的‘伤痕’故事……有意无意地，贾平凹绕过了‘伤痕’的叙事套路，或者说，更为深切地契合了‘伤痕’之后的青年以‘现代化’为方向的奋斗之路。”①而后一个方面，在于贾平凹展现了自己善于写女性人物和细节描写的特点和偏好。“贾平凹的作品总是着力描写充满着生活情趣的细节，十分注意作品缜密的细部构造，以此来镌刻人物形象，增强作品的生活美感。”②月儿是作者着力更多的人物，她最大的特点是爱笑，小说不长的篇幅中写她笑的地方竟有17处，而且每处都写得不同。以小说第一个月儿出场的场景为例。“我”——返乡养病的农学院陆老师，正欣赏着姨家院里的农民把皮毛、丝绸拿出来“晒日头”，就听见有“咯咯咯”的笑声，这正是古典小说人物出场的经典写法——未见其人先闻其声。紧接着，小说写道：“那姑娘只是笑，并不让步，把娘一直拽过来。‘没正经！’娘生气了，使劲一拽，那姑娘只管笑，没留神让被面脱手了，娘一个趔趄，快要倒下去，姑娘箭步上前拉住，娘俩就势儿坐在地上。姑娘又‘咯咯’笑起来。”这里的四处笑声写出了月儿开朗调皮、活泼好动的个性。用白描的写法凸显人物个性的写法，来源于中国的古典叙事文学传统，不难看出月儿与蒲松龄笔下婴宁的关系。在蒲松龄的笔下，婴宁偶遇王生，“生注目不移，竟忘顾忌”，婴宁就说：“个儿郎目灼灼似贼！”译为白话是：你这家伙眼睛看人像贼一样发亮！一句话写出人物语无遮拦、坦荡爽朗的性格。王生寻至婴宁家，且看作者如何描写其“善笑，禁之亦不可止”的情态：王生在屋内“闻户外嗤嗤笑不已。婢推之以入，犹掩其口，笑不可遏”。受了母亲的呵斥，婴宁“忍笑而立”，说不了几句话，

① 黄平：《贾平凹小说论稿》，云南人民出版社2013年版，第9页。
② 丁帆：《谈贾平凹作品的描写艺术》，《文学评论》，1980年第4期。

“复笑不可仰视”，“至门外，笑声始纵”。① 一连串动作和表情的描写，写出了狐女天真烂漫、毫无心机、开朗爱笑的纯真性格。在那个讲究女子笑不露齿、男女授受不亲的封建时代，婴宁的个性和举动无疑是出格逾矩的，也正由于此，她具有了穿越时光的恒久生命力，在月儿身上“复活”。两个人物不同的是：在婴宁身上尚可以看到令她不能再笑的社会批判的因素，而在月儿身上则完全看不到任何“伤痕”带来的阴影，有的只是朝阳般灿烂而清浅的理想主义和浪漫主义，见出人物的平面化和立意的浅露。当然，这也正是彼时贾平凹创作心境和社会阅历的真实反映。这个阶段作品（主要指《山地笔记》）的思想贫弱与艺术缺陷是毋庸讳言的，如这位研究者的观点颇具代表性：

（《山地笔记》）一扫“文革”文学的火药味，带给读者一个纯净的世界。对这时刚刚从那噩梦似的年代挣脱出来的人们，自然是一种诗意的抚慰。但在今天看来，在这些纯净的作品中，作家还远未确立自己的创作个性。他不过是在可以追求的艺术风格中重复别人已经表现过的生活而已，没有自己的感受和理解……我们很难在那里嗅到时代的气息，只是看到十七年文学中那类经过提纯的文学作品的翻版……社会现实内容的极度淡化和思考能力的贫弱，使读者难以从中看到十年动乱后我国农村的现实状态，也很难得到深刻的思想启迪。②

考虑到 1978 年的贾平凹刚刚 26 岁，正沉浸在“文革”后拨乱反正的全民喜悦中，加上大学毕业后实现了做城市人的梦想，爱情和婚姻的甜蜜也正浸润着他，他自然而然地接受了孙犁的用诗意化笔法摹写现实的写法。此外，社会阅历的尚浅、人生经验的欠缺、理论功底的薄弱等都是其早期作品艺术不够成熟的原因。

---

① 刘烈茂著：《新评聊斋志异三百篇》，广东人民出版社 1985 年版，第 82 页。

② 吴进：《对创作个性的艰苦追寻——论贾平凹创作的“商州前系列”》，《安康师专学报》，1992 年 1、2 期合刊。

这种如沐春风的时代赞歌并未吟唱太久，1979—1982 年，贾平凹陆续写出了《山镇夜店》《亡夫》《晚唱》《二月杏》《年关夜景》《好了歌》《厦屋婆悼文》等中短篇小说，“在这些作品中，生活不再如田园牧歌般的光明，而有了它的阴暗面；人性不再是单纯美丽，而有了它的复杂和丑陋；人不再只有好坏之分，而常常是好中有坏，坏中有好”。① 贾平凹最早的现实主义写作探索，由清浅的颂歌变为哀伤的低吟，开启了他小说创作历程的第一次自我“革命”。

(二)哀伤的低吟

此时期出现这一批带有批判现实意味的作品，有主客观方面的原因。客观上，在新时期初的社会主义建设中，确实出现了一些不正常的社会现象，如腐败现象、官僚主义、社会不公等，加之市场经济推行引发的人们思想和道德上的不适和混乱，他在小说中借人物之口表达了看法：“社会太复杂，新的变革来得迅猛而急剧，旧的偶像在贬值，旧的道德在崩溃，这类人物是应该自己来决定自己，去寻找代替一切过去的旧的东西的新东西了。”②《山镇夜店》《年关夜景》《亡夫》《在乌店》《晚唱》《生活》都是此类批判性作品。《山镇夜店》(1979)采用悟儿的孩童视角，将一个简单的住店故事写得摇曳生姿、童趣盎然。地区上的一位书记到别处检查工作，路过小镇，车坏了，不得不在旅店住一晚，旅店主任就把旅客全赶到唯一的大通间外。有意思的是小说结尾写悟儿夜探旅店，想看看这位神秘的大人物睡着之后的模样，结果让他“很懊丧”：“书记还是那个样子”，和普通人睡姿并无不同。他突然明白了：“不管什么人，睡着了都是一个样儿的；只有醒来了，才都变了的。”委婉地表达了对官场特权的批评和官民平等的美好愿望。《年关夜景》(1979)则是直接反映了山民盖房住新屋的简单愿望难以实现的现实。计划经济下，购买木材需要指标，农民弄不到指标，私下

① 李星，孙见喜：《贾平凹评传》，郑州大学出版社 2005 年版，第 29-30 页。

② 贾平凹：《贾平凹中短篇小说年编：中篇卷 · 二月杏》，山东人民出版社 2013 年版，第 151 页。

买卖又被视为投机倒把，于是不得不趁着大年夜山上无人之机，偷运木材下山。检查站的老头扣住了运木材的农民，却放行了有关系的运木材的司机。小说对计划经济的弊端以及不正之风的揭露是作品要表达的一个方面，另一方面通过山地农民对富有正义感的“光头”的不断变化的态度，批评了山民的自私、懦弱、善变的一面。除此篇外，对国民性弱点的批判和揭露是他此时小说另一个重要的主题，如以下几篇作品：《亡夫》(1979)是一篇典型的反思荒唐年代盲目的个人崇拜的作品，副标题为“录一个寡妇的哭坟”。丈夫人没本事，又娶了个富农分子的孙女，于是政治上主动要求进步以摆脱出身不好的原罪，却屡受挫折。因为将领袖塑像拴了脖子挑着，被打为反革命死在狱中。“亡夫”的悲剧命运反映了“文革”时期许多人希望通过“主动表现”以摆脱不利处境的社会现实。此外，《在鸟店》描写了一个既看不惯新生事物又怕失掉自己在家中权威的思想守旧落后的人物形象，最终没人愿意听他说话，只好买只鸟儿陪他说话。《晚唱》(1981)则刻画了一个当代“套中人”穆仁文，类似于契诃夫笔下的别里科夫。他性格孤僻，胆小怕事，凡事(包括自己谈恋爱的事)都要向组织汇报。造成人物畸形人格的体制与环境，是作者反思的问题。同样主题的还有《生活》(1981)。这篇作品在结构上采用了过去与现实交叉的尝试。孩提时人物的情感那么纯真，村里的人物也是那么有趣、可爱，像“我”的玩伴小林达，还有会讲故事的驼背二爷，没有惩罚我们偷桃行为反而给我们桃吃的看桃林老头。而成人之后的生活完全是另一番模样：“我”因为没有关系，没有后台，被新单位的六个同事指挥；老门卫为了能在领导面前行使他门卫的“权利”，找“我”走后门，只为了让这些领导“把咱放在眼里”；搞摄影的老张主动要教“我”摄影，认为摄影的好处在于“可以摆弄一切人”；还有“我”的对象被单位评为“突击手”，竟然连太好的衣服都不敢穿了。通过儿时回忆和现实生活的对比，讽刺与批评了社会上的一些不正常现象。这些作品都由于没有歌颂，格调低沉，既不符合革命现实主义的昂扬向上的格调要求，也没有写农村社会主义新人，受到当时文学评论界和文联领导的批评和规劝，如时任陕西省文联主席的胡采就指出当时农村题材小说创作的“问题”：“从整个发展过程看(新时期)，后来反映消极面的作品多了些，有的写得不够准确，有的比较低沉，在揭露‘四人帮’和批评党的错误方面界限不够清楚，塑造反面人物随意性比较大，典型化也不够。今天我们写农村题材小说，也要注意这个问题。我们把立场、感情摆对头了，歌颂的是我们党的积极力量，鞭挞的是人民唾弃的东西，就符合社会主义的利益，符合革命现实主义的要求。”以上是不点名的批评，贾平凹也当在批评之列。具体到贾平凹身上出现如此“局限”的原因，胡采分析：“他本身在生活体验上、人生见解上和艺术见解上具有的某种局限性。这个局限性来自两个方面，第一，是经历较少，生活底子不厚……第二，是政治思想的修养，观察生活的高度。要从生活中得到真知灼见，必须运用马列主义去分析问题，具有较高的精神境界。”①以贾平凹倔强莺横的性格，对当时流行的写正面、唱赞歌的要求，难免有一些反抗和破坏的冲动。

主观上，作者自己的创作态度、文学观的变化，也是风格为之一变的重要原因。这既是贾平凹人生阅历、社会识见增长后的反映，也是他不愿随大流、求新求异的创作个性所决定的。费秉勋对他此时的创作心理与哲学思想基础的分析是比较透彻的：“1980年以后，贾平凹对社会了解得越来越多，在对生活的沉思和对古代文化的揣摩中，才初步有了他的哲学思想。当然这里的所谓有哲学思想和无哲学思想完全是相对的。和在此之前更多感受到的是人生的光明相反，贾平凹一旦接连体味了一些生活中的阴暗部分，诸如民性的愚昧麻木、世态的反复多变、人情的冷暖无常等，以前对人生的光洁单纯的眼光，足以加剧他此时的悲观、失望，甚至使他涌动着浩茫的痛苦。这种悲观、失望和痛苦，对于一个勤奋而有才华的人，却会成为事业上奋发的动力。”他以中国古代文学的“忧愤”传统来说明此时贾平凹创作转变的价值和意义，如屈原有“发愤抒情”说，韩愈有“不平则鸣”说，欧阳修有“穷而后工”说等。贾平凹在这种传统的影响下，开始形

① 见《深入农村写变革中农民的面貌和心理——在西安召开的农村题材小说创作座谈会纪要》中胡采发言，《文艺报》，1981年第22期。

成自己的哲学观和美学观，那就是融合儒道禅的“冷静观世”的思想，这种哲学思想具体说来就是：“人应该超脱达观，应该站在宇宙中俯瞰时空，对世界、人生、历史作冷静的观照，而不应加入其中，汲汲于得失，与世俗时风相俯仰。”①

正是由于贾平凹对自己的创作转变有着清醒的认识和自觉，所以当他受到批评时会感到委屈。他在1981年底西安召开的农村题材小说创作座谈会上发言，试图为自己的创作转变辩解，“有同志问我，前段时间人家写伤痕时，你写光明；现在人家写光明了，你又写这些，调子是不是低了？我感到苦恼，但我是这样认识的，就这样写了。我总认为作品要有突破，眼光要远些、广些，表现手法和内容都要有自己独特的东西，不要一窝蜂地起浪头。”②1980—1981年出现这批似乎带有伤痕、反思意味的作品，在他看来算不得刻意为之，却不想招致创作生涯的第一次大规模的批评，他不得已回到商州，重新去发掘、审视古老商州的民间文化和传统，却不经意间为自己打开了一片新的更为广阔的天地。

二、“我应该算作一个诗人”：合于性情与回归传统

(一)合于性情：写女性与爱情

费秉勋在分析贾平凹的性格心理时，说他有孤独内向的心理特征、婉约派词人的才情、锐意追求的艺术志趣和羞怯与执拗相统一的性格。其中第二条，他分析道：

> 他虽然是一个小说作家，但就实质上说，他仍是一个诗人，因为他富于诗人的心肠和才情……他的小说很少做事件全过程纤毫毕肖的

① 费秉勋：《贾平凹论》，西北大学出版社1990年版，第222、223页。

② 《深入农村写变革中农民的面貌和心理——在西安召开的农村题材小说创作座谈会纪要》中贾平凹发言，《文艺报》，1981年第22期。

> 再现，那些细腻的，娓娓不断的描述，都是通过微末的细节在品味着醇美的诗情。正是这种诗人的才情决定了他小说的写法和风格，决定了他叙事笔调的浓厚的表现性特征，也决定了青年男女的爱情萌发和爱情表露，成为他初期创作的重要内容。①

这是从作家性格心理角度分析贾平凹早期创作常写爱情的原因，雷达则从继承中国古典文学传统的角度，认为他的创作有“女性崇拜”的倾向，“他们(指贾平凹和张贤亮，作者注)的创作模式都围绕着一个轴心旋转，这个轴心就是‘爱’——‘情爱’和‘性爱’”。这种创作“轴心”，在雷达看来：“是对我国古典小说美学传统的承接和扬弃。所谓‘厚底高天，堪叹古今情不尽；痴男怨女，可怜风月债难偿’(曹雪芹)，所谓‘情不知所起，一往而深，生者可以死，死者可以生’(汤显祖)，所谓‘借离合之情写兴亡之感’(孔尚任)，都着眼于一个‘情’字……贾平凹就是这条路径上的后继者。”②

以《贾平凹中短篇小说年编·短篇卷》③收录的短篇小说来看，写女性与爱情的篇目集中在1977—1980年，以年轻女性为主人公的有《泉》《春女》《“茶壶”嫂》《满月儿》(以上写于1977年)，《她》《日历》《琴声》《端阳》《眼睛》《岩花》《牧羊人》《花儿》《青枝绿叶》等(以上创作于1978年)。写青年男女爱情的有《第一堂课》(1977年，括号内为创作年，以下同)，《夏诚与巧姐》(1978)、《回音》(1978)，《春》(1979)、《笛韵》(1979)、《竹子和含羞草》(1979)，《歌恋》(1980)、《他和她的木耳》(1980)、《七巧儿》(1980年)，共计22篇，占到该时期总收录篇目的六成以上。

《贾平凹中短篇小说年编·中篇卷》④共收录他1977—1982年的中篇小说4篇，也多以男女情爱故事作为主线，它们是《白莲花》(1977)、《二月

① 费秉勋：《贾平凹论》，西北大学出版社1990年版，第9页。
② 雷达：《模式与活力：贾平凹之谜》，《读书》，1986年第7期。
③ 《贾平凹中短篇小说年编·短篇卷》，山东人民出版社2013年版。
④ 《贾平凹中短篇小说年编·中篇卷》，山东人民出版社2013年版。

杏》(1981)、《山城》(1981)、《蒿子梅》(1982)。1982年之后的中篇小说，以男女情爱、性爱为主线或重要情节线索的有《鸡窝洼的人家》(1983)、《小月前本》(1983)、《九叶树》(1984)、《远山野情》(1984)、《冰炭》(1984)、《天狗》(1985)、《古堡》(1985)、《西北口》(1985)、《人极》(1985)、《黑氏》(1985)、《火纸》(1985)、《遗石》(1991，发表时名为《废都》)、《美穴地》(1990)、《白朗》(1990)、《五魁》(1991)、《晚雨》(1992)等。贾平凹至今出版的18部长篇小说，没有以情爱或性爱为重要情节或线索的只有《怀念狼》《老生》等不多的几部。从以上作品篇目统计来看，情爱或性爱是贾平凹小说一直以来表现的重要内容之一。

雷达认为：“贾平凹迄今为止的创作甚至可以用三个女性形象来作为象征。在第一个阶段里，他的作品就像一个野气未脱，天真烂漫，拈花微笑，沉湎于美好梦想的商洛深山中的少女……在第二阶段里，他的作品颇像一个误落尘寰，突遭风雨袭击，含睇凝愁，不无迷惘的沉思着人生的少女。这个象征很能契合贾平凹写作《二月杏》《鬼城》《好了歌》等篇时的带着苦涩的深思……在第三阶段，我们看到他的一系列作品里升起了一位饱经风霜，亢志高节，韧如蒲苇，柔情万斛，勇敢地冲破旧观念的藩篱，向着美好的人生理想迅跑的农村少妇形象。这个象征便是烟烽、白香、师娘、香香、黑氏们的精魂熔化铸就的，是这些连绵不绝的抗争者的化身。”①很明显，写于1981至1982年的《二月杏》《山城》《蒿子梅》这三部中篇都处在雷达所说的第二个阶段——“沉思着人生的少女”阶段，因为历史的伤痕、爱情的抉择、美的消失，都会造成这些“少女”的迷惘和哀思，即使有爱情也难免带着苦涩与忧伤。笔者以这三部中篇小说为例，来分析贾平凹此时期小说写女性和情爱的特点。

《二月杏》写地质队采矿工人大亮“文革”期间因为违心地和富农出身的初恋情人断绝关系，内心充满愧疚和自责，主动“流放”到荒野的地质队，以“惩罚自己在爱情上的罪恶”。二月杏是插队知青，被村支书强奸，虽然

① 雷达：《模式与活力：贾平凹之谜》，《读书》，1986年第7期。

支书被法办了，但由于“落了个不中听的名儿”，城里也回不去了。这是一个现代版的“同是天涯沦落人，相逢何必曾相识”的凄凉爱情故事。两人经历了吸引——回避——爆发——谅解的情感之路后，二月杏终于以“与人订婚”作为试探大亮最终态度的方式，大亮此时的反应是：“他该怎样再回答下去呢？说：‘不！不！谁也夺不走你的！’他摇头了：‘我能配上她吗？我这个孱头、弱者，和她能结合在一起吗？’他身子抖动着，‘可我爱她呀，爱她啊！’他轻轻垂下眼皮：‘既然你爱她，你就盼她能得到幸福，那男子或许使她能得到这一点呢。’他终于理智了……”大亮这个人物开启了贾平凹情爱小说中这一类男性角色的序幕，他们不管是何身份——工人、农民或知识分子，都具有如此相似的性格特点：孤苦而脆弱，敏感又多思，对女性尤其是美丽有韵致的女性充满崇拜，但当真正梦寐以求的爱情来到眼前，又表现出自卑和犹疑。他们似乎过于在乎自身道德的完善，故意要和幸福擦肩而过，在失去爱情和幸福的同时，却又不免病态地自赏与自伤。说到底，这类男性是太爱自己而失去了爱的能力。他们是贾平凹小说人物谱系中非常重要的人物类型，除了大亮，还包括《山城》中的礼平、《商州》里的秃子、《天狗》里的天狗、《五魁》里的五魁、《晚雨》里的天鉴、《秦腔》里的引生、《山本》里的井宗秀等。在费秉勋看来，这类男性是贾平凹笔下男性形象的第一部分，即“作家作自我观照即表现自身生命体验的男子”，也是最接近贾平凹本人性格心性的一类。第二部分男性是“带有流氓气或匪气的、是作家作外向体察而再现的男子”，包括《黑氏》里的小男人、《浮躁》里的雷大空、《远山野情》里的村长、《美穴地》里的苟伯都等；第三部分男性是“前两部分杂糅的，即外向体察与反求诸己复合而成的”①，有《远山野情》里的吴三大、《小月前本》里的门门、《浮躁》里的金狗、《鸡窝洼的人家》里的禾禾等。他从贾平凹的生命审美化的人格气质来分析为何贾平凹爱写第一类人物：“从人格深层的神韵看，五魁等就是贫苦农民中的贾宝玉，这些人的灵魂中都化入着贾平凹自己的人格。正如他在《四

① 费秉勋：《贾平凹论》，西北大学出版社1990年版，第201页。

十岁说》中说的：‘爱情的故事里，写男人的自卑，对女人的神敬，乃至感应世界的繁杂意象，这合于我的心境’。我想曹雪芹与贾平凹也正是如此，这是创作活动中的‘生命审美化’。”①在贾平凹看来，在这些求之不得寤寐思服的情爱描写中更能产生出审美价值，除了他这种审美观的追求，惯写这类男性人物也体现出他对中国儒家道统中“存天理，灭人欲”的反诘。

但我们看贾平凹笔下的爱情悲剧，很少能给人撕心裂肺的创痛感，主要因为他笔下的人物离时代、离现实有一定距离。《二月杏》里的大亮是贾宝玉和《沉沦》中男主人公的结合体。第一次遇见二月杏，“那眼光却立即使大亮惊异不已了。这是何等熟悉的眼光！好像那是一束电光，立即在他的心灵的铁器上爆起了火花来。他已经来不及作什么考虑，也说不清是惊喜，是高兴，浑身所有的神经一齐反应，像兀然间一个梦幻，整个身心都浸着兴奋，叫出声来了：‘你’？”且不说大亮与初恋女同学相爱到何种程度，如果真的程度很深，大亮也不太可能为了进造反队就和她分手，而且过了 15 年，旧女友的眼光还能激起如此强烈的心理反应，还是有些不合常理。又比如大亮和女友分手，并未对她带来实质性的灾难后果，而且那个时代为了自保，父母、亲人、朋友、师生彼此断绝关系的事并不鲜见，大亮因此而产生的强烈的忏悔和自责就显得缺乏情感基础。类似这样的情况在贾平凹的小说中并不鲜见，《秦腔》中引生对白雪的情感似乎更多停留在肉欲的层面，加上两人身份地位的悬殊，读者很难对两人的情感发展产生心理认同和发展预期。《带灯》中带灯和丈夫的关系很紧张，却和一个素未谋面且从未给予回应的领导元天亮通过手机短信谈起了柏拉图之恋，这种恋爱的基础如此虚无缥缈的，以致她最终患上夜游症，真的成了孤魂野鬼。更不用说《五魁》《白朗》《美穴地》《晚雨》等所谓“土匪小说”里离奇诡谲的爱欲纠缠，都无法真正地令我们为他笔下爱情的美好而感动，为爱情的悲剧而伤感。反观中外那些优秀的爱情小说，男女主人公的命运一定是

① 费秉勋：《贾平凹论》，西北大学出版社 1990 年版，第 202 页。

令人牵肠挂肚，爱情故事一定也令人荡气回肠，其主要原因在于，要么他们的情感我们可以共通，要么他们的生活离我们的很近。前者如《安娜·卡列琳娜》里的安娜和沃伦斯基，《简·爱》里的简·爱和罗切斯特，后者如《人生》里的高加林和巧珍，《平凡的世界》里的孙少安与田润叶、秀莲，孙少平与田晓霞等。贾平凹的小说中的情爱书写之所以给人“隔”的感受，大概是因为以下原因：一是在他独特的女性观、爱情观及审美个性观照下，女性往往成为“美”和“善”的对象化，而情爱和性爱往往超越事物本身，具有了文化观照和精神超越的功能；二是虽然他常写男女性情，其实此阶段他本人的情(性)爱体验并没有那么丰富；三是他的不少小说(尤以《浮躁》之后)并不以塑造人物为中心，而是以意象、意境为旨归，传达某种诗意化的哲思或情绪。

《山城》是贾平凹早期爱情小说中人物情感展现最充分，也是最能体现当时作者爱情观的作品，是《废都》之前的一部心灵自传。小说男主人公叫礼平(贾平凹原名是贾李平)，小说写道：“十多天来，礼平从大上海来到陕西。陕西关中是他的故乡，在外当了专业作家，常常写些关中平原的风土人情，社会上稍稍有了名气。但是，他的作品并不畅销，而且遭到很多非议。他口上不吱气，心里却暗暗动摇了，开始修正自己的创作路子，便经一位老同学的介绍，来到陕南山坝县体验生活。”可见，人物的经历和贾平凹当时的境遇是颇为吻合的，只是在地域上作了一点变形的处理。礼平先是爱上了纯朴、善良、庄重、自然如山地精灵般的剧团编剧秀儿，后又遇到大城市来的现代女性高云，高云的现代做派受到世俗的孤立，也激发起他男子汉的保护欲。就这样，礼平陷入了爱情的两难：古老与时髦，传统与现代之间该作何抉择。秀儿面对爱情竞争中表现出的“小”与“旧”，令礼平“感到不舒服了”；而高云也与他在艺术观念上有了分歧，尤其不能容忍的是她在男女关系上的随便。秀儿的一句“你是个不安分的人”，一语点醒梦中人，“他一向痛苦着自己的优柔寡断，徘徘徊徊，他爱恋过秀儿的安详，也爱恋高云的潇洒。一个太古老了，一个太时髦了，他不知道自己倾向了谁，自己的出路在哪里，他甚至咒骂过自己的道德，认为是不是喜新厌旧，朝三暮四呢?”这何尝不是贾平凹此时文化矛盾心态的写照。贾平凹后来在一次访谈中也承认了自己这种左右摇摆、莫衷一是的女性观：

> 贾：是的。也可以是我的妇女观吧。以你所言的“女菩萨”式和“女妖”式的女性，我喜欢的，两种特性能结合起来最好。但现实中这样的人少见。换一个角度，“女妖”式的，（这个词可能不大准确）也可以看作现代性的吧，“女菩萨”式的是传统性的吧，我是倾心于前一个却也难丢下后一个。我有时讨厌我自己，也就在这里。”①

《山城》借一个爱情故事，表达了贾平凹早期对传统与现代的思考，但整体上来说，在情感态度上还是明显偏向传统的，礼平最终和高云形同陌路，但离开山城和秀儿却表现得难舍难分就是明证。

《蒿子梅》讲述了卫生员高梅来到六十四个男人组成的钻井队，给钻井队带来巨大的变化。工人们变得讲卫生了、爱美了，从野蛮社会进入了文明社会，连最孤僻、邋遢的路平也变得自信、合群了，甚至对高梅产生了爱情。小说借队长喜子之口表达了作者对女性的认识：

> 喜子高兴地说：“高梅，我以前看过一本书，上面写道：在世上，木匠是作用于木头的，泥水匠是作用于泥水的。难么，你呢？是不是作用于美的，贡献于美的？你给大家看了身上的毛病，也治好了心上的毛病呢。”

小说很明显是将高梅当作美的化身来塑造的，她善良、美丽，为了工人们的团结，拒绝了所有人的求爱，“觉得那样会破坏了这个集体”，她知道“禁欲主义，是要使人变态的”，积极地给工人介绍对象，解决他们的婚

① 李遇春，贾平凹：《传统暗影中的现代灵魂——贾平凹访谈录》，《小说评论》，2003 年第 6 期。

姻难题。如果说《二月杏》是对“同是天涯沦落人，相逢何必曾相识”的古老凄凉意境的现代演绎，《山城》是借一男二女模式表达作者两难的女性观及文化心理，那么《蒿子梅》则是对“女性是作用于美”的观念的具象化。正因为高梅是这种观念的产物，她的“美”就显得孤高缥缈、不近人间烟火，当个人幸福和集体利益发生冲突的时候，她选择了牺牲自己成全集体。这样的“美”是很难堕入凡尘和柴米油盐的现实生活搅和在一起的，所以维护和成全“美”的最好方式只能是让人物死去。

比较 1980—1982 年贾平凹的爱情小说，具有以下几个共同特点：

首先，作品的男主人公具有相似的性格特征，作者基本是按照自己的性格心性来塑造这些人物的。

其次，作者对女性的态度基本是仰视的、崇敬的。认为女性是美和善的化身，女性对于世界(或男性)的意义就是贡献美的，写女性合于他的性情和审美追求。

再次，他的爱情小说很注重意境的营造，比如通过情景交融的形式，以物喻人的方式等，渲染出一种缱绻缠绵、哀伤幽怨的格调。

陈晓明对贾平凹《废都》之前的小说创作，提出“性情”说，认为在贾平凹“关怀现实”一面的另一面，“一直在写和要写出的实际上就是‘性情’二字，特别是处在秦地文化区域里的人们”。① 陈晓明并未对他说的“性情”做一个具体的解释，但从论述来看，他说的“性情”和晚明文人提出的“性情”并非一回事，更多的是指男女之间的情爱与性爱关系，同时他认为贾仅有“性情”是不够的，是将“性情”与地域文化相结合，他对这二者结合的意义概括为：

> 这种“性情”以地域文化为依托才能表现得淋漓尽致，如果脱离了这种地域文化，贾平凹的性情必然单薄；同样，如果离开了性情，贾

① 陈晓明：《他能穿过“废都”，如佛一样——贾平凹创作历程论略》，《东吴学术》，2013 年第 5 期。

> 平凹的文化就没有血肉。而通过二者的融合，贾平凹把新时期关于“人性”和“人道”的叙事推向了极致，只有他不是在意识形态反思性的语境中讲述人性故事，那是扎根在西北土地上的生命存在，人性与文化获得了超出现实的政治与思想语境的意义。①

20世纪70年代末、80年代初作家们的情爱小说多借情爱、性爱的外壳，表达人性解放、男女平等、时代进步的主题，如《爱，是不能忘记的》《受戒》《在同一地平线上》《人生》等都是如此，而贾平凹却独辟蹊径，借情爱或性爱透视传统文化和民族心理，开启了“寻根”的序幕，具有了独特的文化和历史价值。

(二)回归传统：形式与内容

文学寻根的潮流开始于80年代中期一批作家的倡议与号召，韩少功的《文学的“根”》，表达了以下主张：“文学有根，文学之根应该深置于民族传统文化的土壤里，根不深，则叶难茂”，作家的责任就是要“释放现代观念的热能，来重铸和镀亮”“民族的自我”②，其他表达类似主张的文章有郑万隆的《我的根》、李杭育的《理一理我们的“根”》、阿城的《文化制约着人类》和郑义的《跨越文化断裂带》等。在他们的表述中，表达了这样一些共同的观点：“中国文学应该建立在广泛而深厚‘文化开掘’之中，开掘这块古老土地的‘文化岩层’，才能与‘世界文学’对话。”③在理论阐述中，先于此发表的一批作品，也被文学寻根提倡者列为该主张的成果，它们是汪曾祺发表于80年代初的《受戒》和《大淖记事》，以及1983年李杭育的“葛川江小说”《沙灶遗风》和贾平凹“商州系列”的《商州初录》。在此之后，被列入“寻根文学”的作品逐渐增多，包括阿城的《棋王》《遍地风流》，郑义

---

① 陈晓明：《他能穿过“废都”，如佛一样——贾平凹创作历程论略》，《东吴学术》，2013年第5期。

② 韩少功：《文学的“根”》，《作家》1985年第6期。

③ 洪子诚：《中国当代文学史》，北京大学出版社1999年版，第321-322页。

的《远村》《老井》，韩少功的《爸爸爸》《女女女》，郑万隆的《异乡异闻》，王安忆的《小鲍庄》，扎西达娃的《系在皮绳扣上的魂》等。贾平凹创作于1980—1981年的以现代意识重新观照传统的作品，在当时并未引起人们太多的注意，并被列入“寻根文学”的范畴。这些作品就包括《“厦屋婆”悼文》(1980)、《好了歌》(1981)、《沙地》(1981)等，它们都是表达作者人生体悟的小说，超越了前期为时代“代言”或对社会新人的歌颂，体现了创作观念向忠于自我、忠于生活以及创作思想与手法向传统回望的变化。他在解释《厦屋婆悼文》等篇的创作意图时说：

> 我认为写农村、写新人还是要实事求是。我的阅历浅，生活面窄，没有发现多少变革的英雄，所以写生活在农村底层的普通人的灵魂。我老家在农村，是个大家族。我这里经常不断有老家人来长住，谈论那些我熟悉的人。他们有的又愚昧又落后却是又善良又纯朴，清清苦苦、勤勤恳恳、默默无闻一辈子，当他们死去时，村里人常记起他们的好处。我觉得不写他们，对不起他们，但我又不想把他们写得太单一，绝对的好或绝对的坏，我把优点、弱点集于一身，写真正的活的人。最近在《十月》发表的《“厦屋婆”悼文》体现了我这种创作思想。厦屋婆的原型，就是与我小时候同院住了半辈子的一位农村妇女。我从纵切面写她的一生，在好中写坏，坏中写好，拨开肮脏污秽，露出亮色光彩。①

1. 传统的形式

从小说形式来看，《“厦屋婆”悼文》明显受古代章回小说的影响，表现为有类似回目的设置，开头有“序言”，六个回目分别为“她有过情人，但

① 贾平凹：《深入农村，写变革中农民的心理和面貌——在西安召开的农村题材小说创作座谈会纪要》，《文艺报》，1982年第22期。

没有乱了贞节”“她偷过东西，但不能说就是贼”“她恶伤过人，却争了一口气”“她整过人，却最后被人整了”“她成全过婚姻，却也害了一条人命”“她说，写这悼文，为的是让所有的人把她忘了”。正如这些回目所言，厦屋婆的一生充满矛盾，很难用一句话做总结：她命运多舛，但很难将造成的原因简单归结为时代或个人；她的一生惹来不小争议，却也活得那么真率、性情，她是一个来自作者身边熟悉的“真人”，而不是来自某个观念的图解。《好了歌》的题目，取自《红楼梦》第一回中跛足道人唱给甄士隐的歌儿，开篇是用说书的方式讲故事发生的环境背景，“陕南有个地方，四面都是山，长满了青竹、红桃和高高低低的白桦……”紧接人物身份介绍也是：“有一个叫刘宝成的小伙自幼死了父母，孤零零守着一院房子，长到了三十一二，成不了家……”整篇小说也用了中国传统小说有头有尾的讲述模式。关于本篇主旨，作者自己说：“我写的基本上是个真实的故事。女主人公不相信世上有好人，而男主人公总相信人都会变好。最后，他们各自获得了新的观念，好了，好了，殊途同归了。”①小说中并未有一字提到《红楼梦》“好了歌”，之所以以此为题，大概是借用了此歌中道人的悟“空”哲学，道人说：“可知世上万般，好便是了，了便是好。若不了，便不好；若要好，须是了。”②这种空幻的人生体验，放在刘宝成身上是合适的，他从坚信“好人有好报”的性善论，到终于历经欺骗、磨难终于悟出：“世上并不是都是好人，害人之心咱不可有，防人之意不可无啊！”③“好了歌”的空幻、悲观色彩，在另一个主要人物——玉玉身上则得到缓解——刘宝成的善良憨厚、以德报怨到底挽回了一颗浪子之心。《好了歌》总体上承继了《红楼梦》的空幻哲学思想，但也有意向正面积极方向做了一些调整与“纠偏”。

---

① 《深入农村，写变革中农民的心理和面貌——在西安召开的农村题材小说创作座谈会纪要》中贾平凹发言，《文艺报》，1982 年第 22 期。

② 曹雪芹，高鹗：《红楼梦》，人民文学出版社 1982 年版，第 13 页。

③ 贾平凹：《贾平凹中短篇年编短篇卷 · 晚唱》，山东人民出版社 2013 年版，第 87、122 页。

2. 传统的内容

发表于 20 世纪 80 年代初的这三篇小说在内容方面对古代传统的继承，主要体现在对古典哲学思想的汲取。如果说厦屋婆身上体现了儒家修身、齐家的道德理想，刘宝成身上有佛家的悲悯豁达的话，那么《沙地》中的刘诚身上则更多体现着民间的侠义精神。刘诚本来是跑江湖的卖艺人，因女儿叶叶生病死在列湾村，“也再不去流浪，想从此在这儿落脚入户，守叶叶的一颗孤魂”。他的侠气首先体现在虽并不想介入列湾村人和南村人的利益纠纷，但看见列湾村人打斗吃亏还是出手相助；他打退南村人却并没有痛下杀手，反倒递药给他们医治。其次体现在他不愿卷入列湾村村干部间的权力争斗，为保持自己侠隐民间的自由身份，不惜失去了重新娶妻的机会；他教的徒弟李强成了“文革”造反派的头头，危害乡里，他想为民除害清理门户，反被徒弟用枪打残一条腿。最后表现在赴死时的慷慨激昂、洒脱决绝，为了不给队里添麻烦，一把火烧了草棚和自己。在厦屋婆、刘宝成、刘诚三个人物身上都体现出我们民族的某些传统的美德，这种传统美德并非来自革命思想或政治观念，却是自古以来维系着乡村伦常与秩序的基础，来自中国传统的儒道释思想及民间的侠义精神。因此，这三篇小说是贾平凹最早接续中国文学“大传统”①的作品，也是 20 世纪 80 年代初中国最早的一批寻根文学作品，几乎与之同时的有汪曾祺发表于 1980 年《北京文学》第 10 期的《受戒》。如果贾平凹 80 年代初的这批作品是从中华民族的扶危救困、以德报怨、真善待人的美好品行中发掘出传统文化中值得褒扬一面的话，那么这不正是寻根文学所极力鼓吹和呼吁的文化精神之

---

① 即古典传统，以和“现代性为基本评价视域”的“五四”以来的“小传统”区分。针对沈从文、孙犁、汪曾祺、贾平凹，甚至“晚近”的黄永玉、金宇澄、木心作品评价，杨辉认为关乎“西方文论的局限和中国文论建构”问题，具体到贾平凹的研究，若想“有效开拓贾平凹研究之新境界，除需要超越现代性视域外，还必须融通中国文学的‘大传统’与‘小传统’，非此，则无以从根本上解决文学史视域及评价标准的偏狭问题”。详见其著《“大文学史”视域下的贾平凹研究》的绪论部分，人民出版社 2017 年版，第 1-15 页。

一吗？而到了稍晚的“商州三录”系列里，则更多是从民间风俗文化的角度开启了新的文化省思。恐怕贾平凹自己都没有意识到，他的自我“突破”和眼光放远，起到了开当代文学风气之先的作用，将眼光由当时普遍注目的“五四”新文学传统，向前延伸到古典文化和文学传统。如果此说不谬，贾平凹创作于1980—1981年的这三篇短篇小说，当和汪曾祺的《受戒》一样，是当代文学最早出现的具有寻根意味的作品——在此意义上可以说，贾平凹在发现“商州”之前，先发现了“传统”。

贾平凹1980—1981年的创作在当时及之后相当长时间并未受到研究者应有的重视。如果说他回到传统的写作只是发拟古之幽情，并不是出于完全自觉的话，那么他对自己“牧歌”或“颂歌”一类作品的反动及超越，就完全出自他求新求变的艺术个性，有着充分的艺术自觉。以下研究者的论述显得尤为可贵：“1980—1981年的小说创作并无多大成就，但却是贾平凹创作历程中不可缺少的一环。平庸灰色的现实内容对《山地笔记》式透明世界的否定，破坏了他的原有风格，轰毁了他的价值自我肯定，也给他造成了进一步升华的机缘。在此期间形成的对生活的现实感，全面辩证的观点以及对人生底蕴的发现与感悟，成为他以后商州系列小说的思想基础。没有这一段，商州系列小说，尤其是《浮躁》的成功是难以想象的。”①

三、注重传统的美学主张及影响源流

（一）文学观在建立中

1. “爱和情”——对文学、人物的热爱

本时期贾平凹小说美学主张主要见于两篇短文，一篇是《爱和情——

① 吴进：《对创作个性的艰苦追寻——论贾平凹创作的“商州前系列”》，载《安康师专学报》，1992年第1、2期合刊。

〈满月儿〉创作之外》，另一篇是《“卧虎”说——文外谈文之二》。而最能代表此时作者风格的作品无疑是《满月儿》和《二月杏》，前者获得了全国首届短篇小说奖，使贾平凹跻身全国知名的青年作家之列，后者则遭到了官方和评论界的批评，使贾平凹在 1982 年不得不一度中止小说创作。这一褒一贬、一曝一寒，折射了那个时代文学的风向。好在贾平凹个性中有顽强倔强、宠辱不惊的特点，使得他在“高峰”时能够冷静自知，在“低谷”时亦能转毁为缘，默雷止谤。他对自己坚守的艺术法则并不会因为受到非议就轻易放弃，这也是他的创作能够持续这样久，成果能够这样丰富的原因之一。

当代作家中喜欢写创作谈的，或者说在创作同时也注重通过写创作谈来进行文学理论与创作手法的梳理和总结的，贾平凹无疑算一个。他创作后期的创作谈多是以长篇小说后记的形式出现，为短篇小说写创作谈只此一篇，一来是应编辑的要求，二来贾平凹首获全国性大奖，对自己的创作心得和美学主张确有倾吐一番的愿望，这才出现了他写创作方法最细致、最无保留的一篇创作谈。

《爱和情——〈满月儿〉创作之外》篇幅虽不长，却分为引言和五个小节，显示贾平凹对该文谋篇布局的重视。引言概述了自己的文学观，比如说到要“感人”，有“韵”“文学是人学”等，最后他点出本文的核心：“然而……我只想谈谈创作之外的话，谈谈爱和情。”这里作者明显卖了个关子，看到文章结尾读者才明白，这里的“爱与情”并非指男女爱情，而是作者的写作体会：对文学事业要热爱，对作品中的人物要有爱，有情，如第五节写道：“要搞文学，就要对文学爱；对文学爱了才会爱你文学作品中的人；爱得深了，才会出情；有情就能调动一些因素，一切手段，来塑造你的文学作品中的人了。”①且看引言中这一段：

---

①　贾平凹：《爱和情——〈满月儿〉创作之外》，出自《贾平凹文论集 · 关于小说》，生活 · 读书 · 新知三联书店 2015 年版，第 5-6 页。

> 我么常常听到读者在说：这篇写得没意思！怎么个没有意思呢？将那文章拿来一看，思想也好，人物也写了，景色也描绘了，起、承、转、合，都合乎文法，但确实就是不感人。就像生活中的女人，有的五官端正，却不动人，似乎是“姿”中还缺乏着一种叫“韵”什么的。

贾平凹将小说称为“文章”，又说“文法”，说明他比较早就有了小说亦是“文章”的观念。他的《商州初录》最初是被当作散文发表的，他也有意识地打破诗歌、散文、小说的界限，1983 年他在《商州初录》后记中说：“我开始了小说、散文、诗三马并进的写作。举一反三，三而合一。而诗写得最多，发表得最少，让它成为一种暗流，在我的心身的细胞之内，在我的小说、散文的字句之后。”①而这一自由的小说文体观念后来被更多的作家和评论家所认可与重视，如於可训谈到新世纪长篇小说创作的文体革命，认为从 20 世纪 90 年代以后，长篇小说作家们都在“追求自由表达的写作目标”。如他说韩少功“基于他所持的一种‘进步的回退’的文学观，从本源学的意义上，他将中国文化的著述传统，归结为一种‘大散文’或‘杂文学’，亦即是文史哲不分的‘文章’。认为在‘中国的散文遗产里包含了丰富的写作经验，包含了特殊的人文传统’，小说即脱胎于这种‘大散文’或‘杂文学’，故而从一开始就带有很深的散文胎记，有些则很难把散文和小说分别开来”。② 贾平凹是继沈从文、孙犁、汪曾祺等之后最具小说文体意识的当代作家之一，而这种文体意识早在 80 年代初就有了，且一直贯穿他整个创作历程中。

贾平凹谈到当时的一些作品，思想、人物、景色都有了，也合乎文法，却“没意思”“不感人”，出现这种情况，如同“生活中的女人”(在贾平

---

① 贾平凹：《山石、明月和美中的我》，出自《贾平凹文论集 · 关于散文》，生活 · 读书 · 新知三联书店 2015 年版，第 21 页。

② 於可训：《长篇小说的文体革命——论近期长篇小说创作的一种新尝试》，《文艺争鸣》，2016 年第 5 期。

凹内心深处，常常是把好的文章比作漂亮女人的)，是有“姿”缺“韵”。“姿”是指女人的五官、肢体等外部条件呈现出来的姿态，“韵”则是指女人气质、涵养等内部因素外化的某种韵味。在贾平凹看来，好的作品和女人一样，仅有外部具备的思想、人物、景色、文法等因素是不够的，它还需要内部散发出来的某种“神韵”。这不能不让人联想到贾平凹对中国古典美学关于“韵”的汲取。“‘韵’这一概念产生很早，在六朝的时候，主要应用于人物品评，艺术批评也开始运用这一概念，如谢赫的绘画六法之‘气韵生动’。从唐代开始，将这一概念大规模运用到艺术中，于是有气韵、神韵这些艺术的重要概念。张彦远《历代名画记》曾经这样记述：‘至于鬼神人物，有生动之可状，须神韵而后全。若气韵不周，空陈形似；笔力未遒，空善赋彩，谓非妙也’。显然，这里的‘韵’是指艺术形象的创造，强调艺术形象的创造要力争表现出形象的气质与神采。后来，‘韵’又被运用于文学艺术的审美批评中，意指文学艺术应给人以回味悠长的审美感受。”①至于贾平凹的《满月儿》如何创造出有“韵”的人物，具有“气质与神采”，不妨看看接下来的陈述。

第一节写创作前的酝酿准备，即人物在脑海中萦绕，情感在酝酿，只等着一个合适的契机和出口，人物和故事就可奔涌而出了。满儿和月儿的模特是作者的两位本家姐姐以及爱人和她的一位朋友。不难看出，《满月儿》是将作者身边的人物作为模特来创作的，类似这样以身边人物为模特塑造小说人物而成功的例子不少，如沈从文《边城》中的翠翠就是以自己的妻子张兆和、故乡绒线铺的少女以及青岛海边看到的一个乡村少女作为原型揉合而成，孙犁笔下的女性大多是以母亲、妻子等身边的女性为模特来摹写的。他们都属于情感注入型作家，希望在人物身上灌注自己的情感，如贾平凹文中所写：“我是怀着真挚的、热烈的情感去写的”，“啊！倾注了感情的人，在心中活着，活着……”纵观贾平凹的小说创作，凡是人物

① 胡经之、李健：《中国古典文艺学》，光明日报出版社2006年版，第428-429页。

投射了作者自己感情、经历的，大多能收到真切感人的艺术效果，如礼平(《山城》)、庄之蝶(《废都》)、引生(《秦腔》)、狗尿苔(《古炉》)，反之效果则差些。当然文学的接受不仅仅是指情感的触动，还有社会历史的反映、人性的洞察等，但读者情感上的触动与共鸣无疑是非常重要的。第二节写创作的经过。什么样的契机使作者写了这些人物："1977 年冬天，我到一个大队搞社史的时候，我心中的人物被触发了，她跳出来了，逼使着我动笔描绘了……"第三节写创作构思，共有九条，大概包括三个方面。

一是如何写人物。"写两个姑娘，性格要明显区分，甲就是甲，乙就是乙，不光是长相和脾气，而是一切，每一个动作，每一句话。"——强调写出人物的区分度、个性，令人联想到金圣叹评《水浒》所说："定是两个人，定不是一个人。"①"两个人物要揉起来来写，以'我'来串线，不要露出脱节痕迹；三个人物，一会单写甲，一会单写乙，一会甲乙合写，一会甲乙丙聚写；写一个，不要忘了其他，写两个姑娘，不要忘了'我'这第一人称；尽量做到分分合合，穿插连贯，虚虚实实，摇曳多姿。"——认为写不同人物的时候要"分分合合，穿插连贯，虚虚实实，摇曳多姿"，令人想到金圣叹所说不同性格的对比和衬托："要衬石秀尖利，不觉写作杨雄糊涂"②，以及情节的中断和连续："极力摇曳，使读者心痒无挠处"。③"名字也要体现全文特色，糅合一体：满月儿；一出场要自然，要有场景，以形象抓人。"——连人物取名都有讲究，"月儿"鬼灵精怪、充满灵气，"满儿"沉稳大方、思虑深远，将两个女孩的个性合为一体——"满月儿"，不正是作者心目中理想女性形象的写照吗？

二是艺术手法，包括表达手法、语言等。他写道："时时写进生活情趣，使故事丰腴。"——情趣体现在人物生活的环境、他们的对话、活动等各个方面，使人物不呆板、有味道，只有作者本人有情趣，才能发现生活中的情趣，并体现在笔下的人物身上。"让月儿和满儿活动，力避'我'来

① 转引自叶朗：《中国小说美学》，北京大学出版社 1982 年版，第 70 页。
② 转引自叶朗：《中国小说美学》，北京大学出版社 1982 年版，第 82 页。
③ 转引自叶朗：《中国小说美学》，北京大学出版社 1982 年版，第 98 页。

死板介绍，发议论。”——用人物的语言、动作、心理来推进情节，表现人物、表达主题，而不是通过叙述人的叙述或议论。“描绘要细腻，叙述要抒情。”——这是谈表达方式，贾平凹早期的作品注重细节描写，尤其学习中国小说传统的白描写法。“贾平凹的作品总是着力描写充满着生活情趣的细节十分注意作品缜密的细部构造，以此来镌刻人物形象，增强作品的生活美感。”①“产生诗的意境”，指要收到“诗的意境”的艺术表达效果。“调子要柔和，语言不要出现成语和歇后语一类太土的话，节奏和音响要有乡下少女言谈笑语式的韵味。”——这句涉及了语言、语调、节奏、音响。叙述语调是小说叙述中表现出的语言格调，“是作家的心理个性投射到小说词语与句法结构中的情绪性质，为叙事人与叙事视角的规定所共同制约的因素”②——语调是小说语言风格层面的判断，是作家通过语言传达出的一种“情绪”。因为作者写的是倾注了自己真挚的、热烈的感情的人物，调子当然应该“柔和”。至于节奏和音响，适合“少女言谈笑语式的韵味”，那必然是跌宕有致和明丽清朗的。

三是结构——如何开头和如何结尾。关于小说开头，他说人物“一出场要自然，有场景，以形象抓人”。精彩的小说是讲究人物的出场的，如《红楼梦》中写王熙凤、林黛玉、刘姥姥的出场都颇为精彩，广为后世作家所效仿。“有场景”，就是人物要和环境相配合、相映衬，场景描写应给人以逼真的现场感。“结尾要电影式的‘淡出’，淡得耐嚼。”如果说前面贾平凹的构思反映出他比较早(起码在1977年)就已经有意识地借鉴了中国古典小说美学的精髓的话，谈到结尾他运用了一个电影专业术语“淡出”，则表明他对多种艺术门类的喜好与关注，并大胆地拿来为我所用。如他说：“我喜欢着国画，忠实着生活，又突破生活的极限，工笔而写意，含蓄而夸张，‘冗繁削尽留清瘦，画到生时是熟时’，在有限之中唤起了无限的思想和情趣。我喜欢着戏曲，融语言、诗词、音乐、舞蹈、绘画、雕塑、工

① 丁帆：《谈贾平凹作品的描写艺术》，《文学评论》，1980年第4期。

② 孟悦，季红真：《叙事方法——形式化了的小说审美特征》，《上海文学》，1985年第10期。

艺、建筑、武术、杂技为一体，表演的不是生活的真实幻觉，而通过表演，又让人感到是生活的幻觉。它们是真正的体验，真正的剖象，真正的表现艺术。严格的规范，自由的创造，以真为美，寓真于美，而真美完全融于神、形、意境之中。”①

2.“卧虎”说——传统的形式与现代的内容

《“卧虎”说》可以说代表了贾平凹早期最重要的美学主张，其中提出的“卧虎”精神，曾被视为寻根文学的理论主张，也一直贯穿在他日后的创作中，并加以修正、深化与完善。

文中首先表达了初见“卧虎”带给他的震撼与感动：

> 黄昏里，万籁俱静了走近墓地，拨荒草悠悠然进去，蓦然见了：风吹草低，夕阳腐蚀，分明那虎正骚动不安地冲动，在未跃欲跃的瞬间；立即要使人十二分地骇怕了！怯生生绕着看了半天，却如何不敢相信寓于这种强劲的动力感，竟不过是一个流动的线条和扭曲的团块结合的石头的虎，一个卧着的石虎，一个默默的稳定而厚重的卧虎的石头！

作者是被汉代石雕中表现出来的艺术精神所触动，感受到艺术的矛盾与统一：简单与繁复、运动与静止、古朴与现代……他感悟到这就是“东方的味”“民族的味”，从此坚定了要以有中华民族特色的方式来创作的方向。

> 卧着，内向而不呆滞，寂静而又力量，平波水面，狂澜深藏，他卧了个恰好，是东方的味，是我们民族的味。

---

① 贾平凹：《山石、明月和美中的我》，出自《贾平凹文论集·关于散文》，生活·读书·新知三联书店 2015 年版，第 20-21 页。

这是对汉民族民族性的归纳，要运用民族性的审美，写出具有民族特色的作品，这是他立下的文学宏愿。而他对“卧虎精神”内涵的概括是：

“卧虎”，重精神，重情感，重整体，重气韵，具体而单一，抽象而丰富，正是我求之而苦不能的啊！

对于“卧虎”的美学特征，他是这么概括的：

貌似缺乏艺术，而真正的艺术则来得这么的单纯、朴素、自然、真切！

作者此时有感于汉代艺术的大气磅礴、大象无形的气象，追求“单纯、朴素、自然、真切”，这恰恰是他“商州世界”之前小说的整体风貌，他还处于艺术的学习和摸索阶段，人生阅历和艺术经验都不丰富成熟，他学习的老师主要有孙犁。此时的作家还没有完全意识到商州民间文化的发现带给他的巨大财富，也没有真正运用意象的手法，来赋予作品神秘的、古朴的、苍茫的艺术风貌，还没有意识到民族的艺术形式还必须和现代的观念结合才能创作出具有世界性的作品，还属于他后来所说的“看山是山，看水是水”的阶段。这恰恰是此时期贾对卧虎的理解，在之后的创作中，他才读出卧虎的化繁为简、朴拙、海风山骨的别样美学精神。

最后，他点出了“卧虎”带给他最核心的文学创作观念，就是：

以中国传统的美的表现方法，真实地表达现代中国人的生活和情绪，这是我创作追求的东西。①

① 贾平凹：《“卧虎”说》，《贾平凹文论集：关于散文》，生活·读书·新知三联书店 2015 年版，第 14-15 页。

所谓“卧虎美学”，大致说来就是天然去雕饰的朴拙美学，有道家的法自然的主张，重精神即不重情节、人物，重整体，重气韵，都是中国传统文艺美学的主张。具体到贾平凹此时期的创作，其传统美学源流来自庄子、陶渊明、曹雪芹和蒲松龄，而在具体的人物、描写、语言等方面，学习孙犁的较多。

（二）贾平凹与孙犁

贾平凹本时期创作受孙犁影响是明显的，他最初接触到孙犁的作品是上大学前在水库工地，2006 年出版的《我是农民》记录了当时的情况：“我睡不着，便拿起紧挨着我的铺位的一位姓雷的人枕头边的一本书翻起来。这一翻，竟一生都喜欢起这本书。这本书没有封面，也没有封底，揉搓得四角都起了毛，但里面的文章吸引了我，竟一气看了十几页。”①几年后上了大学，贾平凹才知道当时读的正是孙犁的《白洋淀纪事》。他最初的写作热情和模仿对象也都来自这本书，“我已经买了一个硬皮的日记本，是用每天两元钱补助买的，开始了记日记。我的日记并不是每日记那些流水账，而是模仿了《白洋淀纪事》的写法，写我身边的人和事。我竟然为我的记述才能感动了。写完一段就得意忘形，念给身边人听……我写作的热情全是被这些煽动起来的。”②在贾平凹创作的学习和模仿期，他选择了孙犁，看似偶然其中也有必然的因素，要不然就无法解释当 1981 年孙犁第一次看到贾平凹的散文，就写了《读一篇散文》的评论，同时开启了两位不同年龄、代际作家的文学交往。笔者认为贾平凹在以下几个方面受到了孙犁的影响。

1. 古典文学资源的继承

孙犁对古典文学营养的汲取，令贾平凹心有戚戚。孙犁读过许多古典

---

① 贾平凹：《我是农民》，安徽文艺出版社 2010 年版，第 93-94 页。

② 贾平凹：《我是农民》，安徽文艺出版社 2010 年版，第 103 页。

小说，最崇拜的是《红楼梦》，“曹雪芹的文学语言，可以说达到了中国文学语言空前的高度。他的语言有极高的境界，这个境界就是：语言的性格化……这样浩瀚的一部书，我们读起来，简直没有一句重复没用的话，没有一句有无均可的话，句句有声有色，动听动情。而且，语言风格极高，它们的生命力，就像那些女孩子活跃的神情……《红楼梦》里的对话，能立刻把读者引到人物所处的境界里。它的每一句话，都是人物心灵的交流”。① 贾平凹多次谈到受古典文学的影响，提到的诗人和作家包括庄子、屈原、苏轼、陶渊明、曹雪芹等，他的《废都》《秦腔》等作品受《金瓶梅》《红楼梦》的影响是显而易见的。关于中国作家普遍受到《红楼梦》的影响，贾平凹曾这样说：“《红楼梦》是我们最珍贵的遗产，它一直在熏陶着我们。我以前曾写过文章，评论我所崇拜的现当代作家沈从文和张爱玲，我觉得他们写作都是依然在《红楼梦》的长河里。沈从文的湘西系列让我看到了《红楼梦》的精髓；张爱玲的作品更是几乎一生都在写《红楼梦》的片段。我同所有的华文作家一样，熟读过这本大书，可以说，优秀的民族文学一直在浸润着我，传统文化浸透在我的血液中，所以在写《秦腔》时，我自然在语感上、在节奏上、在气息和味道上受到《红楼梦》的影响。”②正是由于孙犁和贾平凹有着共同的对古典文学资源的追慕和承继，造成他们在审美风范和文学表达上有着相似之处，更容易形成志同道合之感，孙犁对于贾平凹的发现和“提携”正说明了这一点。有论者就说：“他(孙犁)对吸收了古典文学营养的作品异常敏感，这方面较为显著的例子是他对贾平凹的发现。他非常看重贾平凹的文章，也十分懂得欣赏其文章的妙处。在《读一篇散文》中，孙犁赞赏贾平凹的一篇散文《我的小桃树》，称其短小精悍、真挚朴素，复活了古典散文的优秀传统。”③孙犁在《读一篇散文》的结尾写

① 孙犁：《〈红楼梦〉的现实主义成就》，《孙犁文集》第 4 卷，百花文艺出版社 2002 年版，第 559 页。

② 贾平凹：《在首届世界华文长篇小说奖“红楼梦奖”上的受奖辞》，《贾平凹文论集 · 关于小说》，生活 · 读书 · 新知三联书店 2015 年版，第 146 页。

③ 吕东亮：《略论当代文学批评中的古典美学资源——以孙犁、汪曾祺为例》，《理论与创作》，2005 年第 2 期。

道："这篇散文的内容和写法，现在看来也是很新鲜的。但我不愿意说，它在探索什么，或突破了什么。我只是说，此调不弹久矣，过去很多名家，是这样弹奏过的。它是心之声，也是意之向往。是散文的一种非常好的音响。"①"此调"当是指中国文学从《论语》《庄子》直到《浮生六记》的美文传统。

2. 白描写法

白描是古典传统小说的独有写法，本来是美术里的一种画法，最先提出白描这一写作手法的是金圣叹。金圣叹在《林教头风雪山神庙》一回的开头，给一段写雪的文字所下的评点为："'寻着踪迹'四字真是绘雪高手。龙眠白描，庶几有此。"所谓白描"就是用最少的笔墨，勾出事物的动态和风貌，从而表现事物的生命，表现事物的内在性格和神韵"。② 对于白描，鲁迅先生早就有一个很精辟的论述，他在《作文秘诀》中说："'白描'却并没有秘诀，如果要说有，也不过是和障眼法反一调：有真意，去粉饰，少做作，勿卖弄而已。"在写作的起步期，贾平凹学习了孙犁真诚、朴实的白描写法。有人问贾平凹从他的作品里吸收了什么营养，他说的是"他的白描能力，语言的简洁、清新。"③且看《荷花淀》开头的一部分：

> 月亮升起来，院子里凉爽得很，干净得很，白天破好的苇眉子潮润润的，正好编席。女人坐在小院当中，手指上缠绞着柔滑修长的苇眉子。
>
> 苇眉子又薄又细，在她怀里跳跃着。
>
> 要问白洋淀有多少苇地？不知道。每年出多少苇子？不知道。只晓得，每年芦花飘飞苇叶黄的时候，全淀的芦苇收割，垛起垛来，在

---

① 孙犁：《孙犁文集》，百花文艺出版社1982年版，第510页。

② 叶朗：《中国小说美学》，北京大学出版社1982年版，第187页。

③ 贾平凹、冯有源：《平凹的艺术——创作问答例话》，上海人民出版社1998年版，第40页。

白洋淀周围的广场上，就成了一条苇子的长城。女人们，在场里院里编着席。

编成了多少席？六月里，淀水涨满，有无数的船只，运输银白雪亮的席子出口，不久，各地的城市村庄，就全有了花纹又密、又精致的席子用了。大家争着买："好席子，白洋淀席！"

这女人编着席。不久在她的身子下面，就编成了一大片。她像坐在一片洁白的雪地上，也像坐在一片洁白的云彩上。她有时望望淀里，淀里也是一片银白世界。水面笼起一层薄薄透明的雾，风吹过来，带着新鲜的荷叶荷花香。

孙犁写于战争年代的小说自觉地过滤掉战争的残酷和血腥，将白洋淀地区美丽的自然风光和勤劳美丽的女人和谐地融会一起，表达了他对生活浪漫的、诗意化的想象。月光、苇眉子、小院、淀水、薄雾，这一切自然物象都和白洋淀的女人一样呈现出田园牧歌般的宁静和美好，而女人手中搅缠的苇眉子分明彰显着她们美丽和顽强的生命力，那铺满身下洁白的苇席，更衬托出她们的美好和圣洁。孙犁用简洁、素雅的语言，书写着美丽的自然与人性，以对抗战争的冷酷与无情。"孙犁的乡土小说之所以显得更有艺术的魅力和生命力，其原因就在于他用'风景画'、'风俗画'和'风情画'构筑出乡土小说的'地方色彩'和'异域情调'，使其具有了特别的民族风格和民族气派。"①贾平凹70年代至80年代初期的小说也善用白描的手法，我们再来看《满月儿》中的两段：

说完，她就笑着笑着向前跑去了。那河水溅着白花儿。河风刮起她的红衫子，就像河中开了一朵荷花。我喊她慢点慢点，她跑得更欢了。突然一个趔趄，倒在了水里了，连忙爬起来，但立刻又扑在水里

① 丁帆，李兴阳：《孙犁与"荷花淀派"的乡土抒写》，《江汉论坛》，2007年第1期。

了。原来她手中的麦穗儿被水冲走了，她没命地去抓。我害怕出事，大喊大叫要她别管了，她不理我，终于抓住了，但是只剩下了一穗，其余的都被卷进河底去了。

她从河里爬起来浑身精湿，坐在岸边哭起来了。我劝说：幸好还有一穗嘛，再说，光哭就能把麦穗儿哭回来吗？她不哭了，却要我一定坐下，自己又跑到河沿乱石堆去，掀掀这块石头，翻翻那块石头，一会儿逮来五只大螃蟹，站在我面前时，“咯咯咯”地又笑了：“陆老师，我不是干姐姐那号事的料子。我将功补过，逮了这几个大螃蟹烧给姐姐吃！”①

我们在对月儿表情、动作、语言等情态的描写中，看到了她天真烂漫的天性与为理想事业奋斗的人生追求相交织的性格，这真实自然的性格与河水、河风、麦穗、乱石、螃蟹构成的自然相映成趣，自然与人性构成一幅和谐的图景。对这一时期贾平凹善用白描手法勾画细节的特点，有论者说道：“贾平凹的作品总是着力描写充满着生活情趣的细节，十分注意作品缜密的细部构造，以此来镌刻人物形象，增强作品的生活美感。”②从贾平凹、孙犁身上，我们不难发现对废名、沈从文的抒情写意化的小说美学的继承，从他们那里学习了中国人看待世界和自然的诗意化方式，而这种看待世界的方式正来自中国传统的哲学和美学观念。

3. 重视语言

孙犁说：“从事写作的人，应当像追求真理一样去追求语言，应当把语言大量贮积起来。应当经常把你的语言放在纸上，放在你的心里，用纸的砧，心的锤来锤炼它们。”“重视语言，就是重视内容了。一个写作的人，为自己的语言努力，也是为了自己的故事内容。他用尽力量追求那些

① 贾平凹：《贾平凹中短篇小说年编短篇卷·荷花塘》，山东人民出版社 2013 年版，第 103 页。

② 丁帆：《谈贾平凹作品的描写艺术》，《文学评论》，1980 年第 4 期。

信息，他们能够完全而又美丽地传达出这个故事，传达出作品所要抒发的感情。”①他还说：“我这里要谈的是无论是‘通俗文学’或是‘正统文学’，语言都是第一要素。什么叫第一要素？这是说，文学由语言组织而成，语言不只是文学的第一义的形式；语言还是衡量、探索作家气质、品质的最敏感的部位，是表明作品的现实主义及其伦理道德内容的血脉之音！”②对语言的强调是注重小说文体的作家的共识，汪曾祺也说：“语言不是外部的东西。它是和内容(思想)同时存在、不可剥离的。语言是小说的本体，不是附加的，可有可无的。从这个意义上说，写小说就是写语言。”③“过去都认为语言是文学的特别是小说的重要手段、技巧或者基本功，但是我觉得这不仅是形式的问题、技巧的问题，语言它本身不是一个作品的外在的东西，而是这个作品的主题。没有一种语言不表达内容或思想，也没有一种思想或内容不通过语言来表达。”④还说“语言是本质的东西”⑤。贾平凹在 80 年代初就开始强调语言的重要性，他说：“语言是作品的眉眼儿，纵然有一颗纯洁善良的灵魂，那何不就去修饰打扮，使天下的读者‘一见钟情’呢？”⑥之后又在多篇文论中谈及运用语言的心得体会，如《要学会使用自己的语言》《带灯》后记等。

孙犁追求“口语美”，他的口语来自在故乡生活的记忆，尤其来自母亲和妻子，他晚年曾说：“我的语言，像吸吮乳汁一样，最早得自母亲。母亲的语言，对我的文学创作，影响最大。母亲的故去，我的语言的乳汁，

① 孙犁：《孙犁文集》第 3 卷，百花文艺出版社 1982 年版，第 150、170 页。

② 孙犁：《再谈通俗文学》，《孙犁文集》第 8 卷，人民文学出版社 2004 年版，第 151 页。

③ 汪曾祺：《中国文学的语言问题——在耶鲁和哈佛的演讲》，《汪曾祺全集》第 4 卷，北京师范大学出版社 1998 年版，第 217 页。

④ 汪曾祺：《文学语言杂谈》，《汪曾祺全集》第 3 卷，北京师范大学出版社 1998 年版，第 224 页。

⑤ 汪曾祺：《关于小说语言(札记)》，《汪曾祺全集》第 4 卷，北京师范大学出版社 1998 年版，第 7 页。

⑥ 贾平凹：《语言——人道与文道杂说之一》，《贾平凹文论集：关于散文》，生活 · 读书 · 新知三联书店 2015 年版，第 1 页。

几乎断绝。其次是我童年结发的妻子，她的语言是我的第二个语言源泉。在母亲和妻子生前，我没有谈过这件事，她们不识字，没有读过我写的小说。生前不及言，而死后言之，只能增加我的伤痛。”①写于 1941 年的《文艺学习》第三章中，孙犁强调了“洗炼口语”的问题：“怎样洗炼呢？就是从这些口语的话里面，洗刷那些偶然的、一时的部分；洗刷那些不确实的、紊乱的部分；洗刷那些发音不正确的部分；洗刷那些和人民日常的语言不一致的部分。反过来说，就是保留那些常说的，明确简洁的，发音响亮的有声有色有灵魂的语言。”②贾平凹的小说语言也有口语化的特点，早期作品在清新质朴的书面语体中融入故乡商州的民间口语，而民间的口语不少是散落的古语，更增加了其语言的古雅，有论者比较孙、贾两人的语言特点，认为“相对于孙犁文学语言的质朴且具有诗意，贾平凹的语言最大的特点是灵活多变。除了讲究常见的修辞外，恰当地运用日常生活中的方言俗语，挖掘并运用散落于民间的古语，突破常规，大胆超越基本的语义，形成了他小说语言个性鲜明、平淡而又绚烂、富有韵味的独特语言风格……”③

4. 擅写女性

孙犁是善写女性的作家，曾说：“我喜欢写欢乐的东西，我以为女性比男性更乐观，人生的悲欢离合，总是与她们无关。所以常常以崇拜的心情写到她们。”④在他的白洋淀系列作品中刻画了一系列个性鲜明的具有人性美和人情美的女性形象，如《荷花淀》与其续篇《嘱咐》中的水生嫂，《风云初记》中的春儿，《吴召儿》中的吴召儿，《采蒲台》中的小红母女，《光荣》中的秀梅，《山地回忆》中的妞儿等，她们“都是孙犁寄寓着自己的文化

① 孙犁：《文集自序》，《孙犁文集》第 10 卷，人民文学出版社 2004 年版，第 466 页。

② 孙犁：《文艺学习》，《孙犁文集》第 3 卷，人民文学出版社 2004 年版，第 160 页。

③ 王俊虎：《孙犁与贾平凹小说比较论》，《山东社会科学》，2015 年第 9 期。

④ 孙犁：《孙犁书话》，北京出版社 1981 年版，第 238 页。

理想和美学追求的美好女性形象。这些女性形象，既善良又刚强，既柔情似水又美丽动人；既有正常家庭伦理的渴望，又要为战争献出自己的丈夫和青春，承受着比男人更多的现实困难和精神磨难。”①

贾平凹也类似，“贾平凹也爱写女性，也写美了女性，女性之于他是‘圣洁的菩萨’，‘是天上的月亮，是为了美，为了善，恩泽于这个社会的’”，“初登文坛，贾平凹以涉世未深的少年之心歌颂人性中、人情中最美的一面，饱含对女性美的咏叹”。② 在他的笔下刻画了满儿、月儿、小月、烟烽、唐婉儿、白雪、带灯、胡蝶、陆菊人等众多性格各异、风采斐然的女性形象。中国古典作品《红楼梦》和《聊斋志异》影响了他们看待女性和写女性的方法，孙犁说：“二十多年里，我确实相信曹雪芹的话：女孩子的心中，埋藏着人类原始的多种美德。”③贾平凹也说“还有《红楼梦》《聊斋》，我的女性人物，主要是学这两本书。我之所以这样，主要是我与它们有一种感应，那里面的东西 ，我完全能理解，两位作家对女性的感觉，我能感应到，从心里产生共鸣”④。

至于本阶段贾平凹笔下的女性，雷达的概括很准确，那就是“沉湎于美好梦想的商洛深山中的少女”，他说：“我认为贾平凹迄今为止的创作甚至可以用三个女性形象来作为象征。在第一阶段里(即以《山地笔记》中《满月儿》为代表的阶段，笔者注)，他的作品就像一个野气未脱，天真烂漫，拈花微笑，沉湎于美好梦想的商洛深山中的少女。这个象征在《山地笔记》等集子中几乎随处可遇，贾平凹当时的创作就是为‘她’而唱的。”⑤费秉勋认为贾平凹“在1977年发现了自己”，即善写女性与爱情，“以抒情的笔调

① 丁帆，李兴阳：《孙犁 与“荷花淀派”的乡土抒写》，《江汉论坛》，2007年第1期。

② 王俊虎：《孙犁与贾平凹小说比较论》，《山东社会科学》，2015年第9期。

③ 孙犁：《谈铁凝的〈哦，香雪〉》，《孙犁文集续编2》，百花文艺出版社2002年版，第174页。

④ 贾平凹：《关于小说创作的答问》，《贾平凹文论集·访谈》，生活·读书·新知三联书店2015年版，第59页。

⑤ 雷达：《模式与活力——贾平凹之谜》，《读书》，1986年第7期。

讴歌事业和爱情”。对贾平凹的第一次的自我发现，他给予了极高的评价，“他的创作进入了新的境界。作品中活动着的主角成为男女青年特别是妙龄少女了，世界人生在她(他)们面前引起了美好的憧憬：爱情开始萌发，视野展开了宏图，而对于事业的志向和热忱，便成为引发爱情的基本动力。”“这种田园爱情的赞歌，是贾平凹1977年到1979年小说的主调。”①1977—1978年的写“山中少女”的女性以及爱情的小说有除了《满月儿》外，还有《春女》《泉》《第一堂课》《夏芳儿》《夏诚与巧姐》《她》《日历》《琴声》《端阳》《眼睛》《岩花》等。春女是一个当代版的田螺姑娘，为工地的爆破顾问石牛爷爷偷偷地做饭，只为了能尽快建设好新山村；《她》中13岁农村少女为保护“我”——一位写《小麦良种培育》的农学家，被学校开除，为的是“小麦良种培育成功的喜讯”，“广阔无垠的麦田涌起一层推一层的浪头”……这些少女形象由于肩负了过于沉重的“社会建设”的使命，使她们美好的天性无法得以完全的释放。贾平凹笔下的女性人物经历了80年代情与理的纠结，到90年代由“大我”走向“小我”，天性才得到完全的释放。

从1974年贾平凹发表第一篇作品《一双袜子》，到1982年因为《二月杏》等作品遭到批评，是他文学创作的第一个阶段。在这个阶段他主要是学习与模仿，学习的主要对象是高度意识形态化的无产阶级革命文学(这与他在“文革”期间，即1972—1975年读大学相关，也就不难理解在早期的儿童系列和青春爱情系列小说里会有如此多的革命话语了)。好在他创作的早期就读到了孙犁的作品，开始自觉地学习模仿体会他的文学精神和美学追求的写作阶段，他对孙犁的推崇与学习集中见于2002年12月5日写的《孙犁的意义》中：

> 我不是现当代中国文学的研究者，以一个作家的眼光，长期以来，我是把孙犁敬为大师的。我几乎读过他的全部作品。在当代的作家里，对我产生过极大影响的，起码其中有两个人，一个是沈从文，

① 费秉勋：《贾平凹论》，西北大学出版社1990年版，第14页。

一个就是孙犁。我不善走动和交际，专程登门去拜见过的作家，只有孙犁；而沈从文去世了，他的一套文集恭恭敬敬地摆在我的书架上，奉若神明。

孙犁敢把一生中写过的所有文字都收入书中，这是别人所不能的。在中国这样的社会里，经历了各个时期，从青年到老年，能一直保持才情、作品的明净崇高，孙犁是第一人。

孙犁的主要作品是以农村为题材的，在他创作活跃的那个时期，出现了一大批农村题材小说的高手，但他是最独特的一个，也是最杰出的一个。他的作品往往在发表后就有了广泛的影响，但并不特别爆响，可半个多世纪过去了，许多在当时红火的书已经没有人再读了，或者再读已没有了多少对应，而他的书仍被相当多的人在读。①

在 80 年代初的一些作品，如《厦屋婆悼文》《好了歌》《沙地》等中，体现出他学习中国古典文学传统的一些成果，虽然不太成熟，模仿的痕迹也很重，比如《满月儿》模仿《婴宁》，《好了歌》直接化用《红楼梦》中《好了歌》的意境，以及对章回体形式、说话体风格的学习和模仿，但都是其早期艺术尝试的积极成果，而且在这种探索中也形成今后漫长创作道路的艺术追求，大致说来包括以下几个方面：

一是对传统美学精神和古典文学的继承和学习，如说话体，注重意境的营造，对《红楼梦》《聊斋志异》等作品的喜爱和学习等。他对中国古典文化和文学的学习与继承，最初是零散和不完整的，费秉勋就认为“贾平凹感性地、不成体系地接收了中国的古典哲学”，对他古典哲学意识的接受过程有着合理的阐释：“1980 年以后，贾平凹对社会的理解得越来越多，在对生活的深思和对古代文化的揣摩中，才初步有了他的哲学思想……贾平凹在这一时期对宇宙人生的苦思冥想，空前沉静、深入，结果，他从对

① 贾平凹：《孙犁的意义》，《朋友：贾平凹写人散文选》，重庆出版社 2005 年版，第 214 页。

中国古代文化的混沌感受中，感性地、融合性地接收了中国的古典哲学，其中既有儒家的宽和仁爱，也有道家的自然无为，甚至有着程朱理学对世界的客观唯心主义的认识。在这个融合中，老庄哲学似乎占了较重要的地位，而禅宗的妙悟也使他获益良多。"①他有明确和清楚的认识应该以1982年发表的《"卧虎"说》为标志。《"卧虎"说》拉开了贾平凹向民族、向传统学习的序幕，他要在商州构建一个新的文学世界，并且将他的古老的"商州世界"放入现代意识进行观照，在中西文学比较的意识下体现民族特色，做到"越是民族的越是世界的"。

二是对小说民族性的追求。如写出女性的美丽善良，男性在文化重荷下的优柔寡断等不足的性格。《"卧虎"说》中提出他文学创作的方向：以中国传统的美的表现方法，真实地表达现代中国人的生活和情绪。此时他强调的是传统性、民族性，对西方文学的学习和借鉴并没有进入意识，这也是他初出文坛的不成熟和稚嫩之处，有待在第二个阶段对其文学宗旨加以完善。

三是对小说美学的追求，主要体现在对意境、白描艺术、语言等的追求。

四是开辟了关注现实和注重抒情写意的双头并进、彼此融汇的路向。分别代表的作品就是《山镇夜店》《年关夜景》《晚唱》《生活》，后者如《二月杏》《蒿子梅》《山城》等，将两者结合的如《满月儿》，这也是《满月儿》能够获全国大奖的原因，因为贾平凹将自己的审美理想、个人情感和主流意识做了一个结合，这样的作品往往能够获得好的评价。当然之后作者一直在调整这三者之间的关系和比重，针对不同社会与文化语境以及自己不同的创作心态，作者也一直在这三者之间做一个微妙的平衡，"改革三部曲"包括《浮躁》牺牲了作者一些个人的美学趣味，突出了主流意识的弘扬，虽然广获好评，但因为压抑了作者的审美心性所以急于改弦更张。"土匪系列"完全是作者个人审美趣味的抒发，所以他说自己最喜欢的作品人物是五

① 费秉勋：《贾平凹论》，西北大学出版社1990年版，第222-223页。

魁。《废都》《白夜》就是完全枉顾意识形态的产物，故激起一片哗然，酿成当代文学少有的自发的“大事件”。《秦腔》无疑是这三者结合较好的，是其小说艺术探索趋于成熟的作品——他找到了来自明清世情小说的语气和写法，同时也是合于自己特色(有丰富的农村生活的积累)和美学追求(以实写虚，注重实有世界之上的那个意象世界的营造)的密实的生活流的写法，获得第七届茅盾文学奖也就不奇怪了。而在 21 世纪之后的《古炉》《老生》《山本》等厚重的历史叙事中，我们又看到了贾平凹的视线由现实穿透到历史，在空间和时间上都在有意识地扩展自己的精神范畴，实现自己大气浑然、元气淋漓、混沌朴拙的美学追求。

第二章　锐意探索：发现商州与讴歌改革（1983—1992年）

贾平凹1983至1992年的小说按照美学特征大致可以分为写意和写实两类。写意性的作品更符合贾平凹"生活审美化"的艺术个性，具有了"现代意识及现代审美意识"①，具有更强的抒情性，体现出小说、诗歌、散文不同文体融合的特点。这类作品主要包括："三录"，即《商州初录》(《钟山》，1983年第5期)、《商州又录》(《长安》，1984年第7期)、《商州再录》(《中国作家》，1985年第4期)，中篇《九叶树》(《钟山》，1984年第4期)和长篇《商州》(《文学家》，1984年5期)，1985年发表的9部中篇：《天狗》(《十月》，第2期)、《远山野情》(《中国作家》，第1期)、《冰炭》(《中国》，第2期)，《山城》(《朔方》，第1期)、《蒿子梅》(《上海文学》，第3期)、《初人四记》(《花城》，第3期)、《黑氏》(《人民文学》，第10期)、《人极》(《文汇月刊》，第10期)、《西北口》(《当代》，第6期)，1986年的《火纸》(《上海文学》第2期)、《水意》(《钟山》，第2期)，以及写于80年代末90年代初的具有鲜明民俗风情的"土匪系列"：《美穴地》(《人民文学》，1990年Z1期)、《白朗》(《中国作家》，1990年第6期)、《五魁》(《中国作家》，1991年第5期)、《晚雨》(《十月》，1992年第4期)，带有现代主义意味的长篇小说《妊娠》(作家出版社1988年版)、短篇集《太白山记》(《上海文学》1989年第8期)、中篇《佛关》(《长城》，1992

① 在费秉勋看来，贾平凹80年代的寻根小说由于给读者提供了新的审美价值，是"现代意识的崛起"，贾平凹创作中的现代意识是通过现代审美意识来体现的。见《贾平凹论》，西北大学出版社1990年版，第151-154页。

年第 4 期)等。写实类的作品延续了上一阶段的现实主义写法，80 年代的文学主潮由“伤痕”“反思”转到“改革”，因此，贾平凹 80 年代现实主义小说基本属于“改革小说”，主要包括：1983—1984 年的“改革三部曲”，即《小月前本》(《收获》，1983 年第 5 期)、《鸡窝洼的人家》(《十月》，1984 年第 2 期)、《腊月 · 正月》(《十月》，1984 年第 4 期)，以及《古堡》(《十月》、1985 年第 1 期)1987 年的长篇《浮躁》(《收获》，第 1 期)。

一、文化视野的开拓：发现商州，回到传统

(一)寻根文学潮流中的“商州三录”

贾平凹的文学之路起码经历过两次大的挫折，一次是 1982 年遭受批评，再一次就是 1993 年《废都》出版引发的查禁事件。贾平凹 1983 年回到商州，写出一系列关于商州的小说，从此由“游击战”转为“阵地战”，似乎 1982 年的批评事件起着决定性的作用。笔者倒不这么看，理由在于贾平凹不是一个轻易屈服的人，他骨子里坚信的东西，不会随外界批评的声音而轻易改变。一个明证就是《废都》发表后引起轩然大波，但该作的艺术风格和美学追求，在他之后的作品中一直坚持下来，可见，他应当是个“定力”很强的作家。我们认为，1982 年受到批评，确实对他有触动，促使他重新回到商州做更细致的田野考查，但这种触动仅仅限于他的自我反省：

> 半个多月，我不再写一个字。我得好好想想，再一次将所有的批评言论翻出来，一一思考。我慢慢冷静了，有则改之，无则加勉。我在日记中写道：平凹，你要是个没出息的，你就沉沦吧，一蹶不振吧。要是把文学当作一生的事业，就不必为一时的成功而得意，也不必为一时的挫折而气馁。铁锤砸碎的只能是玻璃，宝剑却得到了锻炼。
>
> 我总结着我的过去：生活积累还是不深，理论学习还是欠缺，艺

术修养还是浅薄。

我请人画了一张达摩画，决心从头开始：深入生活，研究生活，潜心读书，寂寞写作。①

从这“反省”中，可以看出贾平凹并没有照单接受那些批评意见，他接受的仅仅是自己文学修为还不够，并不认为犯了多大的政治方向和路线的错误。那么真正促使贾平凹写出商州系列小说的原因是什么呢？更重要的恐怕还在于以下两点，一是作家自己在文学实践和摸索中，找到了自己的创作方向；二是受当时作家作品的影响，比如被新时期文坛重新发现的沈从文。

先说第一点。早在 1982 年，他就发表了那篇著名的被追认为“寻根”主张的《“卧虎”说》，在这篇短文里，他已经对自己今后的创作方向、美学追求作了一个说明：“以中国传统的美的表现方法，真实地表达现代中国人的生活和情绪。”②“商州三录”的出现，不过是他的这种文学观念和追求的自然发展的结果。当然这种文学观念和追求的出现，也离不开外界的影响和刺激，比如汪曾祺的《受戒》等作品。这就要说到第二点，80 年代初，对十七年文学中一度被遮蔽的作家的重新评价和发现，是贾平凹能够“发现”商州的重要原因。这些被重新发现并影响贾平凹的作家包括周作人、郁达夫、废名、沈从文、张爱玲等，但如果说启发他从文化的视角去考察故乡商州的，就不能不说到沈从文了。这一点，不少研究者已注意到，如王德威就指出：“1982 年贾平凹的《商州初录》以散文随笔形式记载故乡风物，不啻是沈《湘行散记》《湘西》之类作品的当代回声。”③时任《人民文学》编辑的朱伟，是新时期文坛亲历者，他回忆当时情景——“平凹说，写

---

① 贾平凹：《我的台阶和台阶上的我》，《五十大话》，人民文学出版社 2008 年版，第 101 页。

② 贾平凹：《“卧虎”说》，《当代文艺思潮》，1982 年第 2 期。

③ 王德威：《想象中国的方法——历史 · 小说 · 叙事》，生活 · 读书 · 新知三联书店 2003 年版，第 238 页。

故乡以求突破自己的格局，是他从 1976 年后一直酝酿的事。我自己理解，他形成重新认识商州的冲动，应与八十年代的沈从文热有关。沈从文 1949 年离开文坛，1979 年回归，对我们而言，普及认知到他的魅力，得益于湖南人民出版社 1981 年末最早出版的《沈从文小说选》与散文选。我理解，沈从文不仅使古华、叶蔚林等一批湖南作家找到了根，他的湘西也启发了平凹的商州。”①这种说法可以从贾平凹那里得到印证：“我在‘文革’后期，有一天去图书馆翻到他的一本书，那是我第一次读他的书……但我那时不知道沈是谁，非常喜欢读他的作品，后来一本书上收他的一个作品，我还给出版社写信，要求多收他的作品，又过了多年，他的文集才出来。”②另一段类似的话出现在他写的一篇纪念孙犁的文章中：“在当代的作家里，对我产生过极大影响的，起码其中有两个人，一个是沈从文，一个就是孙犁。我不善走动和交际，专程登门去拜见过的作家，只有孙犁；而沈从文去世了，他的一套文集恭恭敬敬地摆在我的书架上，奉若神明。”③

以上是我们对贾平凹“发现”商州、写出具有寻根意味的商州小说原因的一些思考，下面将就“发现”商州的具体成果——“商州三录”展开分析，着重分析它的思想内容、艺术特色，理清它与中国古典及现代文学传统间的联系。

1.《商州初录》与笔记体小说

朱伟对《商州初录》的文学影响有自己的看法：“1983 年，贾平凹在《钟山》杂志上发表了《商州初录》，挑起了八十年代文学中的‘寻根’热。在我的记忆中，‘寻根’，似乎就是从贾平凹的‘商州’引发的。我还记得李

① 朱伟：《贾平凹：我在看这里的人间(二)》，《三联生活周刊》，2018 年第 14 期。

② 贾平凹：《沈从文的文学——在西安建筑科技大学的演讲》，《贾平凹文论集·关于小说》，生活·读书·新知三联书店 2015 年版，第 137 页。

③ 贾平凹：《孙犁的意义》，《朋友》，重庆出版社 2005 年版，第 294 页。

陀当年激动地逢人便说‘商州’的模样。”①朱伟的评价带有鲜明的个人印象，和文学史的惯常说法明显不同，如陈思和主编的《中国当代文学史教程》认为：“当代文学创作中的文化寻根意识最早体现在朦胧派诗人杨炼的组诗里……在小说领域里，则是起于王蒙发表于1982年到1983年之间的《在伊犁》系列小说。”②洪子诚则认为，在1985年韩少功等人的理论阐释中，一些此前发表的作品也被“追认”，而他认为最早体现寻根精神的是汪曾祺，“汪曾祺发表于80年代的，取材于家乡(江苏高邮地区)市镇旧时风情习俗的短篇(《受戒》《大淖记事》等)，被作为重视民族文化底蕴而取得成功的例证。”③但以上两部文学史都将贾平凹“商州系列”归入寻根潮流中的早期创作。前者认为：“1983年以后，随着贾平凹的《商州初录》、张承志的《北方的河》、阿城的《棋王》、王安忆的《小鲍庄》、李杭育的《最后一个渔佬儿》等作品的发表和引起轰动，许多知青作家加入‘文化寻根’的写作之中，并成为这一文学潮流的主体。”④后者则说：“贾平凹从1982年起(应是1983年，笔者注)发表的有关陕西商州地区的创作，以及稍后李杭育的‘葛川江小说’系列(《沙灶遗风》《最后一个渔佬儿》等)，也都被指认为是体现‘文学寻根’的成果。”⑤现在很难说是哪一个具体作家的具体作品引发了“寻根”，但如果说《商州初录》是早期寻根的重要成果当不为谬。这里就不能不提到李陀在读到《商州初录》时那段被研究者多次转引的感受：

> 初读《商州初录》，是1983年秋，在太湖畔。那是《钟山》杂志举办一次笔会，参加者还有汪曾祺、宗璞、刘心武、陈建功、郑万隆诸人。一天，主人以出版的刊物见赠，于是一时每人都是满手油墨香。

---

① 朱伟：《贾平凹：我在看这里的人间(二)》，《三联生活周刊》，2018年第14期。

② 陈思和：《中国当代文学史教程》，复旦大学出版社1999年版，第278页。

③ 洪子诚：《中国当代文学史》，北京大学出版社1999年版，第322页。

④ 陈思和：《中国当代文学史教程》，复旦大学出版社1999年版，第278-279页。

⑤ 洪子诚：《中国当代文学史》，北京大学出版社1999年版，第322页。

忘记了是谁发现了《商州初录》，一声惊呼，于是那几天大家的话题便不觉常常地转移到贾平凹身上。①

以下我们就来看看《商州初录》到底有何妙处，引得当时一批成名作家如此推崇。《商州初录》由引言和14个小短篇组成，以人物为题的有《一对情人》《石头沟里一位复退军人》《摸鱼捉鳖的人》《刘家兄弟》《小白菜》《一对恩爱的小夫妻》《屠夫刘安海》，以地理方位为题的是《黑龙口》《莽岭一条沟》《桃冲》《龙驹寨》《棣花》《白浪街》《镇柞的山》。具体作品里，以人物为题的也写地理，以地理为名的也写人物，当然也各有偏重。《商州初录》是以一种"随心所欲"的"笔记"的方式写下的：

> 我背着我的纸笔，开始一县接一县的走动，真所谓过起了温庭筠曾描写过这里的生活了："鸡声茅店月，人迹板桥霜"。遇人家便讨吃讨喝，见客店就歇脚歇身，日子虽然辛苦，却万般的忘形适意……
>
> 长途之中，我开始了我的写作，我常常处于一种随心所欲的境界，一连串草出了十四篇系列散文，合在一起，起名为《商州初录》。它写得很粗糙，几乎没有技巧上的讲究，但一些文友看了，倒过奖为"不讲技巧的技巧"。我拿去在《钟山》杂志上发表了，反响不敢说是不大，收到了全国各地读者的来信。有的竟询问：真的有这么个好商州吗？我说，是有的，我的记录几乎无一处没有出处啊！②

这种"随心所欲"的写作方式未必有多少布局谋篇的考量、观念意识的渗入，反倒是保留了可贵的文学感觉——一种原初的、毛茸茸的质感与直感。《初录》"引言"开篇就写："这本小书是写商州的。"在20世纪80年代

① 李陀：《中国文学中的文化意识和审美意识——序贾平凹著〈商州三录〉》，《上海文学》，1986年第1期。

② 贾平凹：《商州山地——〈小月前本〉跋》，《贾平凹中短篇小说年编中篇卷·小月前本》，山东人民出版社2013年版，第154-155页。

初的中国文坛，小说创作仍以现实主义的人物、情节为中心，而以地理、自然、风物为中心，不能不说是有先锋性的。这种“大自然主题”的小说，一年之后才有了张承志的《北方的河》(《十月》1984 年第 1 期) 等。这倒不一定是贾平凹的有意创造，只是 80 年代初开始，他就自觉地将学习借鉴的目光越过“五四”投往更遥远的过去，将中国传统的“文”引入小说，无意间开启了自己的文化寻根之旅。这是大的传统，从小的传统来看，延续了现代以来以鲁迅开创的现代抒情小说的传统。“引言”主要对自己为何要写商州的心路历程做了交代，由商州并无名人、名山、名产的“惶恐”与“担心”，到遍查地方志，得知历史悠久且是行商要地，如今虽位置偏狭却保存了特有的单纯、清净与神秘，又有丰富的物产、淳朴的风俗、质朴的男女，终于由犹疑而坚定，要做一次商州的“导游”来告诉读者：“商州到底过去是什么样子，这么多年来又是什么样子，而现在又是什么样子”。恐怕连贾平凹自己都没有想到，这样一篇为故乡张目、为乡民正名的文字，打开了一个辽阔而悠远的文学世界——商州世界，成为他的文学“发迹地”和艺术生命的“摇篮”。

《商州初录》可以分为人物传记和地理风俗两类，前者源于史传、笔记，后者源于地方志、游记。前者有通过人物行为表现商州古老遗风和纯良本性的，如《莽岭一条沟》和《桃冲》。《莽岭一条沟》中会接骨的老汉救了生病的老狼，狼为了报答他将小孩脖子上的银项圈、铜宝锁放在他的门口。老汉感到自己因救狼而害了人的性命，内心自责，跳崖自杀，显示出山里人的仁义与刚烈。《桃冲》中摆渡老汉和儿子两代人带领村人致富，即便遭到村民的嫉恨、以怨报德，也无怨无悔，表现出儒家仁恕的情怀和道家适意山水的超脱。还有写爱情的，如《一对情人》和《石头沟里一位复退军人》，前者写驼背老五的女儿爱上了光头男子，尽管老五嫌光头男子家穷，给不起彩礼，但他阻挡不了女儿和男子的私奔，只能发出“伤心”的求助。后者写退伍军人宁有生和寡妇桂枝之间“偷偷摸摸”的爱情，用的是贾平凹惯用的人物模式——男人懦弱胆小，女性泼辣大胆。在桂枝的热情感召和“我”的鼓励下，有生终于也要为自己的幸福而努力了。还有运用传统文言小说的写法，短小篇幅写尽人物一生命运，传达出一种苍凉的人生况味的，如《刘家兄弟》和《小白菜》，和写于 1980—1981 年的《“厦屋婆”悼文》《好了歌》类似。刘家老大加力为人和气、深得村邻惜爱。老二加列却游手好闲，顽劣鲁莽，做了土匪后又数次反水，可谓不忠；向娘要钱要媳妇，可谓不孝；用枪打死自己婆娘，可谓不仁。这样不忠不孝不仁之人最终落得个死无全尸，儿子早夭。哥哥加力以德报怨，料理弟弟后事，抚养后人。小说将人物命运归结为民间观念的善恶报应，有意和政治性话语加以区分，只从民间素朴的伦理道德去臧否人物。《小白菜》是中国版的《西西里的美丽传说》，美丽的山阳女子小白菜颇似二战时期西西里岛 13 岁少年的梦中情人玛莲娜，只不过造成人物悲剧命运的罪恶渊薮由战争变为“文革”。为救“走资派”小白菜不惜向造反派司令献出身体，上演着又一个天妒红颜、红颜薄命的故事，有着我不入地狱谁入地狱的佛家情怀。同样有伤痕意味的是《一对恩爱夫妻》——一个现代版的《瑞云》故事。菊娃因为美丽被公社书记觊觎，为了摆脱凌辱，丈夫大来用汽油烧坏了妻子的脸。和小白菜一样，菊娃的遭遇都是对“文革”时期女性悲剧命运的哀怜：容颜的美丽竟然成了负累甚至招来灾祸，忧愤之情难以掩抑。以上《商州初录》写的人物颇得《世说新语》神韵，简单几句勾画，人物品藻立现，赞美人物慷慨而多气，诉哀情常正话反说，婉而多讽，哀而不伤。至于《摸鱼捉鳖的人》《屠夫刘安海》里的两个人物，并不像上述作品中人物那样有着想象塑造、情感寄托，更像是随机捕捉的人物速写，却也具备了文化人类学的“考古”价值。33 岁的任一民拿不出彩礼钱，娶不了媳妇，变得越发丑陋、古怪，却仍不放弃对婚姻家庭的渴望，在河里摸鱼捉鳖，往河里放出写有自己信息的“漂流瓶”，反映出贫困给男性山民带来的生理和心理的困扰。屠夫刘安海是村里的治保委员，思想传统保守，尤其见不得自由恋爱的男女，认为伤风败俗，哪知他的女儿就瞒着他自由恋爱。两个人物都不是绝对意义上的“好人”，也不是绝对意义上的“坏人”，是“好坏人”或“坏好人”。正如“摸鱼捉鳖的人”的名字：“任一民”，任意一个老百姓。作者没有拔高，也没有贬抑，更没有写“典型环境里的典型人物”，人物是怎样就怎样写，用的是史家笔法。任一民对婚姻、幸福的天真、执着令人感动，刘安海的守旧思想则令人发笑，比起小白菜和那一对恩爱夫妻的故事，少了些编排情节的斧凿，更显质朴、真实。

后者是地理自然、风土人情类，闲散的笔触一路写来，是《商州初录》散文美的主要来源。这里的古朴风情令人称奇：《黑龙口》中男主人让男客人睡在自己炕上，只不过他睡在媳妇和客人之间。主人临时有事要出去了，只在炕中间放一条扁担。小说这里写道："旅人明白了，闭了眼睛睡觉。那灯耀得睡不着，媳妇不去吹，他也不敢动身去吹，灯光下，媳妇看着他，眼睛活得要说话。"简单一句人物神态的描写，写出主客间微妙的心理，令人生出许多遐想，这大概就是贾平凹说过的"生活的情趣"。《莽岭一条沟》山高林密，与世隔绝，"第一印象是这里可以作一个绝好的流放地"。写山水地理，让人想到人，写人又让人想到山水地理，山水地理与这里的人之间有着一种神奇的对应与关联。且看这一段沟里人家生活环境的描写：

> 十六户人家，你几乎不知他们都是住在哪里，偶尔转过山嘴，一个黑石崖缝里就长出一棵一搂粗的老松来，使你瞠目结舌；老松之后，那突出而空悬的岩石下，突然就有了人家，房顶却是有前半边，没后半边，那半边就是石岩，屋地也一半是土，一半是凿入的石洞。推门进去，屋里黑阴阴的，或许点着油灯，或许没有，当屋一个偌大的火炕，劈柴架起，火光红红的，人影反映在墙上，忽大忽小，如跳动着鬼的舞蹈。

这里对山里房屋位置和建筑方式的描写，对城市人、平原人来说，是那样的新奇、神秘和原始，在这样苍莽、原始的环境中流传着接骨老汉和狼的神奇故事就不足为怪了。

《桃冲》的地理环境和人物故事都透露出道家的哲学。桃冲处在石门河和洛河交汇处，清浊交汇，而摆渡老汉的家正在两河交汇中间的一个滩上，令人想到太极图。他的生活也是那么适性自然：“当这一带人都还没有穿上凡立丁布的时候，老汉就第一个穿了，见风就飘，无风也颤；”“并且没事一家人都到船上来，一边摆渡，一边将最稀罕的收音机放在船头，咿咿呀呀地唱。”老头的儿子“也有着老子的秉性，善眉善眼儿，却心底刚强”，“儿子的儿子，又是一个当年老汉的儿子”，喜欢捕鱼“倒不是为钱，却为着乐趣”。这祖孙三代身上，分明可以看到道家随遇而安、安贫乐道的生存哲学。

《龙驹寨》和《棣花》两篇是贾平凹推介故乡之作。龙驹寨就是丹凤县，该县的棣花镇是贾平凹生活了 19 年的故乡，写到这里，作者自然有着说不出的骄傲和自信。写龙驹寨突出其繁华，“在这几百里方圆，这里就是北京城，就是大上海，山民们以进城为终生荣耀”。能得时代风气之先，“西安街头出现什么风气，龙驹寨很快也就出现什么风气”；当然爱之深自然责之切，对今日丹凤县城物价高、人心刁、情感淡、诚信差的城市病也提出了批评。但写棣花就没有一个不好。且不说这里人的习文尚武，人瑞备出，光是写小年唱戏和初一扮社火的习俗，就能让人着迷。结尾作者忍不住再次赞美故乡：

> 棣花就是这样的地方，山美，水美，人美。所以棣花的姑娘从不愿意嫁到外地，外地的姑娘千方百计要嫁到棣花，小伙子就从没有到了二十六岁没有成家的了，农民辛辛苦苦劳动，一年复一年，一月复一月，但辛苦得乐哉，寿命便长，大都三世同堂；人称“人活七十古来稀”，但十六个小队，队队都有百岁老人。

关于《初录》的文学源流与先锋性，李陀早就指出：“《商州初录》似乎是笔记小说的某种复活，然而其中明显又有地方志、游记、小品文等因素的融合。这使得贾平凹的笔可以自由地伸进商州地方的任何角落，举凡山川地理、地方人物、民间传闻、奇俗异事以及世情发展、人心变化，无不经熔裁而入文。不过，作家并没有将这自然与人事的诸相都结构于一个鸿篇巨制之中。相反，他把它们化做一系列彼此间没有什么联系的优美的散文，或者叫做‘反小说’的小说。”①李陀在这里说的“反小说”未必是指西方现代文学中的流派，只是从偏离以人物、情节为中心的传统小说意义来说的。其实，这种淡化人物、情节，讲究抒情与意境的小说是中国古典文人笔记小说的传统，五四以来在鲁迅、废名、沈从文那里就已接续，只不过十七年文学中断了这种传统，而80年代初汪曾祺的《受戒》、贾平凹的《商州三录》、阿城的“三王”系列等又重新接续上了这个传统。如许子东所说：

> 说《商州初录》有意无意间开辟了“寻根”之路并不为过，这种开辟工作主要表现在两个方面：其一，《初录》提醒“文革”后的青年不要一味陷在“我不相信”的愤怒反叛颓放伤感的情绪之中，而应回头看看朴素平实的民间，也回头看看沉静中和的文化传统；其二，《初录》也提醒当代文学的“先锋派”（大都是青年作家），不要一味只沿着“五四”以来的小说模式西方化的方向去“探索”，不要一味只学步卡夫卡、福克纳的奇技异彩，还应回过头来重新审视从《世说新语》到明清笔记再到三十年代散文的脉络线索，在语言和文体的意义上重新注意汉文学传统的魅力。②

2.《商州又录》与诗化小说

如果说《商州初录》表现出古代笔记的散文之美，那么《商州又录》则呈现出了诗体小说的抽象、朦胧、写意、抒情之美。如果将“三录”比作绘画的话，那么《初录》是素描，简笔勾勒却最显写实，人物形象和风俗自然莫不纤毫毕现；《又录》则是写意水墨画，随意点染，自然天成，旨意邈远，

① 李陀：《中国文学中的文化意识和审美意识——序贾平凹著〈商州三录〉》，《上海文学》，1986年第1期。

② 许子东：《寻根文学中的贾平凹和阿城》，《文艺争鸣》，2014年第11期。

可意会而不可言传；《再录》像是油画，色彩凝重，层层堆积，有穿越历史的沧桑感。《商州又录》(载《长安》，1984 年第 7 期)由“小序”和 11 个短章组成，每章没有题目，只用数字标序。“小序”中说：

> 去年两次回到商州，我写了《商州初录》。拿在《钟山》文学期刊第五期上刊了，社会上议论纷纷，尤其在商州，《钟山》被一抢而空，能识字的差不多都看了，或褒或贬，或抑或扬。无论如何，外边的世界知道了商州，商州的人知道了自己，我心中就无限欣慰。这次到商州，我是同画家王军强一块行旅的，他是有天才的，彩墨对印的画无笔而妙趣天成。文字毕竟不如彩墨了，我仅仅录了这十一篇。录完一读，比《初录》少多了，且结构不同，行文不同，地也无名，人也无姓，只具备了时间和空间，我更不知道这算什么样文体，匆匆又拿来求读者鉴定了。

从上文李陀所言以及小序中贾平凹自己的介绍可知，《商州初录》的发表受到作家、评论家和读者的欢迎，这坚定了他的写作方向，“我甚至有一个小小的野心：将这种记录连续地写下去”。因此，《商州初录》的成功对于贾平凹写作意义重大，以此为发轫，他开始构建自己宏伟的“商州世界”。序言中提到这次到商州同行的是一位画家，并表示出对中国画“彩墨对印”画法的推崇：“无笔而妙趣天成”，这也正是贾平凹极力追求的文学境界。贾平凹曾多次表达对于中国国画的喜爱，“我喜欢着国画，忠实着生活，又突破生活的极限，工笔而写意，含蓄而夸张，‘冗繁削尽留清瘦，画到生时是熟时’，在有限之中唤起了无限的思想和情趣”。① 因此，我们在《商州又录》中能够看到中国画的画意。既是写意也有工笔，是团块色彩和线条勾勒的结合，充分体现中国传统写景散文的情景交融，反映出中国

① 贾平凹：《山石、明月和美中的我》，《贾平凹文论集：关于散文》，生活·读书·新知三联书店 2015 年版，第 20 页。

人传统的天人感应美学观，如第一节开头一段山景描写：

> 最耐得寂寞的，是冬天的山，褪了红，褪了绿，清清奇奇的瘦，像是从皇宫出走到民间的女子，沦落或许是沦落了，却还原了本来的面目。石头裸裸地显露，依稀在草木之间。草木并没有摧折枯死的是软弱，枝丫僵硬，风里在铜韵一般的颤响。冬天是骨的季节吗？是力的季节吗？

又如第四节这段：

> 初春的早晨，没有雪的时候就有着雾。雾很浓，像扯不开的棉絮，高高的山就没有了吓人的巉石，山弯下土塬上，梢林也没有了黝黝的黑光。河水在流着，响得清喧喧的。
>
> 河对岸的一家人，门拉开的声很脆，走出一个女儿，接着又牵出一头毛驴走下来。她穿着一件大红袄儿，像天上的那个太阳，晕了一团，毛驴只显出一个长耳朵的头，四个蹄脚被雾裹着。她是下到河里打水的。

试图将《商州又录》的 11 篇短文用一根线串起来是困难的，没有一贯到底的人物，似乎也没有什么情节，有的只是一些景物与意绪的碎片，一种情绪，是诗化抒情小说，也可看作散文诗。中国现代文学中散文诗的写作滥觞于鲁迅的《野草》，“《野草》有诗歌、戏剧、格言、警句甚至碑铭，不拘一格。大量对偶句式更引人瞩目，但不像古诗词整齐划一，而是文白、长短、高低、疾徐错落有致，造成自然的节奏和音乐的美感。这样的‘哲学’和诗味只能高声或低回地咏诵出来，不能依靠默读。你须以内心的呼喊来应和作者生命琴弦的律动！”①鲁迅的《故乡》《社戏》等篇开启了现代

① 郜元宝：《〈野草〉的基调及其读法》，《中学语文教学》，2016 年第 7 期。

抒情小说的先河，其后延续此传统的有废名、沈从文、萧红、汪曾祺等。废名早期的《桃园》《竹林的故事》就已经呈现出诗化小说的特征，之后的《桥》更是“远离了重情节、重事件、重人物性格刻画以及重戏剧性的小说规范而更靠近了诗的领域”。① 汪曾祺就说他的短篇小说有时就是表达一种情绪，一点气氛，不太像小说，“我们宁可一个短篇小说像诗，像散文，像戏，什么也不像也行，可是不愿意它太像个小说，那只有注定它的死灭”。② 他早期的小说《复仇》就是想打破小说、诗歌、散文界限的一种尝试，80年代初期的一些小说，像《钓人的孩子》《职业》《求雨》等也有散文诗的味道。小说的诗化或散文化，决定了具有了营造意象、思维跳跃、人物情节淡化、主旨含混的特点，尽管如此，笔者还是尝试对《商州又录》做一番文本解读：

第一、二两节写冬天山里的自然环境，虽然也写到人，但人并不作为中心，只是环境与风景的一部分。虽是冬天，春的气息已悄然萌动。“嫩嫩的太阳”，“暖暖吹着的风”，奔跑着的鹿，脱了棉袄的山民，一个将新生的蛋“对着太阳耀”的小妞，都透露出山地里春意萌动的躁动气息。第二节仍是写冬日山景，却突出“安宁”。一切都是那样的安静与平和：结冰河面上凿了冰窟窿，却不见山民来取渔获，颇有“孤舟蓑笠翁，独钓寒江雪”的静谧意境；山民烤火、吃肉、喝酒、打猎的情景，全来自作者的冥想，想象中山民活动的场景更衬托出现实中山地的空寂安宁，以动写静，以动衬静。第三节人物才成为书写的对象，一个女人坐在炕上摇磨拐推竹筐，竹筐里有小儿子。有了人物，作者却不写人物性格，尽在自己捕捉玩味着一些哲思：“太阳是地球的一个磨根吧？它转动一圈，把白天就从磨眼里磨下去，天就要黑了！”“孩子的爹正在那里犁地……犁沟全是外田往里转，转得像是指印的斗纹，五个山头就是一个手掌。女人看不到手掌外的天地。”推磨、太阳和地球、像斗纹的犁沟，这反复出现的意象，都指向一个

① 吴晓东：《现代“诗化小说”探索》，《文学评论》，1997年第1期。

② 汪曾祺：《短篇小说的本质》，《汪曾祺全集》第三卷，北京师范大学出版社1998年版，第27-28页。

意旨，即是转圈、轮回——季节的轮回，生命的轮回。女人看不到手掌外的天地，可以理解为一种封闭隔绝，但更恰当的理解是一种岁月安好的静谧祥和。第四节写初春的早晨，少女下到河里打水，没有了后生爱慕眼光的注目，不由“感到一种空落”，看到长在崖壁上的冬青树，突然想：“这冬青，长在那么危险的地方，却活得那么安全呢。”少女和推磨的女人似乎都变成了哲学家。第五节到了秋天，秋天是成熟、收获的季节，待字闺中的少女也到了出嫁的年龄了。四个在柿树上吃蛋柿的女子注目迎亲的队伍，不由生出很多联想：“一生都在山路上走，只有这一次竟不走路啊。被抬着，娘生她在这个山头上，长大了又要到那个山头上去生去养了。”仍是对女人生命反复轮回的感悟。第六节紧接上一节的观嫁写盼生，以丈夫的视角，写女人生娃的不易。这次说出生命哲思的是接生婆：“不怕死，却怕生呢。”这里的生既指生命的诞生，也指生存。第七节写了一个寡妇，活泼，不害羞，“拿光光的眼睛看人”，开着一家饭店方便过往的司机。满山的刺玫和奔跑的美丽的麂子，都是对她蓬勃生命力的象征。第八节写的是山中的一个梦，梦里的“你”是梦中人，时而寂寞，有时痛苦，被惊恐驱赶，摔下山崖，救“你”的是“他”——一个采药者。“你”同情着“他”：“山上是太苦了。正是太苦，才长出了这苦口的草药吗？采药的人成年就是挖着这苦，也正是挖着了这草药的苦，才医治了世上人的一生中所遇到的苦痛吗？”这是一个有着寓言性质的短篇，“你”与“他”，游荡在山中的人和采药者，是作者心境的一体两面。在恐怖的山中游荡，忍受寂寞和痛苦，这不就是写作者曲折的文学生涯吗？而采药者医治人的病痛，和作家创作作品净化、美化人们的灵魂，又是多么的相似！此篇借梦境表达心境，梦中场景阴森诡谲，和鲁迅《野草》风格颇为相近。第九节写死。由生到梦到死，梦境是连通生死的。死者是个砍荆条滚坡的汉子，“在水里钻了一生，死了却要到山地上去”。生前干着低贱而辛苦的活计，死后却享受了无限的荣光，宣扬的是山民乐天知命的生死观。第十节写山外的文明带给山里青年男女爱情的萌动。八个看电影归来的女子，成为一道风景：“一场电影看完了，看了银幕上的人，也看了看银幕上的人的人，也被人看了。”借用的是卞之琳那首《断章》的意绪："你站在桥上看风景，看风景的人在楼上看你"。第十一节，末篇又是冬天，完成一个季节的轮回。百年老屋里只有七十岁的老婆子和她的孙子，老婆子希望孙子好好守住这个家，而孙子却总在家里坐不住，喜欢着外面传来的新事物。老屋、妇人、孙子都是传达作者观念的人物，这里传达的思考就是：古老的商州，面临山外进来的现代文明，到底该何去何从？

至此，我们似乎也理出一些"又录"的线索，那就是季节的轮回，由冬到春，由春到秋，最后又到冬，完成一年的时间轮回；而在时间的轮回中，又有生命的轮回，思春的少女、盼嫁的女子、生娃的女子、死了丈夫的女子，最后是担心孙子离开自己的老妇人，形成女性生命的完整轮回。而在这岁月、生命的轮回中，又抒发着作者生命的哲思——关于生与死、古老与现代、封闭与开放。"又录"在三录中无疑是最具文学美感的，它复活了中国悠久的散文特别是游记的传统，读"又录"，时常给人穿越到唐宋时期《石钟山记》《岳阳楼记》等优美散文的境界中，同时也能看到20世纪30年代鲁迅、郁达夫、沈从文散文的余绪。贾平凹从《商州三录》开始，有意复活着中国的美文传统，延续着现代文学的抒情小说的传统。有论者认为《商州又录》《商州再录》"搁置了"《商州初录》中用到的"更富于意识形态味的'时间化'的写法……这种调整并不成功"，"《商州又录》的笔调显得干涩，篇幅极短，每节不过千字，类似匆匆而就的山水素描，作者自己似乎也茫然如何展开。"①对此看法，笔者并不认同，认为西方的现代性理论话语并不适用于所有的文学评价对象，更同意杨辉在更宽阔的视域上研究贾平凹的作品的观点："无论是1990年代初胡河清对贾平凹作品与中国古典文学传统关系的深度探讨，还是李敬泽敏锐地发现贾平凹的写作与《红楼梦》之间的'影响的焦虑'，以及孙郁指陈之贾平凹与沈从文、汪曾祺那一脉的内在关联及其与中国古典传统的承续关系，均说明有效开拓贾平凹研究之新境界，除需要超越现代性视域外，还必须融通中国文学的'大传

① 黄平：《贾平凹小说论稿》，云南人民出版社2013年版，第35-36页。

统’与‘小传统’，非此，则无以从根本上解决文学史视域及评价标准的偏狭问题。”①论述至此，不得不说《商州又录》学习了《庄子》的寓言体风格，是继鲁迅《野草》之后，又一篇辞采华美、意象丰富、韵味深远的诗化哲理小说。

3.《商州再录》与纪传体文学

《商州再录》有明显的为故乡人物作传的意图。中国有悠久的纪传体文学的传统，中国叙事文学的源头来自《史记》。当贾平凹将笔触伸向历史，来展现商州地区面临着现代文明的洗礼，暴露出哪些落后与守旧的东西时，自然就运用了史传的写法。《再录》由“题记”和五个短篇组成，分别是《周武寨》《一个死了才走运的老头》《金洞》《刘家三兄弟本事》《木碗世家》。《商州初录》和《商州又录》中，作者以导游的身份，推介着故乡的“美丽和神秘”，主要写了商州的现在，到了《再录》，作者想深入一步，由现实写到历史，由“自然的艰苦”写到“人的自身的艰苦”，贾平凹认识到：“随着时代的变迁，这些山民既保存了古老的传统遗风，又渗进了现代的文明时髦，在对待土地、道德、婚姻、家庭、社交、世情的诸多问题上，有传统的善的东西，有现代的美的东西，也有传统的恶的东西，也有现代的丑的东西。”②我们来看看这五个短篇分别写了哪些“恶的东西”和“丑的东西”。

《周武寨》写“仇恨”。周武寨原名清风寨，从20年代到70、80年代，周武两家交替发家、争斗不断。先是周家生了12个儿子，成为村寨的主干，但遭遇政府抓丁盘剥，12个儿子死得只剩3个，而武家却在周家遭祸之时，大肆收买周家房屋、土地，将周家家产吞并得十分有九，从此两家结下仇恨。此为武盛周衰。1949年镇安解放，武赖子是地主，又做过强盗，被政府枪毙，六个儿子三个去了新疆，留乡的三个只有最小的一个娶妻生子。从此周盛武衰。“文革”期间，周武两家各是一派发生武斗。一仗

---

① 杨辉：《“大文学史”视域下的贾平凹研究》，人民出版社2017年版，第9页。

② 贾平凹：《商州再录题记》，《贾平凹中短篇小说年编中篇卷·冰炭》，山东人民出版社2013年版，第87页。

下来加上之后的“一打三反”运动，周家只剩六媳妇带着一个十一岁的男孩，武家只剩老二带着兄弟的女儿远走他乡。至此，周武两家两败俱伤。数年之后，武家老二带着长大的女子回到清风寨，周家儿子还想报仇被娘阻止。从此周武两家合为一家，清风寨也就改名为周武寨。周武寨的得名缘于放下仇恨，化干戈为玉帛，一村一寨的兴亡，折射出世间多少历史沧桑变幻。

《一个死了才走运的老头》写“庸常”和“愚昧”。作者是这样写流峪湾农民的：“农民是黄土命，黄土只要能长出一点庄稼，农民就不会抛弃黄土的。这里的人们一向无是无非，关心而弄不明白各种国家大事，因为贫困，他们没有机会接受什么文化教育，虽社会给予他们不断的补充性的各种政治运动的教育，而终于都没有弄明白。但是，他们并不曾嫌弃过这块地方，并无什么遗憾。这也得助于他们有劳动，劳动是他们生存的手段，也可以说劳动是他们生存的目的。”农民有吃苦耐劳、勤劳善良的一面，但也有不思进取、少于教化的一面。劳动如果既是生存的手段又是生存的目的，那生存的价值会大打折扣。一个被送来改造的老人的到来，打破了山村的宁静与平衡，也映衬出村民的局促和小来。“老头不大说话，脸上总是笑着”，“他给村人的第一印象是个软性人，善眉善眼。”但这个老头在村里做了两件大事，彻彻底底改变了人们对他的印象。一是没按县委指示一律种条田，结果秋后周围村子比往年少收了两成，流峪湾村却丰收了。老头被批斗，村人也不敢与他多说话。第二件事发现公社兴修水利中的隐患，任他劝阻也无济于事。终于一场洪水下来，老头为了救人，被水冲走。后来人们才知道，老头是省里的一位大领导，当过水利厅厅长，当过省委书记。在他身上，可以看到屈原、苏武、苏轼、陶渊明等中国古代“士”的影子，既有儒家的济世情怀，也有道家的适意旷达，还有佛家的慈悲为怀，是典型的传统儒道释融为一体的人格。他的达观的生命态度和高尚的人生追求就显出流峪湾村民的庸常与愚昧来。

《金洞》写“凶残”。板桥地方一个小儿被狼叼走，村民以为被狼吃了，其实没有，狼用羊奶养活了他，却也不让他逃跑。终于有一天，他跑回了村子，村民却不接受他，说他“是狼变的，是怪物！咱们治死了母狼，狼是来报复的。他不是人，是祸害！”连“做娘的也怀疑起儿子了”。村民以小儿为诱饵捕杀狼，狼却保护着小儿。狼被打死或打散，小儿死了，村民找到了狼洞，这才相信小儿的话。狼洞里发现了金子，板桥因此致富。小说借一个传奇的狼孩的故事，写出人的狼性和狼的人性，人如狼般冷酷凶残，不惜以人为诱饵猎杀敌人，而狼却显得如人般有情有义，冒着生命危险去救一个异类。让人想起《巴黎圣母院》里的加西莫多，加西莫多虽丑陋如怪，却心地善良，不惜用生命保护善良美丽的爱斯梅拉达，也是一个人兽颠倒的人物设计。小说结尾写道：“远近的人为了这板桥的金矿而来，来了就赞美这里的山好，水好，花好木好，空气好，更赞叹这里的人好。(这句语含讥讽——笔者注)美中不足的一点，是这里的野羊野兔甚多，常常糟蹋庄稼扰乱村人，还将淘金人的被褥干粮袋咬破。”板桥这地方人与狼本有着一种平衡，狼的死去和离开，打破了这种平衡。狼群的离去带来了黄金，狼和黄金都代表着人的欲望，前者是恐惧与复仇，后者是贪婪与占有。因此，黄金的发现，到底是狼孩对村民的报恩还是报复呢?

《刘家三兄弟本事》写“廉耻”。黄寺是商州三县交界处，一块荒蛮之地，水土不好，易得大骨节病。刘家三兄弟，老大得了瘿瓜瓜病，老大老二爱惹是生非，加上地方水土恶劣，兄弟三人都娶不到媳妇。老三好不容易有人愿意嫁，却被老大破坏，意思是自己没媳妇凭什么让老二老三找。老大将女子骗进了家门。哪知老二却和大嫂通奸，还闹出了分家分媳妇的丑剧。刘老大体会到一点：“填不满的是肚腹，不要的是脸皮”，这种做人态度，竟然在“文革”中吃香，成了走资派最害怕的造反派头头，一个“英雄”，可惜英雄气短，因为倒吊了领袖像被作为现行反革命枪毙。只有靠自己劳力撑船谋生的老三得以善终，回来为老大收尸，“刘老三刨出了其兄，已看不到兄长的脸面，脑浆是枪子打飞了，脸皮是野狗脸面和吃了。”这里的脸面和脸皮明显有双关的含义，刘老大结局悲惨，就是因为他缺少廉耻之心。

《木碗世家》写“守旧”。碾子坪的黄家老汉靠着旋制木碗的手艺，坚信人生在世，安分为主，善良为本，抵御了种鸦片烟的诱惑，得以过上平安日子。一晃三十多年过去，黄家老汉发现自己的“安分”持家败给了儿子的营生，养猪、养羊、养鸡、个体交通车……竟没有儿子办不成的。木碗世家，曾经的安分持中变成了故步自封和守旧，表明开放的时代需要的是开拓进取、大胆尝试的冒险精神。

《商州再录》里的故事时间跨度都比较长，人物命运有始有终，大有为小人物立传的企图，与中国叙事文学的传统——史传文学中的纪传体暗通款曲，是“三录”中最像小说的小说。

(二)80年代小说对中国文学抒情传统的继承与转化

贾平凹曾说：“我不是现实主义作家，而我却应该算作一位诗人。”① 无疑他该算是个具有诗人气质和浪漫风格的作家，他喜爱的作家作品无不有雄奇诡谲、浪漫潇洒的作风，古代作品喜欢庄子《逍遥游》，老子《道德经》，苏轼、陶渊明的诗，蒲松龄、曹雪芹的小说等，现代作家中孙犁、沈从文清新悠远的诗意也为他所慕，西方作家中他喜欢海明威、川端康成、福克纳、乔伊斯等。他小说、散文、诗歌都写，书、画、戏曲、文物、石头颇精，是当代少有的文体兼备、古典艺术门类皆通的作家。他80年代小说对中国文学抒情传统的继承与转化主要体现在以下三个方面。

1. 小说的“抒情性”

王德威提议“在革命、启蒙之外，‘抒情’代表中国文学现代性——尤其是现代主体建构——的又一面向”。他试图从中国古代文学传统中寻找属于中国诗学的话语来与晚清以来中国文学的现代性进程展开“对话”：

---

① 贾平凹：《高老庄·后记》，《贾平凹文论集·关于小说》，生活·读书·新知三联书店2015年版，第107页。

“中国文学传统里的抒情定义丰富多姿。从儒家兴、观、群、怨的诗教，到老庄的‘心斋’‘坐忘’的逍遥，《易传》传统的生生不息、气韵生动，还有禅宗所启发出的羚羊挂角，天机自现，都代表表述抒情的不同意识形态面向。而‘言志’和‘缘情’，不论作为抒情的认识论讨论课题，或是修辞技术的指标，从情景交融，到物色比兴，神韵兴趣，更是千百年来诗学对话的焦点之一。”①对王德威的以“现代抒情传统”来“重构现代文学地图”的努力，杨辉是充分认同的：“以王德威相关论著所指陈之方法，作文学史观念的调适，申论中国文学‘抒情传统’之于打通‘大传统’与‘小传统’的逻辑分野之后的‘大文学史’的意义，并重建中国文学史叙述，不仅是拓展贾平凹研究的可能性路径，亦是有效推进二十世纪文学研究范式转化的重要方式。”②正由于中国文学抒情传统，亦即“诗骚”传统的强大，中国现代小说出现了抒情小说一脉。关于现代抒情小说(亦称为诗化小说，散文化小说，笔记小说等)研究成果颇丰。中国现代文学中最早提出“抒情诗的小说”这一概念的是周作人。1920年，他在介绍柯罗连柯的《玛加尔的梦》和库普林的《晚间的来客》时，曾写下这样一段话：“在现代文学里，有这样一种形式的短篇小说。小说不仅是叙事写景，还可以抒情；因为文学的特质，是在情感的传染便是那纯自然派所描写，如Zole说，也仍然是‘通过了著者的性情的自然’，所以这抒情诗的小说，虽然形式有些特别，但如果具备了文学的特质，也就是真实的小说。内容上必要有悲欢离合，结构上必要有葛藤，极点与收场，才得谓之小说：这种意见，正如十七世纪的戏曲的三一律，已经是过去的东西了。”③王瑶先生进一步对现代抒情小说的缘起及与中国诗歌传统的关系做了论述：“鲁迅小说对中国‘抒情诗’传统的自觉继承，开辟了中国现代小说与古典文学取得联系、从而获得民族

① 王德威：《抒情传统与中国现代性：在北大的八堂课》，生活·读书·新知三联书店2018年版，第3-4页。

② 杨辉：《“大文学史”视域下的贾平凹研究》，人民出版社2017年版，第248页。

③ 周作人：《〈晚间的来客〉译后附记》，转引自严家炎编《二十世纪中国小说理论资料》(第二卷)，北京大学出版社1997年版，第91页。

特色的一条重要途径。在鲁迅之后，出现了一大批抒情诗体小说的作者，如郁达夫、废名、艾芜、沈从文、萧红、孙犁等人，他们的作品虽然有着不同的思想倾向，艺术上也各具特点，但在对中国诗歌传统的继承这一方面，又显示出了共同的特色。”①贾平凹的商州小说，深受鲁迅、郁达夫、废名、沈从文、孙犁等抒情小说家的影响，具有鲜明的抒情性的特征。

贾平凹小说的“抒情性”起码体现在两个方面，其一是融情入境、借景抒情。这从他早期创作就有体现，并一直贯彻在他的创作中。中国文学有悠久的吟咏景物的传统，这个传统建立在中国人特有的天人合一的思想之上，受道家思想深刻影响的贾平凹自然深谙“一切景语皆情语”之道。我们且以他创作于1981年的中篇小说《二月杏》为例，来说明其融情入景的写法。小说中有三处写到主人公会面的洼地树林，现引如下：

> 洼地里的树很密，突出的有几株古柏，有的麻花式的扭弯着，有的笔直，皮纹呈沟楞儿，像匝匝地扎了一圈儿绳索，有的一出地面就分了枝丫，中间却已发空，透着黑的窟窿，有的两丈余高，枝叶茂密，再往上，却干枯了，数十支黑的干条向四处高空伸展，像腾空欲去的一群虬龙。……大亮一时来了兴致手脚分路，钻了进去。这么在里边站了一阵，他兴趣使尽了，回头要出时，身后枝叶收合，没了出路，当下惊骇。四顾时，看见前边过去，却有了一处空地，歪着一些乱石，疏疏斜几丛瘦竹。

这一处洼地景物的描写是在大亮和二月杏偶遇之前，心情烦闷的大亮来到这一处“世外桃源”式的地方，“听轻风在林中袅袅起动，顿时不知到了何处，也不知自身的存在”，不觉神清气爽、意外之喜溢于言表，其心理感受大概也和偶入桃花源的渔人相仿——“怡然有余乐，于何荣智慧!”

---

① 王瑶：《中国现代文学与古典文学的历史联系》，《北京大学学报》，1986年第5期。

(《桃花源诗》)。

第二处写洼地景色是在大亮遇到二月杏之后，发现她酷似十五年前被自己狠心抛弃的恋人——他正是带着忏悔和自毁的心情来到这偏远的地质队的。此时洼地景色是如此的空寂、凄冷，似乎还闪现着回忆的血光：

> 洼地的树林子里，却没有了人影。山鸟在空地上空成团成片地乱闹，倏忽间，全然消失在树林里，好像那黝黝的树林，是偌大的吸铁石，一下子吸去了一切。风在起了，疏竹冷冷作响。乱石草丛中伏见的溪道，在夕阳下闪着红光，陡然间像一片流动的血的脉络。

最后一处，男女主人公经历了情感的暴风雨式的宣泄，大亮是忏悔、赎罪——二月杏问："你为什么不成家?"大亮答："我的罪过还没有赎清。"二月杏是报复——"告诉你，遇着你这样的人，我已经不是一个两个人，当年你们是狗，是狼，如今才明白……我要报复，我要报复，我偏不能使你们的灵魂得以安宁!"二月杏的痛骂纾解了大亮郁结多年的心结，在骂声中，他的负罪感也减轻了许多；而二月杏虽然错误地对大亮发泄了愤慨，但她的复仇心理也得以平息。他们相约第二天还在洼地树林见面，此时的景象是这样的：

> 他对着这密密的树林，疏林、乱石、隐泉，心里在高声叫着：我又来了！是的，一个奇异的故事是从这里开始，故事也要在这里结束吗？他站在杏树的面前肃然起立，那杏树浑身已经全部绿了，似乎看见了那皮层里流动的绿的脉枝，花没有再开多少，也没有落去几朵，全部蓄了水，沉重重的，却显得鲜艳多了，娇嫩多了。

由于主人公的愤懑情绪得以摅发，此时的景物重又恢复活泼与生气。写杏树和杏花实则在写二月杏，大亮的爱情和忏悔多少让她平息了报复的冲动，重又找回女性的柔美与平和，是经历磨难之后的脱胎换骨、化茧成蝶。

更不用说贾平凹 80 年代以后小说中随处可见的“万物有灵”思想的体现：动物、植物、建筑、山川、河流、明月、山石，都成为情感传达的媒介，具有了似人通神般的神秘功能。《浮躁》里的看山鸟，《古堡》里的古堡、麝，《废都》里的哲学牛，《带灯》里的萤，《极花》里的极花，《山本》里的猫和皂荚树等，都是这类赋予物以人性和神性的象征写法，在物象的隐喻和象征中，作者的情感得到间接而隐晦的抒发。以下研究者的见解就阐明了中国古代“审美移情”的“物化”观：“中国古代特别注重‘天人合一’。在对万事万物的认知过程中，非常强调人与自然的和谐对应。受这种宇宙观的影响，中国古代的文学艺术创作也非常讲究人与万物的感应。人与物的这种感应，在古人看来是相互的。人感应物，物也感人。自然万物也会产生情感，它们会哭、会笑、会表达悲喜。然而，人是万物最为灵明者，万物的这种情感是人所赋予的，是作家、艺术家的情感投射，它们的主宰还是人。”①

其小说“抒情性”的第二个方面的表现是借人物的行为、语言、心理等来表达作者自己的感情。在他 80 年代早期作品中，还存在作者意图过于明显，要借人物口说话的情况，比如《商州初录》中第一篇《黑龙口》结尾处山外旅客与山民的对话：

> “你们在城里，离政策近，说说，这政策不会变了吧？”
> “变不了啦！”
> “真的？”
> “真的！”

通过人物的口表达作者彼时对中国“现代化”进程的浪漫想象，现在看来，政治说教的意味颇浓。

① 胡经之、李健：《中国古典文艺学》，光明日报出版社 2006 年版，第 259 页。

《二月杏》中为了强调人物的“伤痕”，数次提到悲剧的根源来自“文革”，含蓄与蕴藉的缺乏也多少削弱了“控诉”的效果。其他如《浮躁》中的“考察人”对80年代后期中国“浮躁”的时代心态的分析，《废都》里的哲学牛对都市现代病导致人性异化的心理刻画，都是作者主观情志的表达。前者想通过议论来提升小说的思想深度和社会容量，后者是想多角度、多侧面对西京城的人物、世相展开透视，都是由作家来代人物(动物)来说话，是作家主体情感急切抒发的结果，固然浇了作者的块垒，但从文学创作本身的规律来说并不足取。因此，90年代之后，尤其是《秦腔》之后，贾平凹在小说中的情感表达力求蕴藉，情感和思想隐匿在意象化和日常化的婚丧嫁娶、生老病死等“流年式的叙写”背后，变得含混、多义、复调，甚至自相冲突砥砺，如他自己所说：“为什么如此落笔，没有扎眼的结构又没有华丽的技巧，丧失了往昔的秀丽和清晰，无序而来，苍茫而去，汤汤水水又黏黏糊糊，这缘于我对小说的观念改变。我的小说越来越无法用几句话回答到底写的什么，我的初衷里是要求我尽量原生态地写出生活的流动，行文越实越好，但整体上却极力去张扬我的意象。”①《秦腔》的出现显示着贾平凹小说的抒情表达进入一个新的阶段。

贾平凹的写实为主的小说，通过意象的建构、意境的营造、情调的渲染，也表现出鲜明的“诗化”特征。这种“诗化”大致表现为多义含混的主题、多重整体的意象、神秘苍茫的意境以及悲凉沉郁的情调，具体将在下文论述小说的“诗化”特征部分展开。

2. 引诗入文或化诗入文

中国古典小说有引录诗词的传统，有研究者专门做过统计，《红楼梦》中穿插了124首诗、35首曲和8首词，《游仙窟》引诗77首，《水浒传》引诗556首，词54首；《三国演义》引诗157首，词2首；《花月痕》引诗212

① 贾平凹：《高老庄·后记》，《贾平凹文论集·关于小说》，生活·读书·新知三联书店2015年版，第112页。

首，词11首。① 恰当地引用诗词，可以为小说增色不少，如《三国演义》开卷那首著名的“滚滚长江东逝水，浪花淘尽英雄”，《红楼梦》中黛玉吟唱的《葬花词》，以及《水浒传》第39回宋江题写的反诗“心在山东身在吴，飘蓬江海漫嗟吁，他时若遂凌云志，敢笑黄巢不丈夫！”都伴随小说成为脍炙人口的名句。贾平凹小说继承了古典小说的诗文融合传统，主要有引诗入文和化诗人文两种方式。

引诗入文就是直接引用诗词入小说，而在贾平凹的小说中更拓宽了引用的范围，不光诗词，包括楹联、民歌、曲谱、戏文、碑刻甚至手机短信等，都成为他小说散体文之外的“附文本”，可以说是对古典小说诗文融合传统的发扬，进一步解放了小说的文体，使小说具备了某种“跨越文体边界”的新特征。本书研究引诗入文，扩大了“诗”的范围，将小说“散文”部分之外的具有“韵文”和“抒情性”特征的引用都包括在内。有研究者注意到21世纪以来长篇小说在文体上的一些“新尝试”，“凡此种种，无论是在文学和非文学的文体之间跨越，还是在文学艺术文体内部的杂糅，无疑都扩大了长篇小说的叙事空间，使长篇小说文体获得了更大的叙事自由度。”② 贾平凹的融合各种附文本于小说正文的创作尝试无疑也具备了上述艺术效果。

贾平凹最早的引诗入文开始于他公开发表的第一篇作品《一双袜子》(发表在1973年8月号的《群众艺术》上)，小说的结尾就是一首短诗：“一双袜子接过来，革命传统记心怀。艰苦奋斗干革命，雷锋精神放光彩。”可见，融诗入文的观念从他创作之初就有了。

《废都》中引用了一个拾破烂老头唱的9则“谣儿”，现引录4则如下：

① 张敬：《诗词在中国古典小说戏曲中的应用》，台湾《中外文学》第3卷第11期，1974年，转引自陈平原：《中国小说叙事模式的转变》，北京大学出版社2010年版，第210页。

② 於可训：《长篇小说的文体革命——论近期长篇小说创作的一种新尝试》，《文艺争鸣》，2016年第5期。

(1)一类人是公仆，高高在上享清福。二类人做“官倒”，投机倒把有人保。三类人搞承包，吃喝嫖赌全报销。四类人来租赁，坐在家里拿利润。五类人大盖帽，吃了原告吃被告。六类人手术刀，腰里揣满红纸包。七类人当演员，扭扭屁股就赚钱。八类人搞宣传，隔三岔五解个馋。九类人为教员，山珍海味认不全。十类人主人翁，老老实实学雷锋。

(2)说你行，你就行，不行也行。说不行，就不行，行也不行。

(3)革命的小酒天天醉，喝坏了党风喝坏了胃，喝得老婆背靠背，老婆告到纪检委员会，书记说：该喝不喝也不对。

(4)十七十八披头散发。二十七八保养娃娃。三十七八等待提拔。四十七八混混奄奄。五十七八退休在家。六十七八养鱼务花。七十七八振兴华夏。

这4则歌谣多收集于民间的街谈巷议，是对当时不正时风的讽刺和戏谑，收到了“美刺”的效果。

引用的古诗词如：

(1)蝶来风有致，人去月无聊。　　(清·赵仁叔)

(2)百鬼狰狞上帝无言，星有芒角见月暗淡。　　(作者不详)

(3)野旷天低树，江清月近人。　　(唐·孟浩然)

此处第(1)联两句，刚好有庄之蝶和牛月清两人姓名中一字“蝶”和“月”。暗含两人来去两别、性情相异之意。第(2)联是庄之蝶给暴发户黄厂长的题字，讽刺揶揄溢于言表，表达庄之蝶对时风的批判。第(3)联是庄之蝶题给柳月的，当中恰好有个“月”字。初见柳月印象颇佳，题写的诗句也是清新怡人。前后两“月”，一“去”一“近”，亲疏远近判然有别，引诗恰当地服务了人物的性格和彼此关系。此外《废都》引文还有有陕北民歌、碑文、秦腔和陕南花鼓戏文等。

其他作品的引用诗文也简述之：《浮躁》“引用”(实际是作者撰写的)了金狗写给雷大空的祭文，情感充沛，文辞华美，比如：“你是以身躯殉葬时代，以鲜血谱写经验”，“泥沙俱下，州河泛滥而水大好行船，浮躁之气，巫岭弥漫而山高色壮观。”既是对雷大空一生的总结，也是对那个时代的评判。此外，《白夜》中的目连戏戏文，《高老庄》里的古代石刻碑文，《秦腔》里的秦腔戏文和曲谱，《带灯》里带灯写给元天亮的 26 条短信，《老生》里的《山海经》等，都是其小说在正文之外引用的“附文本”。贾平凹如此热衷于在小说中引用各类“附文本”，大致有以下原因，一是受古代诗文融合传统的影响，尤以《红楼梦》为甚；二是小说文本自身的需要；三是作者文才、急思的自然流露；四是为了收到诗意盎然、余味悠长的审美效果。

所谓化诗入文是指将古典诗词的文句用白话翻写，从而具有古诗词的境界。现代抒情小说的代表作家废名偏爱晚唐温、李诗词及六朝诗文，他说：“就表现的手法说，我分明地受了中国诗词的影响，我写小说同唐人写绝句一样。”①他早期的《桃园》《竹林的故事》就已经呈现出诗化小说的特征，之后的《桥》更是“远离了重情节、重事件、重人物性格刻画以及重戏剧性的小说规范而更靠近了诗的领域”。② 当代作家中化用诗词意境入小说的有汪曾祺、贾平凹和何立伟等。贾平凹的《二月杏》描写了地质勘探工人大亮和下乡知青二月杏之间的爱情故事，大亮曾经因为家庭成分问题抛弃了初恋情人，二月杏则惨遭大队支书强奸，他们爱情悲剧的肇因是在错误的时间遇到对的人，整篇小说都渲染出白居易《琵琶行》的诗歌意境：“同是天涯沦落人，相逢何必曾相识!”《废都》中对西京四大名人尤其是庄之蝶空虚无聊寄情声色的描写，以及整个西京城在商品化潮流冲击下的物欲横流、人性堕落的现实，正合了小说中引用的“百鬼狰狞、上帝无言”末世图

① 废名：《废名小说选·序》，人民文学出版社 1957 年版。

② 吴晓东：《现代“诗化小说”探索》，《文学评论》，1997 年第 1 期。

景。这句诗被题在庄之蝶家的客厅，还被他题字送给某企业家，可见作者对此两句诗的重视，皆因能代表作家对时代与人物的感受。

以上是整体借用古人诗境的泛泛而谈，具体诗词的化用则更是不胜枚举。贾平凹小说语言特色中有“化诗仿境”的特点，现摘引几例：

(1)小船用粗粗的铁索系在西岸的树根上，早晨顺潮而起，夜里顺潮而伏，一堆一堆碎木杂草，水尘浪沫，夜里一阵风起，方位横横地斜了。(《小月前本》)

化用诗句：韦应物《滁州西涧》“野渡无人舟自横”。

(2)他开始没心思待在院子里养花植草。抬头悠悠见了商字山嗜上了喝酒……(《腊月·正月》)

化用诗句：陶渊明《饮酒》：“采菊东篱下，悠然见南山”。

(3)日月过得平平淡淡、拘拘谨谨。过去的一日不可留，新来的一日又使人愁。又是一次吃罢晚饭，两个男人在炕上吸烟，屋外淅淅沥沥下雨。(《天狗》)

化用诗句：李白《宣州谢朓楼饯别校书叔云》中“弃我去者昨日之日不可留；乱我心者，今日之日多烦忧”。

(4)音乐同时轰响，效果是排浪冲天，惊涛裂岸，卷起千堆雪。(《白夜》)

化用词句：苏轼《念奴娇·赤壁怀古》“乱石穿空，惊涛拍岸，卷起千堆雪”。

3. 小说的“诗化”：情调、意象、意境

对于贾平凹不能被归为抒情小说的作品，虽然以写实为主，具有写实小说的注重情节、人物，线索清晰等特点，但仍旧具备诗意化的特征。小说的“诗化”主要指贾平凹的小说中运用了意象、境界、情调等中国传统美学范畴中的艺术手法，使小说叙事具有了“诗化”的特征：“语言的诗化和结构的散文化，小说艺术思维的意念化与抽象化，以及意象性抒情，象征性意境营造等诸种形式特征。”①

首先，贾平凹的小说大多笼罩着一种悲凉的情调。这种悲凉忧郁的格调最早出现在1979年，从1979年到1982年，贾平凹陆续写出了《山镇夜店》《亡夫》《晚唱》《二月杏》《年关夜景》《好了歌》《厦屋婆悼文》等中短篇小说，揭露社会和人性的阴暗面，格调变得低沉而感伤。费秉勋对他此时的创作心理做如此分析：“1980年以后，贾平凹对社会了解得越来越多，在对生活的沉思和对古代文化的揣摩中，才初步有了他的哲学思想。当然这里的所谓有哲学思想和无哲学思想完全是相对的。和在此之前更多感受到的是人生的光明相反，贾平凹一旦接连体味了一些生活中的阴暗部分，诸如民性的愚昧麻木、世态的反复多变、人情的冷暖无常等等，以前对人生的光洁单纯的眼光，适足以加剧他此时的悲观、失望、甚至使他涌动着浩茫的痛苦。”②

写于1983—1986年间的《商州三录》和反映改革的《小月前本》《鸡窝洼的人家》《腊月・正月》暂时摆脱了这种低沉的情绪。前者贾平凹正是将故乡商州作为写作的“血地”，并以散文体诗化小说的形式被评论家津津乐道，后者由于正面展现了山地农村的现代化进程，迎来广泛赞誉。但很快，1985年他发表的一系列小说《天狗》《冰炭》《人极》《蒿子梅》《商州世事》(即《商州再录》)，都呈现“情节和人物色调的悲剧化”，至于说贾平凹

---

① 吴晓东：《现代“诗化小说”探索》，《文学评论》，1997年第1期。

② 费秉勋：《贾平凹论》，西北大学出版社1990年版，第175-176页。

90年代之后着力创作的长篇，如果说《浮躁》虽有悲凉氛围但大体可以算作正剧的话，其后的《废都》《白夜》就是彻头彻尾的悲剧，再至《土门》《高老庄》《怀恋狼》《病相报告》《秦腔》《古炉》《老生》《带灯》《极花》《山本》，可以说除了《高兴》有着人物的故作乐观之外，其他作品从主题到情节、人物，莫不是悲剧性的。贾平凹自己在一篇《废都》创作谈中说："正是关注现实，关注生命，我注重笔下的人物参差而不是人物的对比，注重其悲，悲中尤重其凉，注重其美，美中尤重其凄，在无为中去求为，在不适应中寻适应吧。"①表明其对小说情调的偏好是悲凉与凄美，而陈平原从中国文学审美趣味的角度分析，亦可作为贾平凹小说追慕传统而具有了悲凉情调的佐证："如郁达夫那样打出旗号地鉴赏'凄切的孤单'的可能不多，但苦闷感、孤独感以及与此密切相关的感伤情调，却笼罩着整个'五四'一代作家……这种审美趣味无疑带有明显的民族烙印。从李贺、李商隐的诗，李煜、李清照的词，到戏剧《桃花扇》《长生殿》，小说《儒林外史》《红楼梦》，中国文学中有一个善于表现'凄冷'情调的传统。"②

其次，他的作品营造着繁复多姿的意象。他说："小说家的任务是建构一个意象世界。"③贾平凹小说运用意象的特点已被不少研究者注意，如韩鲁华对贾平凹文学创作的意象做了专门研究，从意象创造的发展、形态、审美特征等方面展开论述，并对其90年代以后意象建构新探索做了归纳："是从单向向多向、从明快向混沌，从单一向复合、从局部向整体、从现实生存向精神构建的方向发展。"④王建仓认为，成熟之后的贾平凹乡土写作总体呈现为整体混沌意象叙事，可视为现代乡土意象叙事的典范，

① 贾平凹：《〈废都〉就是〈废都〉》，出自《贾平凹文论集·关于小说》，生活·读书·新知三联书店2015年版，第66-67页 。

② 陈平原：《中国小说叙事模式的转变》，北京大学出版社2010年版，第219页。

③ 贾平凹：《〈废都〉就是〈废都〉》，《贾平凹文论集·关于小说》，生活·读书·新知三联书店2015年版，第66-67页。

④ 韩鲁华：《精神的映象——贾平凹文学创作论》，中国社会科学出版社2003年版，第416页。

其意象叙事的特征“是转意成象，创造气象浑然、贯穿始终的整体意象或混沌意象，虚实相即以实写虚的元素整合规则，人物视点特征和共时无序结构等具体之法，以及其他独特的文化和文学叙事要素所形成的被本文称为‘山样叙事’的策略”。① 黄世权则认为：贾平凹的意象写实“展现出当代作家的艺术雄心，就是要在丰富的中西文学基础上，在坚守现实主义的基本精神上，重新拾起中国古典的叙事模式和诗意传统，同时在更高层面上，在形上意义和人类意识上会通西方尤其是现代主义对人性含蕴和人类命运的激情探索。”②上述观点基本都对贾平凹将中国诗歌传统中的意象融入叙事文学的探索表示了肯定。

贾平凹将意象融入小说叙事是一个动态的过程。最初缘于对中国传统文化和诗学中对意象的重视。他在1982年那篇著名的《“卧虎”说》中奠定了今后创作的趋向：“以中国传统的美的表现方法，真实地表达现代中国人的生活和情绪。”《周易·系辞上》中的“子曰：书不尽言，言不尽意。然则圣人之意，其不可见乎？子曰：圣人立象以尽意”是关于“言”“象”“意”最初的表述，意为借助于形象来表达感情，客观的物象中寄寓着人的主观情感。之后王弼发挥了《周易》的认识，将“言”“象”“意”三者的关系做了更透辟的分析：“尽意莫若象，尽象莫若言”，“言生于象，故可以寻言以观象；象生于意，故可以寻象以观意。意以象尽，象以言著。”(《周易略例·明象》)此后，意象虽为中国古典诗学的重要概念，但作为叙事文学的小说也将意象引入，对此，杨义在《中国叙事学》中对意象的选择与组合、类型、意义指涉和功能都做了详尽的例举。贾平凹最初的意象叙事开始于80年代初期，在《蒿子梅》《二月杏》《九叶树》《古堡》《天狗》《遗石》《浮躁》等作品中，已经开始将人物、环境、时代氛围用具体的意象的方式表达出来。《浮躁》之后，作者开始明确地用意象表达的意识来指导自己的创

① 王建仓：《中国现代乡土文学的境界叙事和意象叙事——兼论沈从文和贾平凹》，陕西师范大学博士论文，2009年。

② 黄世权：《日常沉迷与诗性超越——贾平凹意象写实艺术》，北京师范大学出版社2012年版，第223页。

作。他说："艺术家的最高的目标在于表现对人间宇宙的感应，发掘最动人的情趣，在存在之上建构他的意象世界。"①但此时他作品中的意象还是零散的、不成体系的，大多只是作为现实书写的一种补充。90年代初的《废都》《白夜》开始了他的整体性意象叙事的营构，即将人物、情节、环境等都处理为意象，看似很实，实则张扬的是实写的人物故事之后的虚：意象。这种以实写虚的整体意象的写法贯彻最彻底、虚实结合最好的应是《高老庄》，此时他的以实写虚张扬意象的写法逐步明确，"行文越实越好，但整体上却极力去张扬我的意象"。他的意象写实艺术最大胆的尝试是《怀恋狼》，"我再次做我的试验局部的意象已不为我看重了，而是直接将情节处理为意象。这样的试验能不能产生预想的结果，我暂且不知，但写作中我产生的快慰却是真的。如果说，以前小说企图在一棵树上用水泥做它的某一枝干来造型，那么，现在我一定是一棵树就是一棵树，它的水分通过脉络传递到每一个枝干每一叶片，让树整体的赋形"。②《怀恋狼》由于意象没有建立在牢固的写实基础之上，因此显得"观念化"，如黄平就认为："同样是处理'人种退化'的主题，《高老庄》所批判的传统文化，由于依托于贾平凹所熟悉的农村生活，观念化的情况还不明显；《怀恋狼》所质疑的现代文明，则是缺乏结结实实的生活场景的依托，完全观念化了。"③之后贾平凹明显做了调整，《秦腔》第一次也是最后一次将他生活了19年的故乡——棣花街写入小说，"决心以这本书为故乡竖起一块碑子。"建立在"密实的流年式的叙写"基础上的写实，我们重新看到了其小说的优长，而建立在此之上的意象：秦腔、稷甲岭、飞碟等，才成了有源之水、有根之木，形成虚实相生、意象氤氲的艺术境界。《极花》也是一部将写实和意象结合较好的作品。仅从标题的整体性意象来看：昆虫蝴蝶（老老爷说"蝴蝶

① 贾平凹：《〈浮躁〉序言二》，《贾平凹文论集·关于小说》，生活·读书·新知三联书店2015年版，第33页。

② 贾平凹：《〈怀恋狼〉后记》，《贾平凹文论集·关于小说》，生活·读书·新知三联书店2015年版，第114页。

③ 黄平：《贾平凹小说论稿》，云南人民出版社2013年版，第124页。

是前世的花变的”)、极花(开在死亡的昆虫毛拉身上的花)与被拐女孩“胡蝶”三位一体，形成一个整体而复合的象征，人、虫、花异形而同体，最大限度地发挥了意象在表达情感，以实写虚方面的功用。意象叙事是贾平凹小说叙事艺术中最核心、最有创新性的部分，是他对当代文学一个重要的贡献，也是他文学大厦的框架，失去这个框架，他的小说变成无骨的皮肉。然而，任何事物都有两面，我们在称赞其打破传统现实主义窠臼的同时，亦应警惕陷入新的窠臼，正如有研究者担心的：“就意象叙事尤其是后期的混沌叙事对于整个当代文坛而言，贾平凹的一贯坚守为中国当代文坛做出重要贡献；但对于自我而言，贾平凹成于此，也拘泥于此，不能自拔，始终难以有真正意义上的超越。所以，在中国当代文坛，他从不重复别人，但却不断重复自己。”①

再次，他的小说注重了艺术意境的生成。意境是中国古典文艺学、美学的一个重要范畴，“对意境的认识是有一个漫长的过程的。先秦至魏晋南北朝，人们注重对‘象’和‘意’的研究，强调意境的特征是‘立象以尽意’；唐代以至宋元，开始注重对‘思’、‘境’、‘象’的研究，强调意境的特征是思与境偕、境生于象外；明清时期，又注重对情景研究，强调意境的特征是情景交融；及至清末，又注重‘有我之境’和‘无我之境’的研究，强调‘意境’就是‘境界’”。② 解志熙认为：“所谓意境乃是一种主客统一、情景交融、物我无间而又含着理趣的艺术境界，一种具有丰富情感容量和高度美感价值的‘抒情场’。”③贾平凹的小说对艺术意境的追求由来已早。写于1979年的《爱与情——〈满月儿〉创作之外》就写道：“尽量做到分分合合，穿插连贯，虚虚实实，摇曳多姿。名字也要体现全文特点，揉合一体：满月儿；一出场要自然，要有场景，以形象抓人。时时写进生活情

① 王建仓：《中国现代乡土文学的境界叙事和意象叙事——兼论沈从文和贾平凹》，陕西师范大学博士论文，2009年。

② 胡经之、李健：《中国古典文艺学》，光明日报出版社2006年版，第366页。

③ 解志熙：《新的审美感知与艺术表现方式——论中国现代散文化抒情小说的艺术特征》，《文学评论》，1987年第6期。

趣，使故事丰腴。让月儿和满儿活动，力避'我'来死板介绍，发议论。描绘要细腻，叙述要抒情。产生诗的意境。"①《满月儿》正是在1977年"文革"刚结束，文坛一派"伤痕""反思"政治话语之声中，描写了一对可爱上进、性格迥异的姐妹，为文坛吹来了一股清新自然之风，赢来一片叫好之声。贾平凹对小说意境的追求不是一成不变的，也有一个变化的过程，大致说来，以《废都》为界分为前后两期，前期追求一种清新自然、空灵澄澈的意境，后期转而追求一种朴拙厚重、道法自然的境界。对于前期作品境界，丁帆评价他的《九叶树》可作为代表：

> 读了你的《九叶树》，我觉得一股清新之气扑面而来，尤其那种散文诗一样的笔法使人陶醉于一种空灵的境界，从中可以窥见你深得中国古典文学之熏陶，也可以看出你前一段时期进行散文创作的收益……《九叶树》似乎偏向于人物写意，人物的性格有许多是在言外、象外，更耐人咀嚼，其画面更富有诗意……从美学意义上来说，这不仅给人以净化的美感，而且又与人物心境相吻合，从而使人联想到更深一层意义上的作品意境。这大概正是听你说的，把诗、散文、小说融为一体的写法吧？②

1986年，贾平凹对之前创作的"商州小说"做了一个总结："我对于商州的小说，现在只能说，那写的还只是地图上划分的那一块行政区域的商州，若好一点儿的话也只是新时期中国的那一块商州，根本还没有把商州当作心理上的商州当作人类的宇宙的光照之下的商州。也就是说，我的小说还仅仅是在悦目悦耳的境界下，或悦情悦意的境界下，还远没有达到悦

① 贾平凹：《爱与情——〈满月儿〉创作之外》，《贾平凹文论集·关于小说》，生活·读书·新知三联书店2015年版，第4页。

② 贾平凹，丁帆：《关于〈九叶树〉的通信》，《贾平凹文论集·关于小说》，生活·读书·新知三联书店2015年版，第19-20页。

神悦智的境界。”①唐代王昌龄在《诗格》中提出了“三境”说：“诗有三境：一曰物境。欲为山水诗，则张泉石云峰之境，极丽绝秀者，神之于心，处身于境，视境于心，莹然掌中，然后用思，了然境象，故得形似。二曰情境。娱乐愁怨，皆张于意而处于身，然后驰思深得其情。三曰意境。亦张之于意而思之于心，则得其真矣。”这里的“三境”和上文贾平凹所说的三层境界颇合。“物境”是有物之境，“情境”是有情之境，“意境”是有意(真理、精神、智慧)之境，这里的“意境”和今天所说的“意境”不同，分别对应了贾平凹所说的“悦目悦耳”“悦情悦意”“悦神悦智”三层境界。写商州的山川河流、自然风物，就是“地图上划分的”商州，是“物境”，其收到的阅读效果只能是“悦目悦耳”；而写商州地域上民众的民风民俗、性格心理、男女性情，则是“情境”，自然能够“悦情悦意”；但要把商州作为中国乃至“宇宙的光照之下的商州”，则是贾平凹当时追求而未得的境界，即“意境”，达到“悦神悦智”的境界。此时贾平凹对小说境界的追求已颇为明确，并且显然吸取了中国古典文论中关于“意境”的相关理论。

对于其后期境界追求的转变，比较明确集中的阐述是在《高老庄·后记》：

> 我以前阅读《红楼梦》和《楚辞》，阅读《老人与海》和《尤利西斯》，我欣赏的是它们的情调和文笔，是它们的奇思妙想和优美，但我并不能理解他们怎么就写出了这样的作品。而今重新捡起来读，我再也没兴趣在其中摘录精彩的句子和段落，感动我的已不在文字的表面，而是那作品之外的或者说隐于文字之后的作家的灵魂！……对于整体的、浑然的、元气淋漓而又鲜活的追求，使我越来越失却了往昔的优美、清新和形而上的华丽。我是陕西的商州人，商州现属西北地，历史上却归于楚界，我的天资里有粗犷的成分，也有性灵派里的东西，

① 贾平凹：《对〈火纸〉要说的》，《贾平凹文论集·关于小说》，生活·读书·新知三联书店2015年版，第29页 。

我警惕了顺着性灵派的路子走去而渐巧渐小，我也明白我如何地发展我的粗犷苍茫，粗犷苍茫里的灵动那是必然。①

在《废都》及之后的《白夜》，贾平凹借鉴了明清小说写性情、日常的写法，灵动有余而厚重不足，因此《高老庄》直到《秦腔》《古炉》，追求着由清新灵动到“粗犷苍茫里的灵动”。但到了《带灯》，作者对境界的追求又发生改变：

几十年以来，我喜欢着明清以至30年代的文学语言，它清新、灵动、疏淡、幽默、有韵致。我模仿着，借鉴着，后来似乎也有些像模像样了。而到了这般年纪，心性变了，却兴趣了中国西汉时期那种史的文章的风格，它没有那么多的灵动和蕴藉，委婉和华丽，但它沉而不靡，厚而简约，用意直白，下笔肯定，以真准震撼，以尖锐敲击。何况我是陕西南部人，生我养我的地方属秦头楚尾，我的品种里有柔的成分，有秀的基因，而我长期以来爱好者明清的文字，不免有些轻的佻的油的滑的一种玩的迹象出来，这令我真的警觉。我得有意学学西汉品格了，使我向海风山骨靠近。②

以上虽然是说语言，但其实语言正是意境营造的必经途径，所谓“尽意莫若象，尽象莫若言”(《周易略例·明象》)。贾平凹对“海风山骨”的境界并未细说，大致如《史记》一般，追求一种史传的简约直白、奇崛瘦硬的美学风貌。上述对贾平凹小说意境追求的论说，表明其对中国传统文学意境的“虚实相生的取境美”“意与境浑的情性美”“深邃幽远的韵味美”等审

① 贾平凹：《〈高老庄〉后记》，《贾平凹文论集·关于小说》，生活·读书·新知三联书店2015年版，第109页。

② 贾平凹：《〈带灯〉后记》，《贾平凹文论集·关于小说》，生活·读书·新知三联书店2015年版，第229页。

美特征的追求。①

贾平凹小说继承中国文学抒情传统的意义，他借鉴古代“诗骚”和现代抒情小说传统对他的创作起码有以下三个方面的意义。

第一个方面是文学史的意义。作为当代最具诗人气质的和受传统影响最深的作家之一，用他的文学创作和“文化周边”(包括书画、收藏、古乐等)构造了一个有复古意味的、民族化的文人形象，这种文人形象极大地调动了尽可能多的传统艺术门类作为其情志抒发的媒介，既延续了由《诗经》开创的“诗言志”的抒情“大传统”，也延续了由鲁迅开创，郁达夫、沈从文、孙犁、汪曾祺等人承接的中国现代抒情小说的“小传统”，使这一传统在当代不但没有断绝，且余音袅袅。

第二个方面的意义就是有利于个人情感的抒发。贾平凹是一个有着“孤独内向”心理、婉约派词人的才情和敏感细腻的情感的作家，费秉勋说“他虽然是一个小说家，但就实质上说，他仍是一个诗人，因为他富于诗人的心肠和才情”，“作为诗人，他不是那种呼唤时代风雨的歌手，而是徜徉在芳草湖畔吟唱内心感受的骚客，和他的南国气质相联系，他很像一个婉约派的词人，不是杜甫和陆游，也不是苏轼和辛弃疾，而是秦少游和李清照”。当然这种婉约派的诗人气质指的是他早期的风格，到后来他的作品有意识地向“海风山骨”的阔大境界靠近。费秉勋还认为贾平凹继承了中国“表现性小说”传统，这个传统“注重主观感受，对客观事物的描写不求形似，只抓取其神髓，以作为抒写主体感受的载体。”②被包含在这个表现性小说传统的有《庄子》《世说新语》《浮生六记》等。贾平凹有着鲜明个人情感抒发的有自叙因子的作品就是偏于“表现性”的，这类作品 70 年代有《白莲花》(1977 年)，《童年家事》(1979 年)等，80 年代有《山城》(1981 年)等，至 90 年代的《废都》(1993 年)到达顶点。之后作品虽有个人经历和精神的投影，如《高老庄》中的高子路，《怀恋狼》中的高子明，《秦腔》

① 胡经之、李健：《中国古典文艺学》，光明日报出版社 2006 年版，第 382-384 页。

② 费秉勋：《贾平凹论》，西北大学出版社 1990 年版，第 216 页。

中的夏风和引生，《古炉》中的狗尿苔等，但作家主体抒发的成分减弱，人物性格如京剧脸谱般平面化。贾平凹似乎“修炼”到了“冷静观世”的境界，主体的情感淹没在烦泼岁月的日常化书写中，变得晦暗不明。关于此，有论者有类似的感受：“在此(指《浮躁》，笔者注)之后的创作中，我们看的人物就没有先前的那种虚假成分，当然也失去了那些典型体现时代精神的作用。对于贾平凹来讲，人物形象由典型向意象与意境的转化，是从深度模式向平面模式的转化，也是由政治理念向日常世界的转化。而从美学效果讲，是从人物形象突出到人物面目模糊的转化，在这种转化中，焦点突出的清晰画面转向了墨气氤氲的浑茫意境。”①

在上述提到的作品中，《山城》借由礼平与山城文艺女青年秀儿和上海现代女性高云的爱情纠葛，最真切地表达了当时贾平凹在爱情和文学两方面既想回归传统又想追求现代的两难，是80年代最具有剖白心迹意图的作品。另一部就是《废都》了，作者自云《废都》是“能安妥我破碎了的灵魂”的一部书，可见情感宣泄的深重。转型期知识分子精英地位的丧失，城市化、商品化的现代性进程对人性的倾轧和变异，退回到传统文化与醇酒美人亦不能自救，只能在不知何从的车站中风倒下。《废都》是一部高度精神化的自叙文本，是他学习《红楼梦》开始践行“以实写虚”写法来构建其“废都”“废人”意象的意象化文本。任何对他的性描写做道德污名化的批判只能是隔靴搔痒，不能戳到痛处。《废都》和《浮躁》一样，作家将个人对时代情绪的把握通过自己的人生体验表达出来，却正好成为那个时代、那个阶层(知识分子或农民)最具普泛性的写照。不幸的是，《废都》的发表给作者带来太多的困扰，使得他这种写法没能延续下去，这是作者的不幸，也是时代的不幸。

第三个方面的意义是文体的自由与解放。中国现代抒情小说由于打破了小说、诗歌、散文的界限，使以叙事、记人为主的传统小说形式受到挑

① 黄世权：《日常沉迷与诗性超越——论贾平凹意象写实艺术》，北京师范大学出版社2012年版，第89页。

战，从而具有了独特的美学风貌。它的情节淡化、人物淡化、注重审美、讲求意境的写法，是中国“诗骚”传统和西方散文化小说共同影响下的产物。凌宇曾对抒情小说的形式美进行了分析，认为抒情小说以表现美作为追求的目标，把情感提到极高的地位，由于引进诗歌、散文因素，抒情小说与其他小说在体式上存在着美学风格的明显差异。① 我们还是以《商州三录》为例，《商州又录》在三录中无疑是最具文学美感的，它复活了中国悠久的散文特别是游记的传统，读《商州又录》，时常给人穿越到《桃花源记》《石钟山记》《岳阳楼记》等优美古典散文的境界之感，同时也能看到 20 世纪 30 年代如鲁迅、周作人、郁达夫、沈从文等人散文的风韵。贾平凹从《商州三录》开始，有意复活着中国古典的美文传统，又延续着现代抒情小说的传统。

贾平凹的小说继承了由《诗经》《楚辞》开创的中国文学的抒情传统，在以叙事为主的小说中融入鲜明的“抒情性”。他创造性地运用了虚实结合、意象叙事、融诗入文的写法，营造出浑然大气、韵味悠长的艺术意境，丰富了现实主义小说的艺术手法，走出了一条将叙事和抒情相结合的小说创作之路。对于其作品的研究，应该放弃西方文论话语的评价体系，重拾中国古典文论的相关范畴，对于贾平凹这个深受传统美学熏染的作家，应该是更为恰切的方法。他秉持的将传统、现代、民间的创作观念融为一体，以传统化、民族化的形式表达现代世界共通观念的小说创作理念，在今天仍具有相当大的合理性。

二、现实主义传统的继承与深化：讴歌改革

(一)改革小说对现实主义的探索：抒情的写实

贾平凹整体上来说是一个现实主义作家。现实主义有文学思潮和创作

① 凌宇：《中国现代抒情小说的形式美》，《上海师范大学学报》，1984 年第 2 期。

手法双重含义，作为文学思潮的现实主义诞生于18世纪末19世纪初的欧洲，产生了法国的狄德罗、巴尔扎克、福楼拜、左拉、莫泊桑，英国的笛福、狄更斯、勃朗特姐妹、乔治·艾略特，美国的马克·吐温、杰克·伦敦、欧·亨利、德莱塞，俄国的果戈里、车尔尼雪夫斯基、高尔基、陀思妥耶夫斯基、奥斯特洛夫斯基、托尔斯泰、契诃夫等一大批现实主义作家。现实主义创作方法在20世纪初被引入中国，1902年梁启超在他的《论小说与群治之关系》中，首次用到了“理想派小说”“写实派小说”的说法，这是我国最早的关于现实主义和浪漫主义区分的言论。1915年，陈独秀在《新青年》第一卷第3号上发表《现代欧洲文艺史谭》，说“欧洲文艺思想之变迁，由古典主义一变为理性主义，再变为写实主义，更进而为自然主义”。开始真正论及现实主义文学思潮。中国的现实主义文学思潮经历了多重畸变和变异，由20世纪20—30年代现实主义、浪漫主义、现代主义的多元化发展，到40年代“国统区的讽刺和追忆小说、沦陷区的洋场通俗先锋混合型小说、解放区的社会主义现实主义新型小说，形成各自具有特色的局面”,① 再到50—70年代确立了“社会主义现实主义”为独尊的创作手法和文学思潮，“由于政治体制的更加统一、集中，意识形态权利话语的不断中心化，现实主义因此严重畸变，直至完全丧失其本真意义，取而代之的是按照极左路线炮制、打着现实主义旗号的‘瞒’和‘骗’文学”。② 新时期以来，经历了“伤痕”“反思”“改革”等文学创作潮流，现实主义的批判精神和求真观念得到回归。80年代中后期至90年代以来，随着现代主义、后现代主义文学思潮的崛起以及新历史主义、新女性主义、后殖民主义等思潮的影响，现实主义文学一家独大的现象被改变，现实主义作为一个独立的文学思潮已成为过去，它更多的是作为一种文学精神和创作手法，潜隐在新世纪文坛众声喧哗、此消彼长的多元化格局中。因此，我们

① 钱理群、温儒敏、吴福辉：《中国现代文学三十年》，北京大学出版社1998年版，第491页。

② 杨彬：《现实主义文学思潮在中国的百年嬗变》，《海南大学学报》(人文社科版)，2002年第1期。

在论及贾平凹的现实主义探索，更多的是从创作手法的角度，而非文学思潮，因为作为一种整体性的文学思潮的现实主义在20世纪80年代经历短暂的繁荣后就迅速分崩离析，不复存在了，而现实主义的写实精神以及具体的写作手法，将会一直存在于之后的文学创作中。诚如所言："现实主义文学思潮表现了近两个世纪以来人们的心理结构，虽然这一思潮的发展过程形成了不同的流派和创作手法，但其社会批判和人本质弱点批判的性质并未改变，其文学的意识形态功能在公共空间内也未曾减弱。这一思潮将随着文学的发展出现更多新的流派和创作方法，而不会因时代的变迁而消亡。"①

《废都》《秦腔》等90年代以后作品中呈现的写实手法与80年代《浮躁》的批判现实主义不同，评论家有不同的命名，如"法自然的现实主义""意象写实""微写实主义"等。陈思和这样描述"法自然"："指的是文字创作中以自然为师，忠实描摹现实社会的自然呈现形态，而不讨论何为理想的社会形态。"他进一步解释道："首先是服从自然，自觉摒弃主观因素，服从社会呈现出来的自然形态，忠实社会的真实；其次是学习(研究)社会发展变化的自然过程，放弃人为设定的因果关系，力求完整地表现社会真实的全貌，完整地呈现社会发展变化的自然形态；其三是效法自然，以自然的运动方式来描摹自然，这一点导致了贾平凹非常特殊的小说语言风格。"②陈思和对于贾平凹小说叙事艺术的概括缘于对作品的细读，有着绵密的文本分析来支撑他的结论。我们在此想补充的是贾平凹的写实艺术还有着对中国古老的传统哲学中"道法自然"的领悟。《老子》第二十五章写道："人法地，地法天，天法道，道法自然。"陈鼓应解释说："所谓'道法自然'，就是说：道以自然为归；道的本性就是自然。'自然'这一观念是

① 蒋帅、付景川：《现实主义文学的历史嬗变及其当代意义》，《学习与探索》，2015年第5期。

② 陈思和：《从〈带灯〉看"法自然的现实主义"叙事艺术》，出自李伯钧主编《贾平凹研究》，陕西师范大学出版社2014年版，第178-179页。

老子哲学的基本精神。”①《文心雕龙·原道(三)》写道：“爰自风姓，暨于孔氏，玄圣创典，素王述训；莫不原道心以敷章，研神理而设教。取象乎河洛，问数乎蓍龟，观天文以极变，察人文以成化；然后能经纬区宇，弥纶彝宪，发挥事业，彪炳辞义。故知：道延圣以垂文，圣因文而明道；旁通而无滞，日用而无匮。《易》曰：‘鼓天下之动者，存乎辞。’辞之所以能鼓天下者，乃道之文也。”②强调了圣人著文都要依据自然之道，文辞之所以能够鼓动天下，就是因为它是符合自然之道的缘故。贾平凹对小说是“说话”的认识，就是追求一种本真自然、贴近生活的写作，“小说是什么？小说是一种说话，说一段故事”，“现在要命的是有些小说太像小说，有些不是小说的小说，又正好暴露了还在做小说，小说真是到了实在为难的境界，干脆什么都不是了……小说让人看出在做，做的就是技巧的，这便坏了。说平平常常的生活事，是不需要技巧，生活本身就是故事，故事里有它本身的技巧。”③对此，汪曾祺也发表过类似的看法：“一般小说太像小说了，因而不十分是一个小说”，“我们宁可一个短篇小说像诗，像散文，像戏，什么也不像也行，可是不愿意它太像个小说，那只有注定了它的死灭。”④强调了短篇小说对固有模式的突破和对形式自由的追求。韩鲁华则从意象创造的角度分析贾平凹所接受的中国人的思维方式，“在艺术的创造上，他选择文学意象建构作为切入点为人们奉献出一个独特的审美艺术世界……直至《浮躁》出现，他才寻找到意象，使自己的艺术自我得以确认。他是在意象世界的创造中，去表现自己的内在精神情感，在客观世界的抒写中，去传达最为空灵的精神境界。他的意象创造，是以天人合一的思维方式为基础，在天人感应中，亦即在对大自然和人类社会的感知应和

① 《老子今注今译》，陈鼓应注译，北京商务印书馆 2003 年版，第 174-175 页。

② 刘勰：《文心雕龙译注》上册，陆侃如，牟世金等译注，齐鲁书社 1981 年版，第 8-9 页。

③ 贾平凹：《〈白夜〉后记》，《贾平凹文论集·关于小说》，生活·读书·新知三联书店 2015 年版，第 81 页。

④ 汪曾祺：《短篇小说的本质》，《汪曾祺全集》，北京师范大学出版社 1998 年版，第 19、27 页。

中，完成自己的艺术建构的。”①他强调了贾平凹的意象创造与中国传统天人合一思维方式的关系，和陈思和的“法自然”说暗通款曲。李遇春提出的所谓“微写实主义”包括以下这些特点：“客观冷静、含蓄深沉的超越性精神姿态”“借助于中国古典小说传统的‘说话’体——‘闲聊体’——来从事日常生活原生态的精细描摹”“非戏剧性的、反情节的散文化结构”“反中心主义的多元人物群像的雕塑或构筑”。② 李遇春的命名侧重对中国古典小说文体以及新写实小说的联系，意在表明贾平凹的叙事艺术是以回望传统的方式实现了对经典现实主义的超越。黄世权的“意象写实”的概括同样肯定了贾平凹在中西、古今双重维度上的吸纳与融汇，“贾平凹的意象写实正是这种理性态度的体现，这种志向高远的创作原则展现出当代作家的艺术雄心，就是要在丰富的中西文学基础上，在坚守现实主义的基本精神上，重新拾起中国古典的叙事模式和诗意传统，同时在更高层面上，在形上意义和人类意识上会通西方尤其是现代主义对人性含蕴和人类命运的激情探索”。③

(二)改革小说的价值与意义

1. 批判精神

如上章所言，贾平凹在1979—1982年的一批短篇小说就表现出对现实的批判精神，当然这一时期的作品由于作者人生阅历尚浅和深入基层不够，还显出浮泛和书生意气。那么，当1983年贾平凹一头扎进商州的大山，深入人民和生活的海洋中，其对现实和生活的感受自是不同。应该说，贾平凹对80年代家乡农村发展状况是满意的，对国家改革开放、包产

① 韩鲁华：《精神的映象——贾平凹文学创作论》，中国社会科学出版社2003年版，第22页。

② 李遇春：《贾平凹：走向“微写实主义”》，《当代作家评论》，2016年第6期。

③ 黄世权：《日常沉迷与诗性超越——贾平凹意象写实艺术》，北京师范大学出版社2012年版，第223-224页。

到户、鼓励多种经营的政策也是拥护的，因为他看到了农民生活水平的提高、精神面貌的改善，这都在他的改革小说里体现出来。他也用散文的笔触，生动的、饱含情感的语言书写这种心情："1979 年到 1989 年的十年里，故乡的消息总是让我振奋，土地承包了，风调雨顺了，粮食够吃了……那些年是乡亲们最快活的岁月……他们很舒心，都把邓小平的像贴在墙上，给他上香和磕头。"①改革头十年农民的幸福满足是实实在在的，于是他写了《小月前本》《鸡窝洼的人家》和《腊月·正月》。

在费秉勋看来，贾平凹 80 年代写实的改革小说"不全合他的艺术气质，写起来失去了一些自由和灵气，乖违了他的创作心境"，而他的写意性的小说"与他的艺术气质更为相合写起来更加自由和适意，充满创造快感，也更容易对中国文学做出独特的、新的贡献"。② 费秉勋是贾平凹的老师，对作家非常了解，他的《贾平凹论》是研究早期作家创作的最具学理性的著作，但我们对他上述观点有不同看法。主要在于我们认为费秉勋过于认可"非现实主义"的写作手法，过于强调了贾平凹艺术个性中"自由适意"的、追求审美愉悦的一面，而忽视了贾平凹创作追求中本来就有的追求历史感、责任感、使命感的一面，意即贾平凹的小说艺术追求里固然有唯美的、抒情的、写意的一面，但也有务实的、济世的、写实的一面。正如他所说："个人的生活、环境、性情等等都可以影响到精神状态，但如果仅仅如此来建构你的艺术世界，那只能沦于小格局。写小说并不是一种完全的自慰，首先我不是这样的……一个作家得有情怀，个人的命运得纳入整个人类的命运，这才可能使作品有大境界。"③因此，笔者认为，贾平凹的艺术追求里是有着写意、抒情、自由适意与写实、叙史、责任使命两个方面，并且力图将两者加以结合。

贾平凹 80 年代的改革小说顺应了改革的时代洪流，那是否就不具有现

---

① 《〈秦腔〉后记》，《贾平凹文论集·关于小说》，生活·读书·新知三联书店 2015 年版，第 151 页。

② 费秉勋：《贾平凹论》，西北大学出版社 1990 年版，第 134 页。

③ 贾平凹，陈泽顺：《贾平凹答问录》，《文学自由谈》，1996 年第 1 期。

实主义的批判精神呢？回答是否定的。其批判精神主要体现在真实反映改革初期现实问题和对阻碍改革力量的批评上。这几部改革小说在揭示现实的力度、深度和广度上，是逐渐递进的。《小月前本》还留有从写意向写实过度的痕迹，《鸡窝洼的人家》和《腊月·正月》减少了主体抒情写意的成分，变为纯正的写实，而到了《浮躁》却又注意在写实的基础上运用一些象征和意象，从而具有了90年代小说意象化写实的一些雏形。这些小说反映的现实问题主要包括：(1)改革初期政策的不确定、信息不通畅给农民带来的困扰。《腊月·正月》中，王才将自己的地转包给狗剩，公社王书记也拿不定主意，说县委讨论了三个晚上，谁也不敢说对还是不对。中国的改革开放没有现成的经验可以吸取，都是摸着石头过河，这就给了以韩玄子为代表的思想保守势力以可乘之机。(2)土地经营承包责任制落实后，农民经济独立，各自为政，干部人浮于事，农村的基础建设和文化活动就无人管了，基层治理出现了“真空”。土地承包后，村民把牛都卖了，地里没有可施的肥，化肥成了稀罕物。“韩玄子为此也发过牢骚，认定这几年，粮食丰产，那是人出了最大的力，地也出了最大的力，若长此以往，土地都板结起来，还会再丰收吗？”①这反映出农业粗放式生产模式，对土地的压榨式索取，这种耕种模式是不可持续的。农民自留地的中间，本有一条可以过马车的路，但禁不住村民的蚕食，变得歪歪扭扭，韩玄子在内心叹道：“人心都瞎了，瞎了，没人修路了！”本来是活跃村民文化生活的闹社火，却因为没有经费摊派到村民头上。取消土地集体所有后，基层政府因为缺少资金或者不愿作为，使本应该由政府来承担的基础设施维护和文化建设无人管。(3)基层权力寻租和干部家族化现象。《浮躁》揭示了从仙游川、两岔镇，直到白石寨、州城的基层政权被田、巩两大家族所把持的局面，以金狗、雷大空为代表的“杂姓”家族要想在改革的时代赢得一些话语权是要付出何等惨重的代价。“这两个在革命中成长起来的家族，已经堕

① 贾平凹：《腊月·正月》，《贾平凹中短篇小说年编中篇卷》，山东人民出版社2013年版，第218页。

落成为中国社会最为危险的社会势力。作家对这两个新时代家族的历史和现实的揭示，无疑是具有巨大的警醒作用。”①20多年以后，贾平凹在《老生》中再一次揭示了由某个革命家族把握基层权力的现象，这一次革命的最大获利者是匡三司令。(4)改革遇到的阻力。阻碍改革的力量，主要指王和尚、才才、灰灰、韩玄子、田中正、田有善、巩宝山等人。王和尚、才才、灰灰都是老一代农民，他们勤劳本分，吃苦耐劳，对土地有着深厚的感情，但随着商品经济在山村兴起，他们重农轻商、不讲科学、思想保守、道德守旧的品性就成为新的经济发展方式的阻碍。王和尚试图用父亲的权威强迫小月接受包办婚姻，才才在小月面前表现得懦弱畏缩、中庸内敛，一旦发现门门对小月的追求又变得反应过度。这样的家庭和婚姻是追求自由、美好新生活的小月不能接受的，放弃才才接受门门是必然的，只是乡村的传统观念还很浓重，他们的爱情之路注定不会平坦。灰灰并没有表现出如才才那样的性格缺陷，相反，在他和烟烽的婚姻解体，与麦绒重组家庭过程中还表现出道德的圆满，首先他认为烟烽和禾禾“私奔”不守妇道在先，其次他对麦绒母子尽心照料并没有表现出企图心，重组家庭还是麦绒先提出来的。作者只是在结尾的情节中表达了他的情感和价值倾向，禾禾和烟烽结婚后不久就怀孕了，“人们都惊呆了：这个多年来不会生娃娃的烟烽竟怀孕了！说来说去，原来那灰灰才是个没本事的男人”。② 而禾禾买来电磨为乡民服务，灰灰和麦绒也来磨面，干起了他们之前反对的“多种经营”，意味着传统的重农轻商观念彻底失败。《小月前本》和《鸡窝洼的人家》都将改革进程中两种生产和生活方式的选择，置换为爱情和婚姻的世俗化故事，将宏大的政治经济命题具象化为作家擅长的情爱故事，这是这两部改革小说最大的特点。韩玄子和夏天智类似，都是退休教师身份，桃李满天下，大儿子成了名人和家族的骄傲，在当地声望很高，但在

① 刘一秀：《传统与现代的纠结——贾平凹长篇小说创作研究》，吉林大学博士论文，2012年。

② 贾平凹：《鸡窝洼人家》，《贾平凹中短篇小说年编中篇卷》，山东人民出版社2013年版，第244页。

家事、村事的烦扰下失去晚年生活的平静，在他们身上都有贾平凹父亲贾彦春的身影。韩玄子是作为镇上改革新生力量的对立面出现的，他并不反对包产到户，只是对王才的快速致富感到恐慌，一是打破了自己大半辈子积累下的一人独大的名望，二是破坏了大锅饭时期共同贫穷的均势。他的性格缺陷是好面子和专制、自私。被称为"商字山第五皓"的声名增长了他内心的贵族意识，因此他为了维护自己的声望选择和公社的领导迎来送往，对王才这样的底层小民不屑一顾，更是不甘心在声望的竞争中败落。在和王才在买公房、闹社火、书记拜年几次较量中都败北，旧观念遗老的身份了然。《浮躁》的批判性主要体现在州河两岸家族权力垄断对新生力量的压制和扼杀上。仙游川乡党委书记田中正和嫂子私通、觊觎小水，白石寨县委书记田有善明知田中正意欲强奸小水的事实，仍然包庇他；巩宝山为了娶女学生将老婆逼上吊，奸污欲救金狗出狱的石华；省军区司令许飞豹为了自己心愿，拨专款为牺牲的老上级田老六修建烈士纪念亭。为了在纪念亭落成典礼上款待好上级领导，白石寨县委指示：必须拿出最能代表当地的稀罕之物，两岔镇乡组织村民猎熊，导致福运死于非命。巩宝山和田有善发现金狗利用他们的矛盾想整垮他们后，不惜动用公权力将金狗构陷下狱，借用黑社会势力杀死雷大空。与其说《浮躁》展现了改革时期人们的浮躁不安的不平衡心态，不如说揭露了州城地区宗法制家族势力官官相护、道德败坏、以权谋私、贪赃枉法的事实。

2. 写人物的方法

首先是写普通人。和80年代一些表现改革急先锋的小说不同，贾平凹的改革小说描写的都是城市和乡村的普通小人物，他们是农民、退伍军人、乡镇企业业主、记者等。乔光朴、李向南、龙种这些改革"明星"是厂长、市长等政商翘楚，他们在改革的最前线进行着政治、经济的斗争，"引领"着群众走向康庄大道。贾平凹笔下皆是平民小人物，小月、才才、门门、禾禾、灰灰、麦绒、烟烽都是普通的农民，王才是乡镇食品厂的小厂长，金狗、雷大空、福运、小水等都是出身于仙游川的普通农民。贾平凹出身农家，对农民有深厚的感情，并且对生活了19年的商州农村、农民十分熟悉，当他试图再现中国改革现实时自然就选择了他最熟悉的商州农村的农民生活。此外，从他后期的长篇小说《古炉》《老生》《山本》来看，他有着“反英雄”的历史观，他不认为历史是由少数英雄人物所创造，相反这些所谓英雄为了一己私欲付诸了太多暴力和权谋，给民众留下了太多的悲惨和伤痛。因此，从80年代的改革小说来看，除了金狗具有一些“英雄”的气质和色彩外，其余人物皆为普通的平民。后期作品尽管写了一些“英雄”人物，如夜霸槽、匡三、老黑、井宗秀，但秉持的立场却是反英雄的，写普通人反映了贾平凹的平民立场和人民史观。

其次，是写“好人”。贾平凹在一封信里写道：“《小月前本》中的门门、小月、才才都是好人，《鸡窝洼的人家》中的灰灰、禾禾、烟烽、麦绒也是好人，《腊月·正月》中的韩玄子、王才亦都是好人，《九叶树》中的石根、兰兰又都是好人。正因为都是好人，他们在目前的变革中发生了微妙的变化！也正是这种微妙的变化才构成了当今农村最丰富的内容。”①贾平凹的改革小说中没有一个“坏人”(《浮躁》除外)，写的矛盾也不是敌我、阶级矛盾，而是两种不同观念、思想之间的碰撞和斗争，即现代和传统、封闭落后与开放进步、只重农业和多种经营。虽然也用了革命文学常用的二元对立的人物情节模式，但对立的双方都不是绝对的“好人”或“坏人”，是好坏人或坏好人。

再次，是写立体的人。贾平凹说：“我表现出来的他们就是好人的形象，或是好坏人的形象。在具体描写的过程中，我喜欢用以坏人来写好人，以好人来写坏人的办法；目的只有一个，使所写的人更具真实。”②对此，莫言也有类似的说法，他的一个演讲的题目就叫《把好人当坏人写，

① 贾平凹，丁帆：《关于〈九叶树〉的通信》，《贾平凹文论集·关于小说》，生活·读书·新知三联书店2015年版，第13-14页。

② 贾平凹，丁帆：《关于〈九叶树〉的通信》，《贾平凹文论集·关于小说》，生活·读书·新知三联书店2015年版，第13-14页。

把坏人当好人写》。这种写法一方面是对过去的敌我分明的政治化写法的摒弃，另一方面是要写出人的多面性，让人物更真实可信。人无完人，“好人”也有缺陷，如门门沾染了一些世俗味和油气，没有定性；禾禾相比于对事业的执着坚韧，对待爱情上却表现得被动、胆怯和犹豫；王才善良宽容，但过于懦弱、忍让。“坏人”也有优点，作为他们的对立或对照面的人物也不是一无是处，才才善良朴实、勤劳踏实，要不小月也不会在他和门门间举棋不定；灰灰也善良宽容，要不也不会收留落魄的禾禾，照顾孤苦的麦绒母子，他也并不固执，当目睹禾禾搞副业致富后，他也从善如流，做起了挂面；韩玄子虽看不惯王才处处与他作对，但他利用自己的威望关心村里的公共事务，调解纠纷，帮助弱小，兴办社火等。贾平凹1983年之前的小说人物性格比较单一、平面化，缺少发展变化的过程，如《姊妹本纪》里的张盼儿、张兴儿、张水儿，《白莲花》里的夏西韦、延俊儿、田羊英，《二月杏》里的二月杏和大亮，《山城》里的礼平、高云、秀儿，《蒿子梅》里的高梅等，这些人物大多比较脸谱化，好坏分明，从出场到故事结束都是一个面目和个性。而在1984年后的改革小说里，人物性格变得更丰富，更立体，也更真实，除了上面提到的写出好人的坏和坏人的好外，人物的性格开始有发展和变化，如小月在比较门门和才才二人的品性能力后，从被动接受订婚到大胆地打破包办，勇敢追求自己的幸福，更不用说《浮躁》中金狗、雷大空、小水等人的性格蜕变和成长。

3. 介入现实的角度

改革小说一般以改革的弄潮儿为中心人物，将他们置于改革事件的风口浪尖，在激烈的矛盾冲突中，表现主人公大刀阔斧、雷厉风行、破旧立新的改革魄力和巨大成效。改革家们虽然也会遇到各种挫折和阻力，付出一些代价，但改革派和保守派的斗争最终会以前者的胜利而告终。因此，整体来说，改革小说和伤痕、反思小说一样，都属于宏大叙事。但贾平凹的改革小说选取了更小的切入角度，是对宏大叙事的解构，如他所说：“这一组小说的内容全不在具体生产上用力尽在家庭、道德、观念上纠缠。”①也就是说，他的改革小说较少从政治、经济角度直面改革（《浮躁》还是个例外），更多是从文化、伦理、道德、人性的角度来表现“风雨初至时各层人的骤然应变，其文化结构、心理结构出现了空前的松动和适应调整”。② 在写于同一时期未被列入改革小说的《九叶树》（1984）和《西北口》（1985）中，就表现出农民道德观的一些新的变化。山村少女兰兰和安安受到来自城市的何文清和冉宗先的引诱失身，她们青梅竹马的恋人石根和小四虽痛苦万分，但还是接受了迷途知返的恋人和肚中的孩子，这表明新时期山地农民的贞节观有了突破，新的道德伦理正在建立。《小月前本》中写到18岁的小月在河里裸泳，感受到自己生理和心理的变化，包括她对才才大胆的性试探，选择门门后热情地拥抱接吻，都说明女性性意识的觉醒和主体意识的增强，农村传统封建意识逐渐破冰。金狗和雷大空从道德上来说都是有瑕疵的人物，金狗为跳出农门有一番作为，和田中正的侄女英英发生性关系并订婚，以此作为到州城日报当记者的筹码。进城后又和有夫之妇石华发生肉体关系，形成一男三女的关系模式。这种一男多女的模式从《浮躁》开始，延续到《废都》《白夜》《高老庄》等，而以前的小说基本都是一女多男的模式，表明作者男女关系观念的变化。雷大空更是有“浪子”和“混世魔王”的习气，经济上攀附权贵、买空卖空、以劣充优，生活上也很不检点。尽管如此，贾平凹对他们表现得宽容甚至赞美，这从他给雷大空写的激情洋溢的祭文即可看出，他认为：“代表社会前进的力量，作为一个人来讲并不一定就应该是通体完美的形象”，“怎样看《浮躁》中这些人，比如金狗、雷大空、小水、石华等；要评价这些人当然只能用现代意识，现代意识就是当代意识，当代意识严格讲里面也包括一些历史的眼光，不能就事论事来看这个东西，所以，不能仅仅用道德，尤其是过去的道德标准来评价，如果仅仅用道德来评价，只能导致黄世仁和

① 贾平凹：《我的追求——在中篇近作讨论会上的说明》，《贾平凹文论集·关于小说》，生活·读书·新知三联书店2015年版，第25页。

② 贾平凹：《我的追求——在中篇近作讨论会上的说明》，《贾平凹文论集·关于小说》，生活·读书·新知三联书店2015年版，第25-26页。

白毛女的模式。”①在贾平凹看来，像金狗、雷大空这类在社会大变动、资源大重组时代的“草莽英雄”是不该用一般的道德标准来规范的，他甚至可能认为道德的越界和冲撞是“现代意识”的体现，信奉不道德才是最高的道德，紧随《浮躁》的《废都》似可证明。

此外，小说的文体和形式具有多变的特征。《小月前本》语言清新优美，意境空灵澄澈，富有浪漫的文人气息。《鸡窝洼的人家》则语言朴实而口语化，追随的是柳青、赵树理的传统写实的写法。《腊月·正月》也是用的传统写实，只不过由于韩玄子特殊的身份，增加了一些关于商州文化、民俗的内容，文化气息更浓。《浮躁》是作家早期最重要的一部作品，开启了很多新的写作手法，如意象和象征的运用、神秘感的营造等，由于运用了道禅、民间神秘文化等多种元素，整体给人以一种苍茫、厚重之感。

当然，贾平凹的改革小说也存在一些局限，主要体现在以下几个方面。一是维度单一。刘再复认为具有四个维度才是具有“整体观”的文学，② 贾平凹80年代的改革小说只有“国家·社会·历史”的维度，缺乏“叩问存在意义”“超验”“自然”的维度，《浮躁》具有一些“超验”和“自然”的维度，不具备“叩问存在意义”的维度。另外三个维度只有在90年代《废都》之后才开始具有。二是观念先行、模式陈旧。贾平凹的改革小说都使用了二元对立的情节结构模式，事先就预设了一个改革派胜过保守派的理念。《浮躁》更是将“浮躁”的时代氛围笼罩在整个故事之上，对“浮躁”时风的理解和把握并不能和事件、人物完全匹配。为了实现改革派的胜利，时常使用“清官模式”，显示作家并不能在现实中为人物找到胜利的理由，只好空降一个“清官”了事，《鸡窝洼的人家》《腊月·正月》都存在这种情况。三是理论思辨的薄弱。贾平凹并不是一个擅长理论思辨的作家，偏偏在《浮躁》中试图对中国80年代中前期的社会风气做一个整体的、哲理性的思辨，除了通过人物对话直白地评论时政，还不惜造出一个考察人对

① 贾平凹：《与王愚谈〈浮躁〉》，《贾平凹文论集·访谈》，生活·读书·新知三联书店2015年版，第27-28页。

② 刘再复：《答〈文学世纪〉颜纯钧、舒非问》，《文学世纪》，2000年第8期。

“浮躁”的内涵和成因大加评说。当时就有评论家认为，用“‘浮躁’代表时代情绪是不准确的”，认为除了金狗稍微具有一点主体意识之外，其他大部分人都不具有，“既然主体意识并非普遍具有，那么所谓‘人的主体意识的高扬与人类低文明层次的不谐和’造成了普遍的‘浮躁’这种时代心态就无从谈起”，进而指出：“贾平凹对州河上下人物和生活本身的描写是真实的，深刻的，可是当他跳出人物和生活流程进行理性分析，站在哲学高度进行把握时，就有些捉襟见肘。”①

三、民间感的初萌：对民间文化形态的展示

“民间”作为一个文学概念，最早是1994年由陈思和提出来的。民间思想的提出，不但使之前潜藏在官方和知识分子强势话语之下的民间世界浮出地表，而且民间也越来越成为当代作家着力探索挖掘的对象和安身立命的秉持立场。尤其是像贾平凹这样看重民俗、钟情民间文化和艺术、把自己当作农民的乡土作家，考察他的作品离开了民间维度的考察，肯定是不全面的。何况他自己也将民间性作为创作的目标，在他最近的作品《山本》后记中，他提到创作时挂在书房的两个条幅，左边挂的是“现代性、传统性、民间性”，右边挂的是“襟怀鄙陋，境界逼仄”，前者是作为自勉，后者是引以为戒。可见，“三性”结合是他目前创作的理想和目标。

陈思和认为：“‘民间’是一个多维度、多层次的概念……它具备了以下几种特点：第一，它是在国家权力控制相对薄弱的领域产生的，保存了相对自由活泼的形式，能够比较真实地表达出民间世界生活的面貌和下层人民的情绪：虽然在政治话语面前民间总是以弱势的形态出现，总是在一定程度内接纳，并体现出权力意志……它毕竟是属于‘被统治’的范畴，它有着自己的独立历史和传统。第二，自由自在是它最基本的美学风格……这种境界的最高表现形态只能是审美的，所以，民间往往是文学艺术产生

① 邢小利：《〈浮躁〉疵议》，《小说评论》，1988年第1期。

的源泉。第三，它既然拥有民间宗教、哲学、文学艺术的传统背景，用政治术语说，民主性的精华和封建性的糟粕交杂在一起，构成了独特的藏污纳垢的形态，因而要对它做一个简单的价值判断，是困难的。”①他在另一篇重要的论文里写道：“民间在当代文学不是作为一种思潮或者流派出现的，甚至也不是作为一种特定的创作现象出现的，我觉得民间在当代是一种创作的元因素，一种当代知识分子的新的价值定位和价值取向。”②王光东对陈思和的民间理论做了阐释和生发，“由陈思和对民间特点的这种描述中，我们可以看到他所说的‘民间’有两层意思：一是作为自在的民间文化空间，一是作为价值立场的民间价值取向。也就是自觉地把‘民间’与知识分子的价值立场和精神追求联系在一起，在自在的民间文化空间中发现精神的寄存意义”。③ 在王光东看来，民间包括实有层面的“民间文化空间”和精神层面的“民间价值取向”两个方面，前者主要体现为作品中由民间宗教、哲学、艺术等构成的一种自在的生活方式，后者则主要体现为作家观察民间、描述民间的价值立场和审美方式。试图给民间做一个简单而明确的定义是困难的，至于本书所说的文学的“民间性”，当是指文学作品中所具有的民间文化形态内涵和作家表现出的民间价值立场的属性特征。因此对于贾平凹的民间性分析也从以上两个方面展开。

从贾平凹50余年的创作生涯来看，他与民间的关系也是有一个由远到近、由浅入深的动态变化的过程。初涉写作的70年代中后期，他的创作还很稚嫩，文学的、生活的积累还很薄弱，对此他也有着清醒的认识，“我们都经历过‘文化大革命’的动乱年代，在对于中国古代文学艺术的继承上和对于外国现代文学艺术的借鉴上，都十分浅薄。我们一开始学习创作，

① 陈思和：《民间的浮沉——对抗战到文革文学史的一个尝试性解释》，《上海文学》，1994年第1期。

② 陈思和：《民间的还原——文革后文学史某种走向的解释》，《文艺争鸣》，1994年第1期。

③ 王光东：《民间理论与写作在1990年代的互动发展》，《西北师范大学学报》(社会科学版)，2008年第4期。

凭借的是我们的生活和可怜的一点文学知识，而把这种生活的表象写出来罢了”。① 此时他的短篇小说创作，紧跟时代主潮，表达对“文革”造成的文化破坏的反思、对现代化建设的热情鼓吹，作者并没有找到自己的位置，发出自己的声音。不过由于对孙犁写作风格的钦慕与模仿，写人状物也可看到《红楼梦》《聊斋志异》等古代作品的影响，因此，一些作品也显得清新明丽，素雅怡人，《满月儿》也因此获得了首届全国短篇小说奖。经历了80年代初的批评风波，1983年初贾平凹再次沉入之前多次去到的故乡商州，却发现了不一样的意味。“我早年学习文学创作，几乎全是记录我儿时的生活，所以我正正经经的第一本短篇小说集就取名《山地笔记》。确切地说，我一直在写我的商州，只是那时无意识罢了。”②这种不一样的意味就是文化，具体来说就是商州所承载的传统和民间的文化，“城市生活和近几年里读到的现代哲学、文学书籍，使我多少有了点现代意识，而重新到商州，审视商州的历史、文化、传统的和现实的生活，商州给我的印象就相当强烈！它促使我有意识地来写商州了。这就是我写《商州初录》的最初心境”。③ 贾平凹之所以从政治社会的视角转入历史文化的视角，固然是和1982年受了批评有关，但不能忽视的是沈从文的小说对他的启发和影响。另一个可能影响到贾平凹的是沈从文的学生汪曾祺，汪曾祺在1980年发表的《受戒》，是新时期第一篇延续了十七年文学曾经中断了的现代抒情小说传统的作品。《边城》和《受戒》将民俗作为小说重要内容，以及散文化的抒情笔法，在贾平凹的《商州初录》中得到了继承，当然他们共同的传统是中国古代的笔记体小说。

80年代初，贾平凹“发现”了商州，不仅仅是地域上的商州，而且是文化的商州，这里是传统、民间、现代文化的交汇之地，这里可以看到中国，也可以看到世界。虽然自《商州三录》开始，贾平凹着意描绘商州的民间文化形态，但不能说此时它具有了明确的民间意识和观念，他只是受到

① 贾平凹，陈泽顺：《答〈文学家〉编辑部问》，《文学家》，1986年第1期。
② 贾平凹，陈泽顺：《答〈文学家〉编辑部问》，《文学家》，1986年第1期。
③ 贾平凹，陈泽顺：《答〈文学家〉编辑部问》，《文学家》，1986年第1期。

福克纳、川端康成、马尔克斯、沈从文、汪曾祺等的启发，将商州作为自己创作的根据地，商州独特的地域、历史、现实和文化自然成为他笔下的主要内容，写商州这个古老的秦楚文化交汇地在新的现代文明的冲击下的阵痛与变化，而现代和传统的冲突正是 20 世纪中国最重要的文化现象之一。

80 年代贾平凹对商州地区民间文化形态的勾画首先表现在民俗的展示上。“民俗，即民间风俗，指一个国家或民族中广大民众所创造、享用和传承的生活文化 。民俗起源于人类社会群体生活的需要，在特定的民族、时代和地域中不断形成、扩布和演变，为民众的日常生活服务。民俗一旦形成，就成为规范人们的行为、语言和心理的一种基本力量，同时也是民众习得、传承和积累文化创造成果的一种重要方式。”①它包括了物质生产民俗、物质生活民俗、社会组织民俗、岁时节日民俗、人生礼仪、民间信仰、民间科学技术、民间口头文学、民间语言、民间艺术、民间游戏娱乐等诸多内容。“我在商州每到一地，一是翻阅县志，二是观看戏曲演出，三是收集民间歌谣和传说故事，四是寻吃当地小吃，五是找机会参加一些红白喜事活动。这一切都渗透着当地的文化啊！”②以下且以《商州初录》《古堡》《浮躁》为例，看看他 80 年代小说的民俗书写。《商州初录》的“引言”就是商州地域文化、民间风俗的展览：历史上的乌骓马、现在的丹江牌葡萄酒、各种山货，这是物产；商州四面三山，地形封闭，显得古老、落后又神秘，这是地理以及带来的文化特点；“一年四季五谷为六，瓜菜为四，尤其到了冬日，各家以八斗大瓮窝一瓮浆水酸菜，窖一窖红薯，苫一棚白菜，一个冬天也便过去了”。青黄不接吃炒面，包谷糊汤为命饭，十一个眼的莲菜、皮薄个大的核桃、南瓜和绿豆做成的搅饭，这是滋养着商州人胃的饮食；还有强悍能忍耐的男人，多情温顺而善良的女人，“富而不奢，穷而不酸”，这是人的秉性。“引言”还没有正式走进商州某地，

① 钟敬文：《民俗学概论》，上海文艺出版社 1998 年版，第 1、3 页。

② 贾平凹、陈泽顺：《答〈文学家〉编辑部问》，《文学家》1986 年第 1 期。

作者已经对商州的一切充满了骄傲、自豪，热情地向山外的人们介绍、推介自己的故乡，一旦进入到商州具体的地方，更可以见出商州不同地域的人情、民俗和独特风貌。《黑龙口》里写寄住农家的旅人和男主人、妇人睡在一个炕上，男主人临时有事要出门，只在客人和妇人间放一个扁担，显示出山里人的淳朴与厚道。《莽岭一条沟》讲的是商州流传很广，也是贾平凹多次写到的人狼之间的故事。狼具有了人性，知道对接骨老汉表达感谢，接骨老汉治好了狼，却因为狼伤害了人感到内疚而自尽。山里人如此的善良，也如此的刚烈，渲染出山野与城市完全不同的神秘、奇诡的文化氛围。《棣花》因为写的是作者生养地，其情感自是不同，这里的景奇，有"松中藏月""二龙戏珠"、荷花塘等美景；这里的人杰，文有举人韩玄子，武有李拳脚。棣花人重文崇武，男人白净，女人水色，可谓人杰地灵。"因为地方太好了，人就格外得意"，这里有过小年唱戏、初一扮社火的习俗，更是因此生出许多奇人异士。《古堡》中以老道长讲解《史记·商鞅列传》贯穿全篇，与现实中张老大等人的变革行为形成对照，给小说增添了浓厚的民间文化底蕴，这种以古籍和现实形成互文关系的写法在《老生》中被再次采用。小说中云云的奶奶常常阴阳相混，把生者和死者放在一起谈论，这正是民间神鬼信仰的体现，类似的人物设计又出现在《废都》里牛月清母亲身上。《古堡》的第六章第二节写到张老二和村民跳起往日过会时祭神驱邪的巫舞，众人在情绪的宣泄中进入一种忘我、迷狂的状态，表现出楚巫文化的神秘以及人类原始野性生命的蓬勃力量，使巫舞具有了文化人类学的独特魅力。《浮躁》是贾平凹80年代最重要的一部作品，这部作品中的民间文化气息浓重，为州河两岸的宗法制革命后代家族和杂姓家族之间的权力斗争营造出一个深重复杂的文化背景。一是表现为民间佛教和道教的宗教信仰文化，主要通过韩文举和不静岗寺和尚这两个人物来体现。和尚主要代表了佛教"空"与"忍"的立场，是民间佛家文化的代表；韩文举从和尚处学会了金钱卦，在他身上代表了民间的术数文化。二是在金狗身上有儒家的兼济天下的入世情怀，在雷大空身上则有民间侠士的放荡和不羁，在小水身上则有观音菩萨般的仁慈、善良、博爱，他们都是作者以民间的善恶观、宗教观、审美观来设计的人物。小说结尾写到金狗去州城买机动船，小水内心不宁，找到阴阳师测福祸，作者借阴阳师之口说出了民间宗教信仰的意义："现在世上，有人总是鄙视我们，打击我们，话说回来，就是里边有迷信，可也救了多少走投无路的人！"①通过人物的话语反映出了贾平凹民间信仰守护者的立场。

其次表现在对民间美好的人性、人情的书写上。如同沈从文对湘西的水手、兵士、农人、妓女等自在自为的生活方式的同情与理解，汪曾祺对故乡各行各业手工艺者、小生意人身上所体现出来的仁心、道义、气节的赞扬，贾平凹也对商州乡野民间人物身上体现出的人性、人情美表示了肯定和赞美。《莽岭一条沟》里接骨老汉的善良与刚烈，《小白菜》里小白菜的大义与气节，《石头沟里一位复退军人》中寡妇的痴情与勇敢……和沈从文、汪曾祺相似，贾平凹笔下人物这些美好的人性和人情往往建立在对传统道德、习俗规范的大胆冲决和反抗上。《鸡窝洼的人家》看似讲了一个"换妻"的"风俗"故事，实则借这样一个风俗故事，表现出新的时代风气对两对夫妻婚姻关系的考验和冲击，是借婚姻情爱故事表达时代所呼唤的改革主题。《天狗》讲的是一女二夫的故事，天狗为了挽救和维持师父的家，不得已接受了师父招夫养夫的提议，师父不惜自尽要给师娘和天狗幸福，而天狗也迟迟不愿行使丈夫的权利，都表现出人物一种道德化的力量。以上两个看似僭越了传统的婚俗的故事，都体现出民间人物身上朴实、真挚的人性之美，表现了具有了审美意义上的民间文化空间。雷达看出了贾平凹80年代小说的"模式与活力"，也在于民间文化空间的世俗与传奇之美："贾平凹的模式中的轴心是一个'情'字。他的小说里铺叙的无非是商州地域劳动者艰辛而平凡的日常生活，细细品味，并无什么奇异怪诞之处。不论是白香之纯、师娘之善、黑氏之刚、香香之黠，都染着浓厚的世俗色彩，然而，我们又分明有阅读传奇小说似的感受，这种罕见的传奇色彩正

① 贾平凹：《浮躁》，安徽文艺出版社2010年版，第390页。

是农民的火热、野性的爱情，投射于平凡的生活所返照出的灼人眼目的光彩。"①

再次，还表现出现代文明、都市文明对传统文明、乡野文化的冲击。《小月前本》就可看出新的文明对传统文明，包括人们的生产方式、生活方式、婚恋观的影响。小月在父亲安排下和才才订婚，但她不满意才才木讷、保守的个性和土里刨食的生产方式，被门门懂生活、有情趣的"风流态度"以及勇于搞多种经营的生活观所吸引，终于大胆地冲破了父母之命的婚姻安排，去追求自己的幸福。除了对农村婚恋观念的影响，现代化的风潮还全面影响了农民的人生观、贞节观等各种传统的思想观念。《西北口》和《九叶树》都讲述了一个农村女孩被城市来的男性所吸引或诱骗以至失身的故事，故事发生的前提是农村女孩安安和兰兰本身就对都市生活和现代文明有着很多浪漫的憧憬或者说不切实际的幻想(这一人物特点又延续在2016年出版的小说《极花》中的胡蝶身上)。好在她们在农村的恋人石根和小四都有着山般坚实的情感态度和宽厚的胸怀，他们都大度地接纳了迷途知返的恋人，使这个始乱终弃的悲剧故事有了一个美好的结局，同时也反映出时代之风多少改变了山民传统的思想观念。这两部小说一方面真实反映了改革开放初期农村青年渴望摆脱农村、享受城市现代文明的社会现实，另一方面也体现出贾平凹当时对城市文化、现代文明中负面因素的警惕心理以及抑城扬乡的民间价值立场。

最后，贾平凹的小说为读者描绘出了商州地区独特的民俗和民间宗教信仰。主要有：巫术文化、民俗禁忌、民间术数、民间宗教等。(1)巫术文化，如立筷子驱鬼，为保佑亲人平安回来，把他的鞋和衣物吊在地窟里，在《秦腔》等小说都有表现；通说，即鬼在人身上附体，人成为鬼在人世的传声筒，在《远山野情》《高老庄》《秦腔》都有类似情节；此外如阴阳先生作法治病在《远山野情》《秦腔》中也有体现。(2)民间禁忌，比如太岁头上动土会给人带来灾害的情节；刚添了小孩的人家忌讳不相干的人去串

① 雷达：《模式与活力：贾平凹之谜》，《读书》，1986年第7期。

门，会在大门上拴块红布，提醒生人不要随便进来，以免带来邪气；村民忌讳碰上一些不吉利的事，比如撞上死人或送葬的队伍，就要朝天上吐唾沫来辟邪。又比如用女性经血来辟邪等。(3)民间术数，如卜卦、测字等。《遗石》里的林青云苦研《邵子神数》，泄露了天机瞎了左眼。《浮躁》中的不静岗寺的和尚教授韩文举《六十四卦金钱课》；《废都》中孟云房研读《奇门遁甲》《梅花易数》《邵子神数》，最后也是瞎了一只眼。《白夜》中，刘逸山就会算命测字，虞白、宽哥、吴清朴都曾找他测字，莫不灵验。(4)民间宗教，比如道教的符咒、堪舆之法，佛教的轮回报应观等。《白夜》中刘逸山给祝一鹤治病，就用了符咒之法。堪舆之法，也就是风水。《美穴地》中柳子言就是风水师，《高老庄》中子路的伯父南驴伯去世就请来阴阳师踏墓地。《秦腔》中赵宏声查看七里沟的地形，认为是风水宝地。《山本》中陆菊人父亲将她的三分胭脂地送给了井宗秀，而这块地被风水先生认为是风水宝地，井宗丞果然日后在涡镇呼风唤雨。还比如民间佛教的因果报应观，《秦腔》中三踅被蛇钻入口差点死去，《山本》中最后活下来的是善有善报的陆菊人、陈师傅、宽展师父等人。《白夜》《高老庄》都有再生人的出现，反映了民间佛教轮回再生的观念。贾平凹的小说多次塑造了类似"菩萨"的形象，如《天狗》里的师娘、《浮躁》中的小水、《秦腔》中的白雪、《山本》里的陆菊人，连《高兴》中的孟夷纯虽然做着妓女，但仍然被看作"锁骨菩萨"，贾平凹在美丽、纯洁、善良、忠贞的女性身上寄托了自己的审美理想，把她们比作民间信仰里的救苦救难的观世音菩萨。他尤其注重写丧葬中的民俗和宗教文化，如这位论者所言："贾平凹的作品中涉用了大量的民俗事象，方言土语、饮食文化、民间戏曲、歌谣俚曲、楹联文化等等不一而足，但最全面、最系统地予以描绘的却是商州地区的丧葬习俗。"①《高老庄》就是以子路回乡给父亲过三周年祭来结构全篇的，其中还写到南驴伯的丧事；《秦腔》中夏天礼、夏天智、夏天义相继离世，通过丧

① 宋洁：《论当代文学的民间资源——以贾平凹的小说创作作为个案》，兰州大学博士论文，2007年。

俗的描写表现乡村人际关系、人情往来以及青壮年入城务工造成的连伏棂的壮劳力都没有的衰败景象。“丧葬是宗教产物……一个地区的丧葬习俗中必然包含着大量的宗教内容。诸如祖先崇拜、原始巫术、民间鬼神信仰、道教、佛教等多种宗教形式的内容共存。”①中国明清世情小说也是常写婚丧等习俗的，深受《红楼梦》《金瓶梅》影响的贾平凹自然也乐于在小说中描写婚丧嫁娶场面。

四、80年代小说中的现代意识

贾平凹小说的传统性被学界研究得比较充分，他对传统文化、美学精神以及古代文学养分的汲取都是当代作家中最充分的，说他是当代文坛中国传统性最突出的作家当不为过。但他的现代性，包括他作品中体现出的现代精神和现代意识，则似乎没有得到那么充分的发掘和承认。对此，贾平凹是颇有怨言的：“别人之所以印象我是传统文人，可能觉得我长得很土，衣着和举止也土，而且行文中古语多，作品的形式是民族化的，又喜欢书法、绘画和收藏呀，岂不知我内心是很现代的。”②确实，相对于他小说中表现出来的传统性的“显”，其现代性就显得“隐”。那么，他的思想观念以及作品中是否真如他所说有着“现代意识”，他的内心是否真的“很现代”？还有，他小说中的现代特性和传统特性之间是何比例和关系？贾平凹到底是个现代的传统作家，还是一个传统的现代作家？这是本节要探讨的问题。

（一）“现代意识”的流变

贾平凹最早的关于“现代”的表述见于1982年4月为《当代文艺思潮》

① 宋洁：《论当代文学的民间资源——以贾平凹的小说创作作为个案》，兰州大学博士论文，2007年。

② 贾平凹，胡天夫：《关于贾平凹的阅读》，《贾平凹文论集·访谈》，生活·读书·新知三联书店2015年版，第112页。

“作家与创作”栏而作的那篇著名的《“卧虎”说——文外谈文之二》：

> 以中国传统的美的表现方法，真实地表达现代中国人的生活和情绪，这是我创作追求的东西。

这里所说的“现代”，是与“传统”相对的一个时间概念，大致是指中国1840年鸦片战争爆发，封闭的国门被帝国主义的坚船利炮打开这个时间节点，此后，中国人开始引入新学与开办洋务，科技上“师夷长技以制夷”、文化上“中学为体，西学为用”的观念取代了“普天之下莫非王土”的帝国中心主义。同时“现代”也是一个空间的概念，意味着西方，因为西方在16世纪文艺复兴运动之后，进入工业化时代，开启了现代化进程，从此“西方”就成为先进文明和生产力的代名词，中国的“现代化”进程也就是一个学习西方的过程。“在中国，与‘现代意识’、‘现代化’等词语相比，‘现代性’一词出现较晚，它更多地运用于对现代社会文化进行整体性的考察、反思的语境之中，而前者则更多地用于现代社会的‘现代性’变革的启蒙主义、创新主义语境中，具有一种不言自明的肯定性质。”①和大多数在80年代学习西方现代派文学的中国作家一样，贾平凹的现代意识也有着不言自明的肯定性质，在西方文学强势的背景下，任何来自西方的东西都有着“现代”意味，西方往往是代表先进，中国意味着落后。有论者认为：“不同于一般的第三世界国家，中国对西方‘现代派’文艺的接受，是在一种中国式的后冷战文化空间中进行的，围绕着‘现代派’发生的是资本主义(西方)/社会主义(中国)的冷战框架和先进/落后的启蒙现代性框架之间的转换。”②当然，贾平凹80年代的这一全面跟从西方的“现代意识”到了新世

① 耿传明：《“现代性”的文学诉求——中国现代文学的文化特性考察》，出自杨春时、俞兆平主编：《现代性与20世纪中国文学思潮》，广西师范大学出版社2008年版，第161页。

② 贺桂梅：《后/冷战情境中的现代主义文化政治——西方“现代派”和80年代中国文学》，《上海文学》，2007年第4期。

纪有了改变，下文将论及。“现代性”本身是一个内涵模糊、众说纷纭的概念，哈贝马斯所作的归纳被认为是比较经典的被反复征引，他认为：“现代性概念首先是一种时间意识，或者说是一种直线向前、不可重复的历史时间意识，一种与循环的、轮回的或者神话式的时间框架完全相反的历史观。”①陈晓明认为：“我们现在理解的‘现代性’是指启蒙时代以来的‘新的’世界体系生成的时代，一种持续进步的、合目的性的，不可逆转的发展的时间观念。”②他们所说的“现代性”都是作为社会思潮的“现代性”，文学的“现代性”和“现代意识”又有不同。文学的“现代性”当指中国文学进入现代以来所呈现出的不同于古典传统的具有反思和批判意味的新的素质和特点，而“现代意识”也当是文学在进入现代文学阶段以来所体现出的所有关于现代和现代性的反传统的意识和观念。至于说中国文学的现代始于何时，还是有争议的话题，比如有晚清和民国“五四”之争，比较中肯的认识是“中国文学、文化的现代性转换是以‘五四’新文化运动为标志的，但‘五四’显然不是这种现代性转换的起点、开端，现代性的文学转换还应该向前延伸，大致可以说是由1894年‘甲午之役’和1910年的‘庚子之变’开启的一个由于军事失败、政治衰败、经济停滞等内忧外患的时局引发的思想、文化领域的不断激进化的过程”。③ 而贾平凹后期的文学“现代意识”，颇同于以下的将之等同于“理性精神”和“启蒙精神”的观念，“所谓现代性，就是促进社会进入现代发展阶段，使社会不断走向科学、进步的一种理性精神、启蒙精神，就是高度发展的科学精神与人文精神，就是一种现代意识精神，表现为科学、人道、理性、民主、自由、平等、权利、法制的普遍原则”。④

贾平凹的“现代意识”是一个比较含糊、不太确定的概念。早在20世

① 转引自汪晖：《韦伯与中国现代性问题》，《学人》第6辑。

② 陈晓明：《现代性与文学研究的新视野》，《文学评论》，2002年第6期。

③ 耿传明：《“现代性”的文学诉求——中国现代文学的文化特性考察》，杨春时、俞兆平主编：《现代性与20世纪中国文学思潮》，广西师范大学出版社2008年版，第166页。

④ 钱中文：《文学理论现代性问题》，《文学评论》，1999年第2期。

纪 80 年代后期，他的“现代意识”的体现就是学习西方文学，尤其是西方现代派文学。到了 90 年代，所谓的现代意识上升到哲学和文学观念的层面，主要指的是西方现代主义的一种生存意识。而到了新世纪，他所谓的现代意识主要指的是“人类意识”，“现代意识就是人类意识，而地球上大多数的人所思所想的是什么，我们应该顺着潮流去才是……”①可见，贾平凹所谓的现代意识是一个内涵和外延在不断发生着变化的概念，代表着他在不同时期关于现代/传统、民族/世界、中国/西方等关系问题的不同理解和思考。大致说来，他的“现代意识”有一个由浅入深、由表及里、由形式到观念的逐步深化、变更的过程。笔者无意对贾平凹的“现代意识”理解的科学性、严谨性做苛求，事实上他也不是一个以理论、思辨见长的作家。推进一步说，如果评论家都以作家的弱项去和其他中外优秀作家的强项作比较，往往会得出不够公正客观的判断。我们认为，对某个时代创作成就或某个国家、民族、作家创作成就的评价，应该放在具体的时代、国情、政治经济文化条件等背景下来评估，抽离这些客观外在条件去做评判往往会犯瞎子摸象、拉郎配等错误。

以下对贾平凹不同阶段“现代意识”的体现结合具体作品来说明，并结合他不同的小说创作阶段将其现代意识阐释放入不同的章节，具体说来，本章主要介绍他 20 世纪 80 年代后期的“现代意识”。90 年代“现代意识”分析放入第三章，新世纪“现代意识”分析放入第四章，以体现本书结构上按创作阶段划分章节的整体性。

（二）80 年代小说“现代意识”的体现

80 年代对西方文学的译介和学习是伴随着政治上的拨乱反正和思想解放运动而展开的。1978 年 5 月 11 日，《光明日报》发表了特约评论员文章《实践是检验真理的唯一标准》，展开了全国性的关于“真理标准”的大讨

---

① 贾平凹：《〈带灯〉后记》，《贾平凹文论集 · 关于小说》，生活 · 读书 · 新知三联书店 2015 年版，第 228 页。

论。同年12月，中共十一届三中全会召开，批评了“两个凡是”的教条规定，决定停止使用“阶级斗争为纲”的口号，将全党全国的工作重心转移到“社会主义建设”上来。1979年10月，第四次全国文代会上，中共中央、国务院的祝词指出：执政党“对文艺工作的领导，不是发号施令，不是要求文学艺术从属于临时的、具体的、直接的政治任务，而是根据文学艺术的特征和发展规律，帮助文艺工作者获得条件来不断繁荣文学艺术事业”①，并重申了1956年提出的“双百方针”。80年代以来，中国形成了引进西方各种文艺思潮和学习借鉴外国各种文学潮流的风潮，由此产生新时期以来第一次文学创作的高峰期，寻根、先锋、现代派、新写实、新历史、新女性等小说创作潮流都是在此基础上的收获。“80年代以来，除了老资格的《世界文学》外，又陆续创办了《外国文艺》《外国文学》《当代外国文学》《译林》《译海》《外国小说》《苏联文学》《俄苏文学》《日本文学》《外国文学研究》《外国文学报道》《外国文学动态》《外国文学研究集刊》等刊物……外国文学出版社还编译了‘外国文学研究资料’专辑，除作家(莎士比亚、巴尔扎克、海明威、福克纳、加西亚·马尔克斯、萨特、川端康成等)的专集外，尚有‘流派’(荒诞派戏剧、新小说等)专集。西方20世纪文论，以及哲学、美学、文化学、社会学、心理学等社会科学和人文科学的重要成果的译介，也受到文学界的热情关注；弗洛伊德心理学、存在主义、现象学、俄国形式主义、结构主义、阐释学、新批评、符号学、后结构主义、女性主义文学批评等，都逐一得到介绍，并在中国80年代的文学发展中留下了深刻痕迹。”②贾平凹最早接触到的外国现代派作家应该是川端康成，他在一篇访谈中说：“从四五年前(1981—1982年，笔者注)第一次接触到川端康成的作品时，我就喜欢上这位日本作家了。”“川端康成的感觉我是无法学到的，但川端康成作为一个东方的作家，他能将西方现代派的东西，日本民族传统的东西，揉合在一起，创造出一个独特的境界，

① 《中国文学艺术工作者第四次代表大会文集》，四川人民出版社1980年版，第6页。

② 洪子诚：《中国当代文学史》，北京大学出版社1999年版，第229-230页。

这一点太使我激动了。"①由此，诞生了他文学创作的"河床"论：川端康成、泰戈尔等东方作家"他们的河床是本民族的，流动的却是现代的水"。在他的创作谈和小说后记里提到的外国(主要是西方)作家有：川端康成、泰戈尔、海明威、乔伊斯、福克纳、马尔克斯、略萨等，绝大部分是现代派作家。因此，贾平凹80年代对西方文学的学习和借鉴主要是对现代主义文学。而不同的作家带给他的启示都不同，川端康成提醒他"用民族传统的美表现现代人的意识、心理、认识世界的见解"②以及作家要结合自己的个性特点选择适合自己的题材和写法。乔伊斯的《尤利西斯》告诉他什么是真正的意识流，怎样写出符合生活本来样貌的"生活流"。福克纳小说启示他小说用伏笔和动作性的叙述。读福克纳，让他觉得是在写中国的事，"有一种亲切感"，福克纳笔下写不尽的邮票大小的"约克纳帕塔法世系"，让他告别了写作的流寇状态，进入以"商州"为根据地的时代。他的第一部长篇小说《商州》就模仿了略萨的小说《胡利娅姨妈和作家》的结构，采用了单章写民俗、风物，双章写故事、人物的"结构现实主义"，来增加小说的厚重感和层次感。

除了上述明显可见的对西方文学小说创作技法的直接借鉴和学习，贾平凹早期的现代意识主要体现在对人性的揭示和主体性的高扬上，具体表现在创作于20世纪80年代后期的一批作品，包括《远山野情》(1984)、《冰炭》(1984)、《西北口》(1985)、《天狗》(1985)、《古堡》(1986)、《人极》(1985)、《黑氏》(1985)、《火纸》(1986)、《浮躁》(1987)等(括号内是发表年，以下同)。

1. 剖析人性

1985年是寻根文学和现代派元年，也是文艺学方法年，这一年刘再复发表了《论文学的主体性》(刊于《文学评论》1985年第6期和1986年第1

---

① 贾平凹，陈泽顺：《答〈文学家〉编辑部问》，《文学家》1986年第1期。

② 贾平凹：《读书杂记摘抄》，《贾平凹文论集·关于散文》，生活·读书·新知三联书店2015年版，第70页。

期)，以人道主义为理论基础，以作家和笔下人物的主体性来对抗文学的政治功能和机械反映论，强调把笔下的人物当作独立的个体，当成不以作家意志为转移的具有自主意识和自身价值的精神主体，而不是任人摆布的玩物和没有血肉的偶像。贾平凹在1985年也迎来了创作的“井喷”，发表10部中篇小说：《天狗》《远山野情》《冰炭》《山城》《蒿子梅》《初人四记》《黑氏》《人极》《商州世事》《西北口》。费秉勋认为贾平凹1985年的小说具有悲剧精神和通过性意识的焦点透视社会人生的特点，而这些恰恰是西方现代主义文学的题中之义。叔本华是现代西方哲学的奠基人，他认为人的本质就是意志，意志是人类苦难的源头。叔本华从生命意志出发得出了悲观主义的人生哲学，人的幸福只是从欲望到满足，然后又回到欲望的过渡，缺少欲望满足是痛苦，而缺少新的欲望是空虚、无聊、郁闷，也是痛苦。弗洛伊德认为潜意识的核心是性本能，性本能常常驱使人去追求自我实现，是人的一切活动的内在潜力。贾平凹的上述作品大多通过写人物的性意识的压抑或觉醒来表现人的主体意识，通过性意识、性心理这个焦点来透视人性的奥秘。《天狗》中有着恋母情结的天狗对师母有着介于母亲和情人之间的复杂情愫，囿于师徒的身份只得压抑自己的情感。作品借一个月食之夜唱民歌的民俗活动，将天狗内心隐秘的“天狗吞月”的性想象坦露无遗。这种通过性压抑求得道德纯洁化的倾向，在贾平凹的多个小说人物身上都能看到，《二月杏》中的大亮，《山城》中的礼平，《蒿子梅》中的高梅和路平，《五魁》中的五魁等都是这样的人物。《蒿子梅》中的高梅作为石油钻井队唯一的一个女性，使这个男人的世界懂得了爱美，同时也成为众人追逐的对象，也正因此，为了集体，她拒绝了对之抱有好感的路平的追求，抽离了个人的情感成为类似“精神教母”式的角色。两人的双双死去为这个压抑正常情感求得集体利益的故事增添些许悲伤、唯美的格调。贾平凹通过笔下这些将性爱神圣化的人物，表达了对中国传统文化压抑扼杀人性的批判，同时对这种以道德化名义行变相的性压抑的心理，表现出特殊的兴趣，也就是陈晓明所说的写“性情”：“小说(《逛山》)正是在这样的情境中，对人物的心理展开细致而奇妙的描写。他对性诱惑的逃避，恰恰给性诱惑的细致展示提供了充分的前提条件。这个柳子言期待诱惑又逃避诱惑，由此既展示了‘山野风情’那些超越文明生活规范的性场景，并且蒙上了一层温馨而感伤的面纱。这些关于性情的故事，又由于地缘文化转而变成对‘人性’的探索思考。现在人性的解放的尺度不再需要寄寓于思想解放，而是回到文化就可以有更为本真的人性自然流露。”①《远山野情》中吴三大唤醒了香香心中人的尊严和对爱情的向往，最终香香离开了他懦弱的跛子丈夫，和三大私奔，勇敢地追求自己的个人幸福。香香的结局和《黑氏》中的黑氏相仿，都是和心仪的男人私奔。农村妇女大多不知道用法律的武器维护自己的合法权利，只能采取古老的私奔这种方式。如果说香香的个人意识是被吴三大所唤醒的，那么黑氏的个人意识更多是出自女性本能。黑氏被“小男人”丈夫抛弃，不但没有怨天尤人、自怨自艾，相反，“她先前以为女人离了男人，就是没了树的藤，是断了线的筝，如今看来女人也是人，活得更旺实！”②表现了鲜明的女性主体意识。在木犊和来顺中她选择了木犊，却在丈夫外出打工时，与懂得爱抚女人的来顺有了私情。木犊个性中的恭敬卑怯、屈服权贵的人格令黑氏不齿，又不懂得女人的情感和性爱的需求，于是黑氏感情的天平倒向了来顺，在月圆之夜和他私奔。黑氏的主体意识更多出于女性的本能，并不是在女性解放观念下的自觉追求，完全是被人性中原始的情感和性的需求所导引。监狱、矿山这类缺少女人的地方是展现作者女性崇拜的绝好地点，而荒山野岭、孤男寡女正为这些性情故事的上演提供了绝佳情境。《冰炭》副标题是“一个班长和一个演员一个女人的故事”，类似于《黑氏》的一女三男模式，《冰炭》设置了一女两男的人物结构。“冰”和“炭”注定水火不容，喻示着白香和排长的爱情难有结果。但这不是一个简单的三角爱情故事，作者借这个特殊年代(“文革”)、特殊人物(农场干部和劳改犯)的故事，表达博爱的人道主

① 陈晓明：《穿过“废都”，带灯夜行——试论贾平凹的创作历程》，《东吴学术》，2013 年第 5 期。

② 贾平凹：《贾平凹中短篇小说年编中篇卷 · 黑氏》，山东人民出版社 2015 年版，第 139 页。

义主题。白香是“爱”和“美”的化身，她对劳改犯秦腔演员刘长顺的遭遇深表同情，同时内心对排长有着爱意。三人关系让人想到《巴黎圣母院》中善良的爱斯梅拉达、丑陋的钟楼怪人、英俊但内心狠毒的副主教克罗德。排长被阶级斗争观念规训的思想使他无法理解白香的同情与博爱，误杀刘长顺和白香，自己也在自责中自杀。小说最后写道：“雪永远下不到火上来”，暗指政治的迫害、人心的黑暗都无法掩盖人道主义的光芒和温暖。

2. 主体意识高扬

《浮躁》中作者借“考察人”的口表达了对“浮躁”的时代心态的理解：“现在一旦睁开眼，看看世界，人家早已把我们甩下了整整一个世纪，心灵的觉醒就转化成心理的失重，虚妄的自尊逆转为沉重的自卑，因此狂躁不安，烦乱不已，莫衷一是，一切像是堕入五里雾中，一切都不信任，一切都怀疑，人人都要顽强地表现自己的主体意识，强调自我的存在，觉得怎么也不合适，怎么也不舒服，虚妄的理想主义摇身一变成最近视的实用主义。”①这是贾平凹作品少有的要借人物之口表达对作品意旨理解的做法，看得出此时的作者也和人物一样“浮躁”。在此引用考察人的话主要为了表明贾平凹对新时期以来中国人主体意识高扬的强调，这是和 80 年代中期刘再复等人对“主体性”精神弘扬密切相关的，也体现了当时贾平凹对“现代意识”的主要理解。人的主体性弘扬明显是来自西方的现代精神，关于主体性，刘再复这样概括：“‘主体性’的概念包括两个双重内容和涵义。第一个‘双重’是：它具有外在的即工艺—社会的结构和内在的即文化—心理的结构面。第二个‘双重’是：它具有人类群体(又分为不同社会、时代、民族、阶级、阶层、集团等)的性质和个体身心的性质。这四者相互渗透，不可分割，而且每一方面又都是某种复杂的组合体。”②贾平凹在一篇关于《浮躁》的访谈里谈到对“主体性”(主体精神)的理解：“产生失落以后现在

---

① 贾平凹：《浮躁》，安徽文艺出版社 2010 年版，第 275-276 页。

② 李泽厚：《李泽厚哲学美学文选》，湖南人民出版社 1985 年版，第 164 页。

又不甘心失落，又要往前走，想急于求成，在这种基础上产生一种浮躁情绪，这个浮躁情绪总的来说，我觉得还是人作为具体人来讲都要接受现代、当代意识自我表现，发挥个体的主体精神，金狗也是主体精神雷大空也是主体精神……”“主体精神的张扬严格讲我觉得这不属于中国文化的范畴之内的，中国文化就不是这样要求的，这应该是西方的，正因为在现在生活中国门打开以后，进行开放以后，吸收外来的一些东西，外来东西对农民来说，对农村各层人士来说不一定明确指着说我要咋样，过去那古老的文化不适应他自己，他总想开阔开阔，但他从小生长到现在，血液里全部是中国的，他想主体意识高一些但是要达到主体意识高一些，那是很艰难的事情，虽然是朦胧的、不自觉的、无意识的，但实际上也是这个过程。”①这里既是对小说人物的心态分析，也是作者的夫子自道，贾平凹此时对西方现代思想的汲取愿望是迫切的，同时他的“现代意识”也是朦胧的、不甚清晰的。有论者就认为，正是因为有着鲜明的主体意识，西部作家凭着“一份对于本土文化的理解与自信”，才出现“陕军东征”的文学繁荣景象，“西部小说的‘主体意识’如果说与同时代其他地域的文学有什么不同的话，那就是西部作家们对于‘本土’的身份认同渴望更加强烈”。②

① 贾平凹、王愚：《与王愚谈〈浮躁〉》，《贾平凹文论集 · 访谈》，生活 · 读书 · 新知三联书店 2015 年版，第 31-32 页。

② 赵学勇、孟绍勇：《主体意识、“本土化”与文学超越——当代西部小说与西部地域作家群考察之二》，《兰州大学学报》(社会科学版)，2005 年第 3 期。

第三章　臻于成熟：回到传统的“自我倾诉”（1993—2004 年）

1993 年《废都》的出版，在贾平凹的创作史上有着转折点的意义。雷达说：“写《废都》的贾平凹比写《浮躁》的贾平凹，更要真实，更接近他的本来面目。”①可以说，自《废都》始，贾平凹的长篇小说在人物塑造、叙述笔法、审美追求等各方面都与之前不同，从而开启了一个新的创作阶段。在这个阶段，他大胆地尝试着日常生活还原的意象写实写法并趋于成熟，表现出艺术探索的先锋性，其成熟的代表作品是《废都》和《高老庄》。因此，从《废都》到新世纪初的《病相报告》，虽然时间上已超出了 20 世纪 90 年代的范围，但确实反映出一些相近的艺术特色和美学追求，姑且称之为 90 年代贾平凹小说的艺术成熟期。以下仍然是按照传统、民间、现代三个维度对本时期的创作加以梳理。

一、90 年代小说对中国文学抒情传统的接续

（一）释愤抒情

对贾平凹 90 年代小说与传统的关系，仍然从抒情和叙事两个维度展开。中国文学素有“释愤抒情”的传统。屈原最早提出文学创作的发愤精神：“惜诵以致愍兮，发愤以抒情”（《九章 · 惜诵》）。司马迁的《史记》是

① 雷达：《心灵的挣扎——〈废都〉辨析》，《当代作家评论》，1993 年第 6 期。

他发愤著书的成果，他在《太史公自序》和《报任安书》中，阐明了著书立说与人生际遇的关系：“昔西伯拘羑里，演《周易》；孔子厄陈、蔡，作《春秋》；屈原放逐，著《离骚》；左丘失明，厥有《国语》；孙子膑脚，而论兵法；不韦迁蜀，世传《吕览》；韩非囚秦，《说难》《孤愤》；《诗》三百篇，大抵贤圣发愤之所为作也。此人皆意有所郁结，不得通其道也，故述往事，思来者。”李贽在《忠义水浒传序》中写道：“太史公曰：《说难》《孤愤》，贤圣发愤之所作也。由此观之，古之圣贤不愤则不作矣。不愤而作，譬如不寒而颤，不病者呻吟也，虽作何观乎！《水浒传》着，发愤之作也。”蒲松龄在《聊斋》中自云：“集腋为裘，妄续幽冥之录，浮白载笔，仅成孤愤之书。”清代二知道人在《红楼梦说梦》中对名著的发愤方式做了解说：“蒲松龄之孤愤，假鬼狐以发之；施耐庵之孤愤，假盗贼以发之；曹雪芹之孤愤，假儿女以发之：同是一把辛酸泪也。”依此类推，是不是可以说：“贾平凹之孤愤，假性情以发之”呢？现代作家依然延续着发愤传统，鲁迅说他的《狂人日记》“忧愤深广”，他的散文、杂文是为了“舒愤懑”，“就如慈悲时节的歌哭一般，那是无非借此来释愤抒情”。(《华盖集续编·小引》)郁达夫说作家创作“不外乎他们的满腔郁愤，无处发泄；只好把现实怀着的不满的心思，和对社会感得的热烈的反抗，都描写在纸上”①。巴金说他写小说是“申诉我底以及与我同为被压迫者的人底悲哀”②，是“为了发散我的热情，宣泄我的悲愤”③。

说《废都》是贾平凹最具发愤精神的作品当不为过，庄之蝶是最接近彼时贾平凹“心迹”的一个人物。从《废都》后记我们知道，贾平凹面临如此的“灾难”与“困境”：肝病住院、官司缠身、写作不畅、母亲染病、父亲去世、婚姻破裂……这样的困厄加之普通人身上，定是在痛苦哀叹中萎靡不

① 郁达夫：《文学上的阶级斗争》，《郁达夫选集》，人民文学出版社1982年版，第176页。

② 巴金：《死去的太阳·序》，开明书店1931年版。

③ 巴金：《无题》，引自李存光编《巴金研究资料》上卷，海峡文艺出版社1985年版，第163页。

振，而对于贾平凹这样的作家，却有了不愤不作的契机，正合了古人那句诗："国家不幸诗家幸，赋到沧桑句便工"(赵翼《题元遗山集》)。后记中他写了自己创作的焦虑："中国的《西厢记》《红楼梦》，读它的时候，哪里会觉得它是作家的杜撰呢？……这种觉悟使我陷于了尴尬，我看不起了我之前的作品，也失却了对世上很多作品的敬畏，虽然清清楚楚这样的文章究竟还是人用笔写出来的，但为什么天下有了这样的文章而我却不能呢？"为名所累的苦楚："我并没有迷醉于声名之中，正是我知道成名不等于成功，我才痛苦得不被人理解，不理解又要以自己的想法去做，才一步步陷入了众要叛亲要离的境地！"小说中的庄之蝶也是如此，"我清楚我是成了名并没有成功的，我要写我满意的文章，但我一时又写不出来，所以我感到羞愧，羞愧了别人还以为我在谦虚。我谦虚什么呀？这种痛苦折磨着我，可这种痛苦又能对谁说，说了又有谁能理解呢？"可见贾平凹在写作后记的时候，已分不清哪个是庄之蝶，哪个是自己，这正合了"庄之蝶"这个名字，"不知周之梦为蝴蝶与？蝴蝶之梦为周与？"(《庄子·齐物论》)贾平凹正是真实地写出了自己在人生特殊关口的心境，也恰好反映出 90 年代初社会转型期某一些知识分子的苦闷、彷徨与颓废。贾平凹带有自我作践式的心灵剖白，击中了知识分子不敢道出的社会和个人的痛处，他们的愤怒恰恰证明了庄之蝶这个形象的真实性和深刻性。

庄之蝶是个挫败者、孤独者、悲观者，但他同时又是一个清醒者、自守者，正是对名的虚妄、名利的害人有着清醒的认识，并且想在这物质的、势利的世界保留一些清高、自尊，他才会愈加觉得孤独和悲观。当在"废都"这个传统文化的大酱缸浸泡久了之后，他自己沉迷于传统无法自拔；当现代都市文明、商品意识、追名逐利之风盛行的时候，他也难以置身事外，干出了之前不齿的小人所为，如落井下石低价收购了朋友龚靖元的字画，将柳月嫁给市长儿子换得官司获胜的筹码等。至于小说中争议颇多的性描写，贾平凹自己说，是"通过了性，讲的是一个与性毫不相干的故事"，"充满了激情，是一种自我作践的写法，如一个人为了让别人知道人体剖了肚腹指着说：瞧，这就是肝！这就是肺！这样的写法易于被人误读，也易于毁灭自己。”①他明知这样的写法会招致怎样的后果，但一种自毁和传世交织的冲动如同火吸引着飞蛾扑入。庄之蝶在绝望中碰到了唐婉儿，她的善解人意和欲望放纵，让他找回男人和作家的自信，以为借此可以挣脱苦海，以致在性游戏的泥淖里越陷越深，和柳月、阿灿先后或同时发生关系，最后东窗事发——妻子牛月清和他离婚，唐婉儿被丈夫绑回老家，自己的小说也没有写出来，万念俱灰之下他放弃了写作，准备离开西京，却中风倒在了车站。一度被庄之蝶视为救命稻草的男女之事，非但无法令他“忘忧”，相反令他堕入万劫不复的深渊。诚如有论者所言：“《废都》实际上是一部以‘性文学’为形式的‘愤书’”②。《废都》就是以庄之蝶为中心，旁及西京四大名人为首的文化圈，以市长、秘书长、企业厂长为代表的政商圈，庄之蝶“一妻三妾”的男女关系圈等，可以说将整个西安由上至下各个阶层的世情风貌铺展开来。这是继承了《金瓶梅》《红楼梦》等世情小说的写法，即以家庭或家族为中心，折射整个社会与时代的世态人情。鲁迅先生说世情小说“大概都叙述些风流放纵的事情，间于悲欢离合之中，写炎凉的世态。”(《中国小说的历史的变迁》)那么，《废都》通过庄之蝶抒发了哪些愤懑？这个人物形象在当代文学史上到底有何价值和意义呢？

庄之蝶的郁愤之气大致来自三个层面：时代的、现实的和哲思的。首先说时代层面。1992年邓小平南方讲话后，中国的改革开放进入快车道，确立了全面建立社会主义市场经济体制的改革目标。随着经济的快速发展，也带来一些问题，有全国性的问题，比如道德滑坡、拜金主义 、官员腐败、环境破坏等；也有地域发展不平衡的问题，东部沿海地区发展快，西部内陆地区相对滞后。而西安由于十三朝古都的独特历史地位，虽时间进入了现代，西安人的心理还无法摆脱过去的辉煌，“由此滋生一种自卑

① 贾平凹，陈泽顺：《贾平凹答问录》，《文学自由谈》，1996年第1期。

② 江锡铨：《“〈废都〉现象”与“性文学”》，陈辽主编《〈废都〉及〈废都〉热》，中国矿业大学出版社1993年版，第167页。

性的自尊，一种无奈性的放达和一种尴尬性的焦虑”①，即贾平凹所说的“废都意识”。他这样阐述这种废都意识：“当我构思时，我并不认为我仅是来写写西安，觉得扩而大之，西安在中国来说是废都，中国在地球上来说是废都，地球在宇宙来说是废都。从某种意义上讲，西安人的心态也恰是中国人的心态，这样，我才在写作中定这个废都为西京城，旨在突破某一城市的限制而大而化之，来写中国人，来写一个世纪末的人。”②作为“世纪末的人”的代表的是“大作家”庄之蝶，虽为四大文人之首，却不像其他三个那么贪慕金钱和女人，多少保留一些传统文人的清高和淡泊。和妻子牛月清的家庭生活不和谐，挫败了他作为男人和作家的自信；生活中处处被动，受人利用，以致陷入名誉官司烦恼重重；打官司过程中更见出官场倾轧、执法不公；他自己在多次受伤遇挫后，也做出道德败坏的事，以至要怀疑自己：“是顺应了社会，还是在堕落了？”也因此受到良心的谴责：“自己已是一个伪得不能再伪、丑得不能再丑的小人了。”小说除了通过描写庄之蝶这个自伤、自毁、自弃的人物来反映“百鬼狰狞”的社会现实之外，唱谣儿的拾垃圾老头所唱的歌谣，也是世态时风的重要体现，成为整个废都故事发生的背景，给轻飘诡异的人物增添一些历史与时代的厚重底色，使这个重在写“心迹”的作品也具有了“史”的意味。

其次是现实层面，除了以上提到的为名所累、写作焦虑、夫妻不和、官司缠身之外，庄之蝶找不到可以自救的出路是他最大的现实困扰。正如贾平凹所说：“庄之蝶是废都里一个奋斗者、追求者、觉悟者、牺牲者。他活得最自在，恰恰又最累，又最尴尬。他一直想有作为，但最后却无为，一直想适应，却无法适应。”③当时有评论者不同意这一论断，认为庄

① 贾平凹：《答〈出版纵横〉杂志记者问》，《贾平凹文论集·访谈》，生活·读书·新知三联书店 2015 年版，第 74 页。

② 贾平凹：《答〈出版纵横〉杂志记者问》，《贾平凹文论集·访谈》，生活·读书·新知三联书店 2015 年版，第 74-75 页。

③ 贾平凹：《答〈出版纵横〉杂志记者问》，《贾平凹文论集·访谈》，生活·读书·新知三联书店 2015 年版，第 76 页。

之蝶不是“奋斗者、追求者、觉悟者、牺牲者”，而是“堕落者”，“他正是顺应社会的消极腐败现象而成了不可救药的堕落文人，反过来又推波助澜，在消极腐败现象的总和中加上了自己相当可观的一份”，“庄之蝶本人就是构成我们社会中的假恶丑的一分子”。① 这一观点在当时相当有代表性，可见贾平凹的创作初衷和读者、评论者的接受、理解之间存在着巨大的罅隙，产生了很多误读。现在看来，以上对于庄之蝶的批评过于严厉了，庄之蝶固然有他堕落、颓废的一面，但也不能因此就否认、忽略他奋斗、追求、觉悟、牺牲的一面。作为一个作家，庄之蝶最大的奋斗和追求就是写出自己满意的文章，为此他努力过、尝试过，但失败了；他对自己的境遇有着清醒的认识，看出功成名就、人生圆满背后的满目疮痍，主动想寻求“破缺”。所谓“曲则全，枉则直，洼则盈，敝则新，少则得，多则惑”，(《道德经第二十二章》)满与缺体现的是中国道家的哲学思想，对理解庄之蝶的精神世界十分重要；他对“名人”的头衔有着深刻的认识，“这么大个西京城，于我又有什么关系呢？这里的什么真正是属于我的？只有庄之蝶这三个字吧。可名字是我的，用得最多的却是别人！”“名”之于庄之蝶，正如“玉”之于贾宝玉，都是急于想摆脱的东西，只不过贾宝玉想摆脱的是“金玉良缘”的判言，庄之蝶想求得的是名实相符的本真。说他是一个“牺牲者”，可从大小两个方面来说。小的方面，他不怕吃亏，被别人侵犯了利益，能忍则忍，不能忍就退，这从他和周敏的师生关系、景雪荫的旧恋人关系、牛月清的夫妻关系、洪江的上下级关系等都可以看出来。他从不是一个主动的人，和三个情人的性爱关系很难说是他主动，和唐婉儿的第一次，离不开她的主动勾引撩拨，和柳月离不开唐婉儿从旁怂恿，和阿灿更多带有同情、欣赏的施与成分。大的方面，庄之蝶是受传统文化影响很深以至于不能适应90年代中国社会转型期重大变化的牺牲者。在他的身上，依稀可以看到魏晋时期的士人、西门庆、贾宝玉、《围城》中的方鸿渐、郁达夫笔下的“零余者”等的身影。

---

① 艾辛：《评〈废都〉》，《湖南社会科学》，1994年第4期。

再次是形而上的哲思层面，在小说中主要由会思考的奶牛来承担。“哲学牛”的这些思考包括：人与动物、环境的关系，对城市文明负面性的反思，对人种的退化的担忧，对乡村生活的怀念等。牛是庄之蝶思维的映射，牛的思考也是庄之蝶的思考，这也难怪牛被杀时庄之蝶如此悲伤。西京城里几乎所有人都在欲望的牛轭牵引下盲目前行，丧失了思考的能力，唯一能思考的是一头牛，却被人杀了吃肉取牛黄，牛皮被做成大鼓放在城门楼上，这是作者所要表达的荒诞与反讽。庄之蝶的失败、颓废和自弃，在精神境界上和现代主义的荒诞、虚无、宿命相通，使这个废都的故事具有了存在主义哲学的意味，正如以下研究者所言：“实质上，《废都》中所有人都陷入难以解脱的‘存在与虚无’的生命困境中。贾平凹通过对人走不出生命意义之‘废’以及当代人似乎难以解脱的‘存在与虚无’的生命困境的描述，赋予了《废都》某种形而上的意义。在这里，不再有狭义的生命的定义，只有难以预测的‘此在’(生命)揭示虚无与无聊的‘存在’。正是‘存在’大于‘此在’的生存境况促使人们在一种苦涩和困顿中品味和寻求生命现实存在的合理性。”①

下面论及另一个问题：庄之蝶这个形象在当代文学史上到底有何意义?

现代知识分子产生于“五四”，在西方/东方、进步/落后、传统/现代的忧患中，思想文化先驱们选择了学习西方，并将西方的自由、民主、科学等精神作为启蒙的思想武器，由此和之前的“读书人”划开了界限，古代读书人称为“士”或文人，他们和现代知识分子在国家意识、民族观念、人的思想、知识结构等方面都有着本质上的不同。庄之蝶可能更特殊，他“只有一半是当代知识分子的品性，另一半是古典时代的破落士大夫与秦西乡间文人奇怪的混合物”。② 庄之蝶虽活在当代，接受了现代文明的洗礼，但由于西京独特的文化环境和自身的喜好，他与传统文化的关系更为

① 彭在钦，杨经建：《〈废都〉的存在主义解读》，《小说评论》，2012年第5期。

② 陈晓明：《他能穿过“废都”，如佛一样——贾平凹创作历程论略》，《东南学术》2013年第5期。

密切。他和好友孟云房常谈的是卜卦测字、气功养生；四大名人中龚靖元是书法家、汪希眠工国画、阮知非原是秦腔演员；他的书房里摆满了文物古董；唐婉儿读的书是《红楼梦》《浮生六记》《影梅庵忆语》《闲情偶寄》；他对女人“态”的强调和对女人足的特殊偏好……都显示他是一个在传统文化中浸淫很深的现代人。当庄之蝶90年代初感受到现代物质文明以咄咄逼人的姿态席卷西京，体会了现代性造成各种弊病，由此更加地怀恋传统。陈晓明认为贾平凹擅长的是写“性情”，《废都》里“性情”的背景和之前的乡土民俗不同，体现为“民间的文人传统、典籍字画以及野史笔记”，“贾平凹实际上带着他对当代文化现实和文化传承的批判来写作《废都》，他要找到超越当代文化溃败的另一种更为本真的‘性情’文化，并且在文化的传承脉络中，在90年代浮出地表的传统文化复兴运动中找到根基”。① 庄之蝶的悲剧命运表明，传统的性情文化并不能拯救他，更无法抵挡现代文化的冲击，对此贾平凹有清醒的认识，感到万分无奈，但同时又表现出无比的叹惋，“贾平凹力图让我们去回想古典时代的文化，也试图让我们去思考当下文化溃败的根源——古典时代的文化已经溃败，庄之蝶无法成为挽救文化的英雄，相反，他的失败本身表明传统拯救现代的失败”。②

庄之蝶在现代文学的知识分子形象谱系中无疑是个异类。萨义德曾这样描述知识分子：“他或她全身投注于批评意识，不愿接受简单的处方、现成的陈腔滥调，或迎合讨好、与人方便地肯定权势者或传统者的说法或做法。不只是被动地不愿意，而是主动地愿意在公众场合这么说。”③在启蒙作家笔下知识分子是“孤独者”“零余者”、冲破旧家庭束缚的觉醒者，在救亡作家的笔下可能是革命者、宣传者、牺牲者，知识分子还一度成为需要接受再教育的“臭老九”。“文革”后，在政治运动中罹难的知识分子，大

---

① 陈晓明：《他能穿过“废都”，如佛一样——贾平凹创作历程论略》，《东南学术》2013年第5期。

② 陈晓明：《他能穿过“废都”，如佛一样——贾平凹创作历程论略》，《东南学术》2013年第5期。

③ 爱德华·W. 萨义德：《知识分子论》，单德兴译，生活·读书·新知三联书店2002年版，第25页。

声唱着“归来的歌”，诉说着自己的冤屈、伤痛，表达着忠诚与希冀。80年代随着思想解放的潮流，知识分子再次走入时代的中心，承担着启蒙大众的神圣职责。90年代随着社会转型的加速，知识分子地位急速下滑，出现了脑体倒挂的现象和“读书无用论”，“下海”成为热词。“知识者作为启蒙者、‘立法者’、预言家、‘普通知识分子’的神圣光环正在消失，他们一方面慨叹于整个社会的物欲横流、世风日下、价值失范，另一方面不得不切身地感受到自己已然置身于现代性的进程中。然而让启蒙者们深感困惑的是转型期的中国社会并没有按照启蒙理性所设计的现代化想象合乎逻辑地呈现，而是遭到市场经济体制及其大众文化、市民文化、消费文化等市场意识形态的无情解构。知识分子赖以安身立命的启蒙话语、神圣使命、终极理想顷刻间失去了意义，知识分子精神牧师的身份自行消解。”①文学中的知识分子形象也发生着变化，王朔笔下的知识分子多少有些道貌岸然、虚伪矫饰，远没有城市小市民、流氓、混混来得真实、自然。《废都》中四大名人虽都以文化人自居，但都生财有道，庄之蝶的老婆开着书店，龚靖元的字满西京是，汪希眠仿制名人字画，阮知非办歌舞团四处走穴，都游走在法律和道德的灰色地带。

可以说，庄之蝶的形象开启了知识分子书写的新篇章，知识分子形象由“启蒙者”一跌而为“堕落者”，以至我们在之后的《风雅颂》《活着之上》《应物兄》等作品中，都可以看到庄之蝶的身影。即使放在贾平凹自己的小说人物谱系中，庄之蝶也是“前无古人、后无来者”，纵观之前的男性人物，无论是刘成、张老大、柳子言、五魁、天狗还是金狗，虽然也有着性格缺陷和思想局限，但整体上道德是圆满的，人生态度是积极的。庄之蝶就完全不同，他的“好”与“坏”都那么醒目、真实，以至于当时的知识分子无法接受镜中如此丑陋的“自己”。《废都》反映了当时贾平凹文学观的变化：“在这个世界上，无所谓美与丑、善与恶的，一切是浑圆的、包容的，

① 孙谦：《论转型期中国小说中的知识分子叙事》，山东师范大学博士论文，2007年。

当我们身处在琐碎的生活细节里，才会以各自的利害冲突来认定美丑善恶的界限。对立的两极包含、形成在每个人身上，每一件事之中，并互相转换。我的人物，都不是单一的纯善者和纯恶者。生活中也没有这样的人。”①庄之蝶之后的男性知识分子形象，如高子路、子明、夏风，也没有如他这般的狂放、狎邪以至于骇怪。也难怪贾平凹要说：“搞写作的人说顺了生命体验之类的话，对我而言，《废都》不仅是生命体验，几近于是生命的另一种形式，过去的我似乎已经死亡了，或者说，生命之链在 40 岁时的那一节是断脱了。”②庄之蝶这个人物的独特性和转折意义可见一斑。

如果说庄之蝶的忧愤来自知识分子的精神出路这样的终极性思考，夜郎的忧愤则来自现实的社会层面更多一些。夜郎是一个由乡入城的城市闲人，他没有庄之蝶的由众人敬仰到弃之如履的巨大落差，他的心理和性格的变异，更多来自外部社会的挤压。对夜郎有知遇之恩的市委秘书长祝一鹤成为领导派系斗争的牺牲品，撤职后中风成为植物人。夜郎加入南丁山的目连戏戏班，却处处受势利小人宫长兴的钳制。好友宽哥一心助人却被开除公职，还得了牛皮癣的怪病。吴青朴深爱着妻子邹云，却被妻子抛弃，惨死在荒郊野外。种种社会不公与人心不古，深深刺激了夜郎。他身上本有着儒、道、侠、匪四种品性，最终激起的是个人反抗的“匪”性。小说在目连救母的折子戏中结束，夜郎扮演的精卫欲填海复仇而不能，象征着夜郎对社会的反抗必然以失败而告终。

写《废都》时作家的主体介入性更强，雷达说：“作家与庄之蝶这个人物缺乏必要的距离感，庄之蝶的角色经常被作家自己代替，以至无法分解”，他是从负面效果来看这种无距离感的，认为可能导致“不能超越和洞观，故而削弱了批判的力量和悲剧的力量”。③ 但从正面效果来看，作家在

---

① 贾平凹，陈泽顺：《贾平凹答问录》，《文学自由谈》，1996 年第 1 期。

② 贾平凹：《〈废都〉就是〈废都〉》，《贾平凹文论集 · 关于小说》，生活 · 读书 · 新知三联书店 2015 年版，第 64 页。

③ 雷达：《心灵的挣扎——〈废都〉辨析与批判》，《当代作家评论》，1993 年第 6 期。

庄之蝶身上投入如此多个人体验和真实情感，也因此收到了自我剖析的深刻、自我忏悔的真挚，自我作践的凶狠的艺术效果。在此意义上，笔者更同意以下看法：“勇敢地表达和肯定了我们的生活和我们的心，勇敢地质疑和批评了我们的生活和我们的灵魂。此即《废都》。”①《白夜》中的夜郎从人物身份上更像是《废都》里的周敏，他结交的人物如下野的官员、警察、戏班班主、民俗馆赋闲者等这样的城市平民，因此《白夜》相比于《废都》聚焦于文化圈，它显得社会面更广，也更有人间烟火气。贾平凹自己也说：“《白夜》冷静多了，荣辱不惊地去写”，“在体现我对人自身的思考问题上，它突破了《废都》仅从方圆中开掘生活面更开阔。没有向《废都》靠，仅仅有个西京城的影子。”②贾平凹固然也在夜郎这个人物身上寄托了自己的很多情感，但毕竟这个人物身份和经历与自己隔得较远，这种情感更多的是一种客观的、理性的、他者化的情感。贾平凹将夜郎写成一个集儒家的济世进取、道家的逍遥出世、侠的正义豪气、匪的粗蛮戾气于一身的人物，用虞白的话来说：“有人领好了会不是平地卧的人，领得不好就可能是个祸害。”而他这种性格的多重和飘忽不定，一方面和趋利的时代风气相关，另一方面也和他在都市和现代文明里找不到方向有关。雷达说《废都》是“作者怀着苦闷之心来写苦闷之人”，那么，《白夜》就是作者怀着忧愤之心写忧愤之人。庄之蝶和夜郎都是特殊时代的“中国病人”，庄之蝶由性压抑到性成瘾，直至中风，夜郎敏感多疑近乎受迫害狂，有选择障碍直至梦游症。他们病的根源就在于忧愤郁结，难以纾解。

（二）“唯有心灵真实”

真实是现实主义文学的重要命题，是现实主义文学的核心与生命。“现实主义有三个方面的特点：一是宗旨是真实地再现社会现实；二是核心理论是典型论，即力求解决文学人物的特殊性与一般性之间的关系问

① 李敬泽：《庄之蝶论》，出自李伯钧主编《贾平凹研究》，陕西师大出版社2014年版，第81页。

② 贾平凹，陈泽顺：《贾平凹答问录》，《文学自由谈》，1996年第1期。

题；三是其历时性要求真实描述复杂的社会关系，并且反映这种关系的矛盾运动过程。”①贾平凹80年代反映改革的小说，都采用了这种传统的批判现实主义的写法，即用曲折、离奇的故事情节，激烈、戏剧化的矛盾冲突，再现典型环境中的典型人物，表达一个历史性的时代主题，《小月前本》《鸡窝洼的人家》《腊月·正月》《古堡》《商州》《浮躁》等作品都是如此。但《浮躁》之后，贾平凹的创作观念有了变化，他说：“但也就在写作的过程中，我由朦朦胧胧而渐渐清晰地悟到这一部作品将是我34岁之前的最大一部也是最后一部作品了，我再也不可能还要以这种框架来构写我的作品了。换句话说，这种流行的似乎严格的写实方法对我来讲将有些不那么适宜甚至大有了那么一种束缚。”②费秉勋认为：上述批判现实主义作品“是贾平凹创作中带有被动性的，感到自由较少，审美愉悦不够多，不够强烈，因而丧失了不少创造灵气并伴有痛苦感的作品，在一定程度上乖违了他的创作心境”，而像《天狗》《黑氏》《美穴地》《五魁》这类带有抒情性的非现实主义的作品“则与他的人格气质相应和，是他创作中自由适意，能领略到高度审美享受的作品”。③ 这和雷达所说“写《废都》的贾平凹比写《浮躁》的贾平凹，更要真实，更接近他的本来面目”④观点颇为相近，都是对贾平凹审美趣味的恰切判断。当然，费秉勋的观点似乎过分强调了贾平凹注重审美趣味的一面，忽略了他本就有的介入现实、讲求社会责任的一面。事实上，贾平凹一直在“诗人”(抒情)和“现实主义”(写实)之间摇摆，否则就不能解释21世纪以来他重回“现实主义”的选择，也不能解释他一直尝试用意象、神秘等元素将二者揉为一体的艺术探索。无疑，90年代自《废都》开始，贾平凹“诗人”的一面占了上风，体现出写实到抒情、审美到审丑、求美到求真的转变。

---

① 殷企平，朱安博：《什么是现实主义文学》，上海外语教育出版社2011年版，第1-3页。

② 贾平凹：《〈浮躁〉序言二》，《贾平凹文论集·关于小说》，生活·读书·新知三联书店2015年版，第32-34页。

③ 费秉勋：《贾平凹论》，西北大学出版社1990年版，第206页。

④ 雷达：《心灵的挣扎——〈废都〉辨析》，《当代作家评论》，1993年第6期。

《废都》扉页上写着："情节全然虚构，请勿对号入座；唯有心灵真实，任人笑骂评说。"小说是虚构，这是常识，是常识却要强调，只能说明《废都》"虚构"得不够，强调"心灵真实"也是对现实真实的掩饰，其实《废都》里的很多人事都是有现实的基础的。《废都》出来后，有论者认为贾平凹"通过对'名'的渲染，赋予作家这一角色以被夸大了的征服力量"，是"消极地满足着自己的一种自恋性心理需要"，"庄之蝶是一个破碎、苍白而虚假的人物"①，意指庄之蝶这个人物的不真实。如今《废都》出版30多年了，当我们从各类媒体得知了太多关于明星、官员荒唐的私生活细节之后，还会怀疑庄之蝶名人效应的真实性吗？当然，我们说庄之蝶这个人物具有真实性，并非要在现实中指认其人其事，只是为了表明《废都》写出了生活的"应然"，而不是"实然"。小说只是遵从生活的逻辑，写出生活可能和应该有的样子，让我们更好地认识世界和自己，至于人物、事件是否确实存在，这不是小说家的责任。说庄之蝶这个人物真实，除了是写出了生活的"应然"外，还在于作者是用真实的情感、真实的内心来塑造这个人物。之所以读者、评论家对《废都》和贾平凹会发生如此多的"误读"，原因是多方面的，如果你用贾平凹以前的作品风格和人物形象来看现在的，如果你用经典批判现实主义作家比如托尔斯泰、陀思妥耶夫斯基笔下的人物来对比，试图发现一颗崇高的、博大的、富有牺牲精神、忏悔精神的灵魂；如果你用其他陕西作家如柳青、路遥小说中的人物如梁三宝、孙少平、孙少安来要求庄之蝶，那么你会极度失望。共同的原因在于所给非所需，贾平凹要写出的是庄之蝶的卑微、颓废、弱小与可悲，他要的只是"真"，而读者和评论家要的是"善"和"美"，庄之蝶当然给不了。

中国文学自古就有求"真"的传统。明代李贽提出"童心说"："夫童心者，绝假纯真，最初一念之本心也。若失却童心，便失却真心；失却真心，便失却真人。人而非真，全不复有初矣。童子者，人之初也；童心

① 李建军：《随意杜撰的反真实性写作——再评〈废都〉》，《文艺理论与批评》，2003年第3期。

也，心之初也。”(《焚书》)他认为文学创作应真实坦率地表露作家内心的情感和欲望，秉持真心。清代袁枚提出“性灵”说，认为“性情之外本无诗”(《寄怀钱屿纱方伯予告归里》)，“作诗不可无我”(《随园诗话》卷七)，强调诗歌要抒发真情实感。清末黄遵宪发起诗界革命，号召“我手写我口，古岂能拘牵”。(《杂诗》)现代作家里，鲁迅的小说和散文开启了真心见性的先河，他对知识分子形象的书写有着披肝沥胆、抉心自食的真诚，且看他《野草》中《墓碣文》这几句：“于浩歌狂热之际中寒；于天上看见深渊。于一切眼中看见无所有；于无所希望中得救……抉心自食，欲知本味。创痛酷烈，本味何能知？……痛定之后，徐徐食之。然其心已陈旧，本味又何由知？”将作家于绝望中探求希望的心灵写得如此真实而惨痛。郁达夫的《沉沦》借鉴日本私小说写法，凭借大胆性心理和性场面描写以及渴望祖国强大起来的弱国子民心态，唤起一代青年学子的共鸣，成为自我暴露式小说的典范。随后的数十年里，启蒙、救亡、革命、改革的声音取代了这种小我的、坦露的、真实的声音。《废都》的出现，让我们重新看到这种自我暴露的甚至自我作践的、自我毁灭的发自心灵的声音，《废都》回归了中国文学真心见性的传统。

贾平凹初上文坛，是以纯净的自然美、风俗美、人情美著称的，有着清新淡远的田园牧歌情调，虽然偶有沉郁喑哑的声音发出，如1980—1982年一批批判现实的作品，以及1985年左右一批受现代派影响的作品，如“土匪系列”和《太白山记》等，但整体上来说，他70—80年代小说是追求“美”的。90年代，他对美有了新的认识，认为美与丑、善与恶本没有一个严格的界限，它们共处在一个称为“真”的所在。诚如斯言：“‘丑’是审美范畴观照的对象之一，‘丑’里面包含着丰富复杂的内涵，复杂的‘丑’比单纯的‘美’具有更大的人性容量和社会含量。如果说文学描写现实的‘丑’是一种真实的话，那么这种‘审丑’就是一种‘真’，一种没有虚假没有虚伪的真诚。”①

① 谭红，杨毅：《从描摹纯朴的“美丽”到展示复杂的“丑陋”——贾平凹艺术追求轨迹探寻之一》，《当代文坛》，2001年第2期。

贾平凹对于“真”的追求，来源于对一种文学精神的追求，“我以前阅读《红楼梦》和《楚辞》，阅读《老人与海》和《尤利西斯》，我欣赏的是它们的情调和文笔，是它们的奇思妙想和优美，但我并不能理解他们怎么就写出了这样的作品。而今重新捡起来读我再也没兴趣在其中摘录精彩的句子和段落，感动我的已不在了文字的表面，而是那作品之外的或者说隐于文字之后的作家的灵魂！偶尔的一天，我见到了一幅对联，其中下联是‘青天一鹤见精神’，我热泪长流，我终于明白了鹤的精神来自于青天！……对于整体的、浑然的、元气淋漓而又鲜活的追求，使我越来越失却了往昔的优美、清新和形式上的华丽。”①鹤的优雅、孤高、俊逸是和它翱翔的青天密不可分的，以鹤见青天，如同以文见作家的灵魂，情感真了，境界大了，自然就“见精神”了。而这种“整体的、浑然的、元气淋漓而又鲜活”的境界，正是美丑毕现、善恶混杂的混沌境界——一种“真”的境界。诚如所言：“他似乎在追求文学的另一种‘真实’，反叛‘提纯’的‘真实’。他追求的另一种‘真实’就是展示原始形态的原汁原味的生活，展示有血有肉有欲有望的真真切切的人。而这种‘真实’才更具美学意象的丰富性、复杂性和厚重感，才更能表达他对生命对人生对世界的认识意义和美学观照。”②

《废都》中最能体现“心灵真实”的人物除了庄之蝶之外，应该就是唐婉儿了。围绕着唐婉儿这个人物有很多种争议，比如以下说法：“当了妓女的孟夷纯固然不比与人私奔、偷情的唐婉儿等人更加轻贱，但也很难因目的的无私将之拔高到‘佛’的境界。”③该论者将唾弃唐婉儿“轻贱”的情绪暴露无遗。还有将庄之蝶三个情人一起批判的：“众女子性主动体现出的主要不是她们的男女平等意识、女性的人格独立意识，不是她们女性的性意

---

① 贾平凹：《〈高老庄〉后记》，《贾平凹文论集·关于小说》，生活·读书·新知三联书店 2015 年版，第 107-112 页。

② 谭红，杨毅：《从描摹纯朴的“美丽”到展示复杂的“丑陋”——贾平凹艺术追求轨迹探寻之一》，《当代文坛》，2001 年第 2 期。

③ 张川平：《徘徊在神妖之间——论贾平凹小说的两性关系模式及女性形象变迁》，出自李斌，程桂婷编著：《贾平凹创作问题批判》，湖南大学出版社 2015 年，第 197 页。

识、自我意识的觉醒，而更多的是她们把性作为一种迎合俘获男性、成功自己的手段的自觉意识。这种自觉中包蕴的是众女子的自轻自贱，是她们自我人格的丧失……究其根源，除了陈腐的传统观念的影响积淀外，她们自身素质的低下也是不可忽略的因素：无知、愚昧、怠惰、依赖等等……”①除了指责小说中的这些“不自重”的女性，更多论者将矛头指向作家的女性观，以下观点可做代表：“他创作的女性形象多以性特征为表征，缺乏精神的个性化，她们被男权意识所异化，认同男权，甚至已经是男权的代言人，几乎没有真正意义上的当代女性形象，令当代女性精神缺席。”②当然，也有为数不多的论者为唐婉儿辩护，“唐婉儿之对性的喜爱与其说是由于作家的臆造，还不如说是她本人的性格所致。她对性的喜爱自有其生理、社会意义上的合理性。也正是在这一意义上，唐婉儿拯救了庄之蝶，他是个处于人生崩溃边缘的心力疲惫的男人。由此我可以这样说，唐婉儿才真正是庄之蝶的精神的、肉体的、道德的救星，她施展着迷人的魅力，赋予她心爱的男人以创造的冲动和超越凡俗的诗意感觉，她才是作家笔下的照耀着、安抚着的男性天空中的月亮。”③这个观点多少和作家的观点相近，贾平凹在回答一位编辑的问题“为什么《废都》中女性多为褒扬之笔而又多为悲剧下场”时(注意这位《废都》的责任编辑读出的是“褒扬之笔”)，是这样说的：“书中的女性主调我依然是饱满了激情爱她们，她们的所作所为或许在当今社会的有些人眼光中是要斜视、嗤之以鼻或作另外判断的，但我不这么看，我看到的是她们的鲜活的生命和她们的生存方式的本身。我不愿作黑与白式的道德评价。”④很显然，贾平凹并不把唐

① 夏茵英：《一个问题两种结局——简评〈查特莱夫人的情人〉和〈废都〉的性爱问题》，《江西社会科学》，2001年第2期。

② 王晓音：《当代女性精神的缺席——试析贾平凹小说的女性形象》，《青海师范大学学报》(哲学社会科学版)，2001年第2期。

③ 刘保昌：《女性·死亡·国民性——关于〈废都〉与〈荒原狼〉的对读》，《山东社会科学》，2002年第5期。

④ 贾平凹：《与田珍颖的通信(二)》，《贾平凹文论集·关于小说》，生活·读书·新知三联书店2015年版，第71页。

婉儿看作潘金莲式的“荡妇”，而是一个有血有肉、有情感有追求的活生生的人来塑造，她可能不被很多人认可，但她是个“真”的人，一个有蓬勃生命力并敢于正视自己欲望并大胆追求的女性。庄之蝶和唐婉儿之间并不只有性爱，他们心意相通，彼此吸引，重要的是都能为对方考虑，坦诚相待，这点牛月清就不如唐婉儿，庄之蝶只有和情人们在一起时是最放松的，也是最真实的。

求真也是《白夜》的重要命题。颜铭在初夜之时造假被夜郎发觉，夜郎从此在两人关系中变得多疑。以至于在两人的女儿出生后，由于长相丑陋而怀疑不是自己的，颜铭因此和他离婚并告诉他自己整过容的真相。颜铭和夜郎之间最大的矛盾即在于真与假的矛盾。作为一个由乡入城的青年，夜郎在西安见惯了太多的见利忘义和虚与委蛇，他对真看得特别重，这也是他喜欢虞白的原因。夜郎在颜铭和虞白之间摇摆不定，其实代表了他在传统和现代之间彷徨犹豫。虞白对人真诚但太古老，颜铭有一些虚饰但更现代。夜郎不明白的是虚饰和伪装正是城市文明的重要法则，他不能接受这一点，表明他不能接受现代的城市文明。贾平凹在谈到写作《白夜》的初衷时说：“我是反英雄主义的，社会发展到今日，巨大的变化、巨大的希望和空前的物质主义的罪孽并存，物质主义的致愚和腐蚀，严重地影响着人的灵魂，这是与艺术精神格格不入的，我们得要做出文学的反抗，得要发现人的弱点和罪行。”①

庄之蝶和夜郎都不是英雄，相反还有些颓废和消沉，但他们都是真实的人，真实地对待别人，对待自己的内心。《废都》里提到的传统美文以及《白夜》里有很多传统的琴棋书画以及民间戏曲之类的东西，是能体现艺术精神的。贾平凹要用传统和民间艺术的“真”来抵抗俗世的“物质主义”，体现了他文化保守主义的立场，而“文化保守主义及其伴随的传统文化复兴对解决当代中国人的文化断层问题、精神家园问题、增强民族文化认同、

① 贾平凹，陈泽顺：《贾平凹答问录》，《文学自由谈》，1996年第1期。

传承中华文化基因，有明显的积极作用”。①

二、90 年代小说对中国文学叙事传统的接续

(一) 细节推进

贾平凹从中西绘画理论里悟出中西小说传统的差异：西方绘画是焦点透视，所以西方经典现实主义讲究时间、地点、人物的高度集中，西方古典主义戏剧就强调“三一律”，塑造典型环境里的典型人物，以矛盾冲突推动故事情节，在情节和冲突中塑造人物。而中国画是散点透视，没有焦点又处处是焦点，所以中国传统小说如《西游记》《水浒传》《儒林外史》等都是串珠型结构，一个人物一个人物地写，一个场景一个场景地写，没有焦点人物和中心情节。而注重写家庭日常生活的明清世情小说则注重写生活细节，细节与场景之间的推进看似无章可循，其实有讲究，讲究还不能太刻意，是一种不讲究的讲究。贾平凹从《废都》开始，回到了中国文人小说传统，认为“小说就是一种说话”，“现在要命的是有些小说太像小说，有些不是小说的小说，又正好暴露了还在做小说，小说真是到了实在为难的境界，干脆什么都不是了，在一个夜里，对着家人或亲朋好友提说一段往事吧。给家人和亲朋好友说话，不需要任何技巧了，平平常常只是真”。“小说让人看出在做，做的就是技巧，这便坏了。说平平常常的生活事，是不需要技巧，生活本身就是故事，故事里有它本身的技巧。”②贾平凹还用巴塞罗那队的短传渗透、全攻全守的绵里藏针打法比喻细节推进的写法，“巴塞罗那则是所有人都是防守者和进攻者，进攻时就不停地传球倒脚，繁琐、细密而眼花缭乱的华丽，一切都在耐烦着显得毫不经意了，突

① 胡小君：《文化自信视域下文化保守主义审视、批判与价值引领》，《河南社会科学》，2021 年第 11 期。

② 贾平凹：《〈白夜〉后记》，《贾平凹文论集 · 关于小说》，生活 · 读书 · 新知三联书店 2015 年版，第 81 页。

然球就踢入网中。这样的消解了传统的阵型和战术的踢法，不就是不倚重故事和情节的写作吗？那繁琐细密的传球倒脚不就是写作中靠细节推进吗？”①

“贾平凹的文学写作相比较而言具有比较单纯的经验淳朴性特征，他是少数以经验、体验和文学语言来推动小说叙事的人，恰恰是他这种写作所表现出的美学特征，可以说是最具有自在性的乡土叙事。”②《秦腔》贯彻细节推进情节最典型、也最极致。全书不设章节，只在每个意义小单元间用虚线隔开，缺乏耐心的读者很容易被这种小说形式弄得很是疲惫，没有章节标题做内容提示，也没有明显的表示时间和地点转换的语句，有的是众多的人物、密实的细节，这种写法比古典的章回小说还要极致。毕竟章回小说还有花开两朵、各表一枝和欲知后事如何，请看下回分解。贾平凹的细节推进学习了明清小说的日常生活细节描写，但又省去了回目、转换的提示，因此显得更加混沌一体。这正是作者追求的一种混沌的，与生活统一的风格，早在《白夜》后记中，他就表达了对“不需要技巧”“不太像小说”的写法的追求，在《秦腔》里做了最极致的实践。这种对生活高度仿真的写法，有对世情小说的借鉴，也不排除有新写实小说的影响，从而形成他独特的细节为主的写法。也有论者指出，这种写法反映的乡土现实是破碎的，而这种碎片式的乡村书写恰恰是适合当前乡村和历史的现实的。但是，没有技巧是更高级的技巧，不追求结构也是一种结构。小说毕竟是一种叙事艺术，人物和情节是不可忽视的要素。人物方面前面已说得很多，这里说说情节。仔细梳理，《秦腔》不是没有大的情节，土地和秦腔是两条线索。围绕这两条线索，展开了夏天义和君亭的两次大的斗法，一次是办市场还是淤地，另一次是七里沟换鱼塘。前一次君亭赢了，农贸市场办起来，才有了外地商人马大中的进入，夏雨和丁霸槽合办酒楼，金莲之女介

① 贾平凹：《〈带灯〉后记》，《贾平凹文论集·关于小说》，生活·读书·新知三联书店2015年版，第228-229页。

② 陈晓明：《乡土叙事的终结和开启——贾平凹的〈秦腔〉预示的新世纪的美学意义》，《文艺争鸣》，2005年第6期。

绍女子到西北等一系列情节。后一次，由于夏天义的上告，鱼塘没有换成。才有了夏天义带着引生、哑巴淤地的事情。围绕秦腔这条线主要涉及夏天智家，白雪和夏风因为秦腔、孩子等问题闹得离婚，夏天义恨夏风，死了也不愿看到他。而引生却因为秦腔、孩子，包括夏天义的有意撮合，距离白雪越来越近。当然，由于这两条线索又淹没在大量的日常生活细节之中，普通读者要把他抽出来不是易事。那么，作者在情节安排、结构上面是不是放任自流呢？当然不是。即使最像生活的小说也不可能复原生活，它只可能最大限度地接近或者还原生活。每一个细节和场景描写的开始和结束，都体现着作者的叙事策略和写作伦理，如同贾平凹所说：“我唯一表现我的，是我在哪儿不经意地进入，如何地变换角色和控制节奏。”①如何表现清风街“鸡零狗碎的烦泼日子”？作者有自己的一套方法。小说学习了世情小说的写法，善写婚丧嫁娶、风俗节气。节令气候在中国小说中占有非常重要的地位，而《秦腔》又是表现农民生活的小说，更是要重视节令气候。50万字的小说只写了一年左右的时间，从头一年的夏天，写到第二年的阴历三四月间。以一个婚礼开场，以两个葬礼、一次山崩掩埋了夏天义结束。婚礼本是喜事，却成为白雪、夏风、引生不幸的开始。婚姻带来的生命也是不幸的，白雪和夏风的女儿牡丹竟患有先天的肛门锁闭，暗示夏家第三代的命运注定不会平顺。夏家三兄弟的死是小说重头戏，作者花了很大笔墨，投入了真挚的感情，尤其是夏天智和夏天义的死。一心维护着乡村正常繁荣发展下去的兄弟二人的死去，表明了无论是夏天义将农民附着在土地上的发展道路，还是夏天智用公序良俗、民间文化来聚拢人心的道德理想都告失败。清风街的未来注定就像那个没有肛门的婴儿，先天不良，后天多舛。“抗税风波”的情节设计有些仓促和勉强，因为作者为了强调农村基层现实的困难和凶险，同时也为了给过于平淡的情节增添一个高潮。对农村基层政治的矛盾重重、农民的生存条件的艰苦

① 贾平凹：《〈秦腔〉后记》，《贾平凹文论集·关于小说》，生活·读书·新知三联书店2015年版，第157页。

（包括自然条件和人文条件），作者心有戚戚、无法释怀，所以在小说临近结束之时来了一场官民矛盾的大爆发，而这样的描写在《带灯》《极花》中再次出现。贾平凹并未对事件人物直接臧否，只是用了春秋笔法，事件过后，乡政府的人背着为他们看家护院死去的赛虎，说要炖一锅狗肉。这时引生和丁霸槽的对话是；“我说：‘他们养的狗他们也忍心吃呀？’丁霸槽说：‘让他们吃吧，他们吃他们自己哩。’”由此看来，《秦腔》的细节推进，并不是不讲章法，而是追求更高明、更自然的章法，他在海量的细节中，抓住了日常生活中最能反映农村生活真实面貌的事件，那就是婚丧嫁娶、节令习俗，在季节的自然轮回中表现着人的生老病死、吃喝拉撒睡，这正是中国人独特的生命观和历史观；同时用特殊的人物视角来俯瞰整个清风街的芸芸众生，从而使其具备了反映乡村现实的整体性和史诗风格。

（二）整体意象的叙事

中国人自古有注重物象的传统，老子说：“道之为物，惟恍惟惚。惚兮恍兮，其中有象；恍兮惚兮，其中有物。窈兮冥兮，其中有精；其精甚真，其中有信。”①在他看来，“道”和“物”“象”一样，都是恍恍惚惚、难以把握的东西，“象”和“物”都可以作为“道”传达的媒介。《易经》建立了用符号和数字来象征外物的方式，即“观物取象”，成为中国观察世界和表情达意的独特方式，“古者包牺氏之王天下也，仰则观象于天，俯则观法于地，观鸟兽之文，与地之宜，近取诸身，远取诸物，于是始作八卦，以通神明之德，以类万物之情……是故《易》者，象也；象也者，像也”。②东晋王弼又对言、象、意三者关系作了经典论述，即“得意忘象，得象忘言”之说。刘勰在《文心雕龙》里说：“独照之匠，窥意象而运斤：此盖驭文之首术，谋篇之大端。”此处“意象”指创作者在艺术构思时的审美形象，也成为一个美学意义上的概念了。“意象”一直以来作为中国古典诗歌和诗论

① 陈鼓应：《老子今注今译》，商务印书馆 2004 年版，第 156 页。
② 黄寿祺，张善文：《周易译注》，上海古籍出版社 2004 年版，第 533-539 页。

的重要方法和理论，在小说发展成熟的过程中也吸收了意象的表现手法，在代表文言短篇小说最高成就的《聊斋志异》和代表白话长篇小说最高成就的《红楼梦》里，都使用了不少意象。

贾平凹小说对意象的运用也有一个变化的过程。80年代开始，尤其是确定了“以中国传统的美的表现方法，真实地表达现代中国人的生活和情绪”①的创作方向之后，就开始有意识地使用意象。在作品《蒿子梅》《二月杏》《九叶树》《古堡》《遗石》《浮躁》等作品中，其标题就是小说的核心意象。《浮躁》是贾平凹80年代最有代表性的长篇小说，里面的看山狗、州河等都是意象，作者还试图将“浮躁”作为80年代后期社会时代潮流的指代，但由于“浮躁”本身不具有意象的直感，这个意象的运用并不成功。《浮躁》和80年代其他小说中意象的运用都具有零散不成系统、未参与情节推进和结构营造的特点，可以称为零散意象点缀阶段。而《浮躁》中使用的传统现实主义的写法，也被作者认为束缚了自己的艺术个性，以后不再会使用。自《废都》开始，作者意象运用进入一个新的阶段，即整体性意象营构的阶段，写实手法回到明清世情小说写日常写细节的写法。“废都”意象也和“围城”“金锁”“边城”等意象一起，成为现代文学的经典意象。90年代贾平凹的小说重在文化批判，在意象写实的艺术探索中用力很多，运用以实写虚营造意象最成功的是《高老庄》。《高老庄》中有整体意象：高老庄，有各类人物意象，如子路、西夏、菊娃、石头等，还有神秘物象，如白云湫、石头的画等，可以说营造了一个复杂的意象世界。90年代由于偏重文化批判，写实没有深入到日常生活的肌理，因此显得不够牢固，试图构建“整体意象”的《怀恋狼》就因为意象没有建立在牢固的写实基础上，显得有些“观念化”。新世纪以后，尤其是《秦腔》确立了“密实的流年式”的还原日常的写法以来，贾平凹小说的意象运用又进入了一个新的阶段，那就是“象”的接地意象写实阶段。《秦腔》之后贾平凹重又回到记录现实的写

① 贾平凹：《“卧虎”说——文外谈文之二》，《贾平凹文论集·关于散文》，生活·读书·新知三联书店2015年版，第15页。

法，但这个写实是还原、记录，放弃了各种既有的意识和观念。其写实绵密而滞重，使得意象建立有了坚实的基础，正如他所说："什么叫写活了？逼真了才能活，逼真就得写实，写实就是写日常、写伦理。脚蹬地才能跃起，任何现代主义的艺术都是建立在扎实的写实功力之上的。"①

贾平凹新世纪长篇小说的意象种类大致包括人物、动植物、自然山水、器物等。(1)人物意象，如《秦腔》中夏风和白雪的女儿牡丹，生下来就没有肛门，象征着传统民间艺术——秦腔走上了绝路；又如《古炉》里的善人、《极花》里的老老爷、《山本》里的陈先生和宽忍师父，都是象征着以乡间伦理维护民间和平与秩序的人物；《秦腔》里的引生、《古炉》里的狗尿苔、《老生》里的墓生等，都是地位卑微、却心地善良，有着通神异能的侏儒式人物；《古炉》里的婆、《老生》里的唱师、《极花》里的麻子婶等都有着高超的民间工艺或巫术、医术，是民间文化(包括艺术和巫术)的代表。以上只是人物意象的一部分，还可以有更细致的划分，如杨义在《中国叙事学》里把意象分为自然意象、社会意象、民俗意象、文化意象和神话意象。② 贾平凹的人物意象使人物具有了原型的特点。荣格在弗洛伊德潜意识理论的基础上提出了原型理论，原型也称为原始意象，是在长期的文化实践中形成的，凝聚了人类隐秘冲动和幻想的意象。贾平凹的人物原型由于勾连着久远和神秘的民间和传统文化，甚至具有连通神、人、鬼三界的能力，在整体写实的基础上增加了小说的神秘，实现了"以实写虚"的艺术效果。(2)动植物意象，如《秦腔》里的牡丹和麦穗，《古炉》里的白皮松，《带灯》里的萤火虫和虱子，《老生》里的竹节虫、当归，《极花》里的极花和蝴蝶，《山本》里的猫和皂荚树等。(3)山水意象，如《秦腔》里的七里沟，《古炉》中的中山，《山本》里的涡潭等。(4)器物意象，如《高兴》和《极花》里的高跟鞋。由以上意象的分析可以看出，此时贾平凹小说中的意象并没有要取代情节和人物的意图，只是为情节和人物服务的。如果说90

① 贾平凹：《〈古炉〉后记》，《贾平凹文论集·关于小说》，生活·读书·新知三联书店2015年版，第217页。

② 杨义：《中国叙事学》，人民出版社1997年版，第315-316页。

年代他的意象叙事，落脚点在“意象”的话，那么此时的意象叙事落脚点在“叙事”。新世纪小说中的意象更深入地嵌入到现实的人物和故事中，为日常现实生活增添一些诗性和神秘，实现着他以实写虚、将写实艺术和抒情传统相结合的艺术追求。从小说整体意象的营构来看，新世纪小说的整体意象具有更加复合多义、意味深长的效果。贾平凹长篇小说基本都有以篇名作为整体意象的特点，对比 80—90 年代和新世纪的篇名，会发现新世纪小说篇名更富韵味。80—90 年代的作品大多只是时空意象，如“商州”“浮躁”“废都”“白夜”“土门”“高老庄”等，显得比较直白和单一，不像“秦腔”“高兴”“带灯”“古炉”“老生”“极花”等显得含混而多义，表明新世纪贾平凹长篇小说在整体意象的营构上的新特点。

三、90 年代小说民间意识的觉醒

“进入 90 年代以后，知识分子启蒙话语感到了言说的无奈和受挫的痛苦，他们需要在民间的天地里寄托自己的精神和理性，而在中国大地上日益涌动的商品经济浪潮，也在消解着知识分子作为精神创造主体的优越感。”①随着陈思和“民间”理念的推出，一批作家开始自觉地以“民间”作为自己创作的出发点和耕耘地，包括莫言、张炜、余华、韩少功等被认为是这类作家。贾平凹并没有被排入此类作家的行列，并不表明他没有接受民间观念的影响。从他的文论中看出此时已接受了民间观念，并已用民间意识指导创作。他说：“长期以来，商州的乡下和西安的城镇一直是我写作的根据地”，“我的出身和我生存的环境决定了我的平民地位和写作的民间视角。”②可见，90 年代开始，贾平凹对自己创作的平民立场、农民身份有了明确的认识，并且对都市民间、乡村民间现实的表现是他创作的重要内

① 王光东：《民间理论与写作在 1990 年代的互动发展》，《西北师范大学学报》，2008 年第 4 期。

② 贾平凹：《〈高老庄〉后记》，《贾平凹文论集 · 关于小说》，生活 · 读书 · 新知三联书店 2015 年版，第 107 页。

容。《废都》《白夜》《土门》以写都市民间为主，其他大多数作品写的是乡村民间。在他的写都市民间的作品里，基本上都是知识分子的叙述视角，如庄之蝶、夜郎、梅梅、子路、西夏、高子明、胡方都可以说是知识分子身份，但是在民间观念的影响下，他们并未表现出对民间轻视、批判的启蒙立场，相反，是以一种开放的态度面对民间的一切，真实地反映民间一种善与恶、美与丑浑然一体的藏污纳垢的自在状态。王光东从现代作家与民间的关系角度，认为沈从文、老舍和赵树理三位作家来自民间、从民间立场去理解民间文化："他们都把自己融于民间的文化世界中，以'下层人'的眼光去理解社会、人生、政治，去体悟民间风情，把自己的心交给那一浸润着民间文化精神的大地，叙说'乡下人'的心理内涵、生命渴求与行为方式。从创作主体精神的角度而言，他们缺少启蒙知识分子居高临下的精神优越感，在价值趋向上更多地认同民间文化自身所具有的生存伦理和道德法则，对于政治意识形态的理解和判断也是依据民间的经验，因此这些作家在精神上与民间处于同一种文化空间中，透露着民间文化的质朴、生动与生存智慧。"①与上述三位作家一样，在贾平凹90年代的作品中，也是自觉地以"乡下人"自居(作品的主人公和他一样，基本都是城籍农裔的知识分子)，对民间的文化形态、生活方式、生存伦理和价值法则持一种开放而包容的态度，并未如启蒙知识分子那样表现出"哀其不幸，怒其不争"的批评态度。我们看到《废都》中的庄之蝶在物质主义风气的冲击下，想适应却无法适应，想改变却倍感艰难，只有退守到古典文化的颓靡趣味中去自伤、自怜乃至自毁；《白夜》中的夜郎作为由乡入城的知识青年，怀抱着一腔正气却屡屡受挫，不得已用非常规的方式来反抗，最后落了个锒铛入狱的结局，更不用说当代活雷锋的宽哥，善良且对爱情执着的吴清朴，他们都落了个悲剧的结局。《土门》中的梅梅，被成义保护家园的决心和行动所吸引，试图以传统的文化和乡间的伦理来抵抗城市化的铁蹄

① 王光东：《民间的现代价值——中国现代文学与民间文化形态》，《中国社会科学》，2003年第6期。

而不能，只好在梦幻中回到母亲的子宫。《高老庄》中的高子路携带新娶的二婚妻子西夏回乡参加父亲三周年祭，本想在家乡找回从前的宁静和祥和，无奈人事纷扰和乡土残破让他无法寻回旧时心境，只有逃离……贾平凹对笔下的这些人物并没有谴责或是贬斥，而是深深地理解和同情。同时，我们发现和 80 年代写时代潮流中"弄潮儿"不同，90 年代小说中的人物大多是处于社会边缘的小人物。80 年代小说中像金狗、雷大空、张老大、门门、王才等人物大多是当地的改革先锋，他们的言谈举动都代表了时代前进的方向，具有比较强烈的主流意识形态色彩。90 年代则不同，作者自觉和意识形态保持了距离，笔下的主人公不但不能领时代风气之先，相反，像庄之蝶、夜郎、虞白、子路等人物更有着时代"零余者"的味道，很难再给人以振奋人心的向上力量。这是作者以平民意识、民间意识来选择塑造人物的必然结果，同时也符合他 90 年代探索意象写实艺术来写"心迹"的创作追求，是他的主体价值立场和审美文化选择的产物。

在他的《太白山记》以及"土匪系列"小说里，民间的佛道思想和西方的存在主义哲学思想相交融，实践着他以民族化的形式表现现代观念的美学追求，也是他最为集中地学习现代派文学的创作实践。90 年代，他继续着 80 年代后期开始的神秘主义、意象主义的艺术探索并加以深化，自觉地借鉴着拉美的魔幻现实主义。不过，他的"魔幻"是中国化的魔幻，他将中国古代神话故事、道家文化在民间的流传与演变，诸如相面、测字、堪舆、扶乩、谶纬、通说、风水等，都作为他笔下营造神秘氛围的源头。虽然从现代科学的角度来分析这些民间文化，大多属于反科学 、反理性的"无稽之谈"，但如果从民间文化的原初混沌的状态、从体现民间的自由自在，以及回归中国人对自然和神秘的敬畏态度来说，贾平凹对民间神秘文化的表现回归了中国文化传统中的神鬼书写和神秘叙事，其以乡土民间文化的审美现代性来对抗冰冷无趣的启蒙现代性的目的是显而易见的。

四、90 年代小说现代意识的体现：存在主义的哲学之思

进入 90 年代，贾平凹的现代意识有了变化，表现在对西方文学精神和

境界的追求，表明他对西方文学的学习已超越了现代派小说形式技巧层面（技巧被他称为“云层下面的东西”），而他追求的是形式技巧之上的精神和观念，也就是他所说的“云层上的那道光”。他说：“在强调向西方文学学习中，我喜欢用一个词，就是境界”，“我在 40 岁时写过一篇东西，其中反对过一个提法，即‘越是民族的越是世界的’，我的观点是：民族的东西若缺乏世界性，它永远走不向世界。”“我们学习西方，最主要的是要到达阳光层面，而穿不过云层一切都是白搭。”关于向西方学习什么，他提到西方的主要特点是分析人性，“故其对于人性中的丑恶，如贪婪、狠毒、嫉妒、吝啬、卑怯等等无不进行批判，由此产生许多杰作。”①因此，向西方文学（主要是现代主义文学）学习的是人性分析和批判，而这一传统其实早在现代文学诞生之初如鲁迅那里就已经开创了。鲁迅的《狂人日记》《阿 Q 正传》《祥林嫂》《故乡》等作品，塑造了一系列农民和知识分子形象，对中国国民性的病根展开了入骨的揭露和批判，表达了思想启蒙的欲求。而贾平凹的人性批判和国民性揭露最初就是受鲁迅的影响和启发，最早体现在他 1979—1981 年创作的一些当时被看做是“反映消极面”“比较低沉”的揭露性作品中，如《山镇夜店》《年关夜景》《晚唱》《生活》等。90 年代，贾平凹小说中的现代意识主要体现为心理分析意识、荒诞意识和悲剧意识。

（一）心理分析意识

《太白山记》②是贾平凹第一次以实写虚的尝试，充分体现了他用民族的形式写现代的观念的理念，作品有鲜明的民族形式的继承，比如对《搜神记》《聊斋志异》等神怪小说的继承，但同时也运用了西方的心理分析，写人的隐秘的潜意识。他在《怀恋狼》后记中写道：“十年前，我写过一组超短小说《太白山记》，第一回试图以实写虚，即把一种意识，以实景写出

① 贾平凹：《对当今散文的一些看法——在北京大学的演讲》，《贾平凹文论集·关于散文》，生活·读书·新知三联书店 2015 年版，第 160-162 页。

② 《太白山记》虽发表于 1989 年，从时间上看应归入 80 年代，但由于该作具有现代主义尝试意味，更具有 90 年代小说的现代意识特点，因此对它的分析在此展开。

来，以后的十年里，我热衷于意象，总想使小说有多义性，或者说使现实生活进入诗意，或者说如火对于火焰，如珠玉对于宝气的形而下与形而上的结合。"而对作品创作的特殊背景和独特构思，在一篇署名为"金吐双"①的《"太白山记"阅读密码》中有交代："贾平凹患病住院，已经住得很久，以他所言，世界观也改变了，再加上他崇尚气功，脑子里整日是怪异念头，这些全体现在《太白山记》上了。时下的文字作品中，时髦着潜意识的描述，方法多是意识流，以一种虚的东西写实的东西。《太白山记》却是反其道而行，它是以实写虚，将人之意识变成实体写出，它的好处不但变化诡秘，更产生一种人之复杂的真实。气功学说里有意念取物观者看到的是物在移取，而物质移取全在于意念作用，《太白山记》正是这种气功的思维法。"②在这段话里有几个西方文学的概念：意识流、潜意识，还有何为"真实"。"意识流"这个名称出自美国心理学家威廉·詹姆斯的心理学著作《论内省心理学所忽视的几个问题》和《心理学原理》。他认为人的意识活动不是零散断裂的碎片，也不是静止的一条链子，而是像河水一样流动的"主观生活之流"，也称为"思想流"或"意识流"。弗洛伊德发展了詹姆斯的意识流理论，认为"将心理区分为意识与无意识是精神分析学的基本前提，只有这个前提才使精神分析学有可能解释心理生活中的病理过程"。③所谓无意识(或潜意识)是指被压抑的、当时感知不到的本能欲望和经验，也就是一种未被觉察的心理过程。他把人的心智分为三层结构：本我、自我、超我。代表潜意识的"本我"处在人类心理的最深层，是生命力恶的基础，是其他意识活动的基础。它是最原始的、与生俱来的。"本我"充满着被压抑的本能、欲望和冲动，强烈地寻求发泄和满足。它遵循的是"快乐原则"。"自我"代表理性和常识接受外部世界的现实要求，它遵循的是"现实原则"；"超我"是人类意识升华的结果，是道德化了的"自我"，它遵循的是"道德原则"。"本我"才真正反映人的本质，才是人类精神的真正实

---

① 有人说就是贾平凹的化名，见费秉勋《贾平凹论》，第 135 页。

② 金吐双：《"太白山记"阅读密码》，《上海文学》，1989 年第 8 期。

③ 弗洛伊德：《弗洛伊德后期著作选》，上海译文出版社 1986 年版，第 160 页。

际。弗洛伊德认为潜意识的核心是性本能，性本能常常驱使人去追求自我实现，是人的一切活动的内在潜力。人类生命中这种生物遗传的、神秘的性欲冲动就是力比多(Libido)。“詹姆斯和弗洛伊德的现代心理学影响文学的突出表现是意识流文学的兴起和其他现代主义文学流派中对潜意识理论的运用。意识流小说通过意识和潜意识的交织，表现人物外部活动和心理活动的矛盾，立体地展现人物复杂的、多层次的心理世界；通过对人物现代意识、现代感受和现代经验的书写，反映现代热病态、怪癖、自相矛盾、心理畸形和变态的性格特征。”①

传统现实主义重在“再现”，现代主义重在“表现”。由现实主义向现代主义的转变是由注重客观真实的反映外部世界，到注重心理世界的“真实”，所以 20 世纪文学有着“向内转”的趋向。80 年代后期的先锋派作家们把文学的客观真实性从小说的本质中放逐出去，树立起“虚构”的大旗。马原说：“最常见的是博尔赫斯和我的方法，明确告诉读者，连我们(作者)自己都不能确认故事的真实性——这也就是声称故事是假的，不可信。也就是在强调虚拟。”②余华说：“现状我似乎比以为任何时候都明白自己为何写作，我的所有努力都是为了更加接近真实……寻找的结果使我不再忠诚所描绘事物的形态，我开始使用一种虚伪的形式。这种形式背离了现状世界提供给我的秩序和逻辑，然而却使我自由地接近了真实。”③苏童认为：“创作是一种只能意会不可言传的东西。人的心灵是一个黑洞，一片源源不断的强力磁场。某种意义上，创作是一种完全源自心海发自性灵的东西，一切的言表都是一种渐近线，无限接近，却也永远无法到达本体。”④除了马原、余华和苏童，莫言、残雪、王安忆等作家都通过作品和文论表达了对小说虚构性本质的认定和内心真实的追求。80 年代中

---

① 方贤绪：《现代主义文学思潮和 80 年代小说研究》，苏州大学博士论文，2003 年。

② 马原：《小说》，《文学自由谈》，1989 年第 1 期。

③ 余华：《虚伪的形式》，《上海文论》，1989 年第 5 期。

④ 张宗刚：《读书 · 写作 · 危机 · 困惑——苏童访谈录》，《扬子晚报 · 读书周刊》，2017 年 10 月 27 日。

国作家在现代派文学影响下，从之前唯一具有合法性的现实主义“客观真实”到有了现代主义“心灵真实”的全新选择，体现在贾平凹创作上就是90年代一批深受西方现代主义真实观影响的追求“心灵真实”的作品，不过他的“心灵真实”又和中国古老的抒情传统和重“性灵”相结合，具有了中国化的特点。

《太白山记》由20个小短篇构成，按其表达主题意旨的不同大致可以分为以下几类：

(1)写性意识的。《寡妇》以三岁孩童的感官写母亲的性意识。孩子的感官是虚幻的、不可靠的，寡妇的性意识却是真实的但又不可见的。以有形的感官写无形的心理，正是将意识表象化的过程。《丈夫》写丈夫对妻子的性意识，他身上的13个眼睛代表他对妻子苛责与挑剔，妻子的数次变异都缘于丈夫吝于给爱和信任所造成。《公公》写公公对儿媳的性意识。与儿媳水中嬉戏的人形娃娃鱼当是公公意识幻化而成，是对不被世俗伦常接受的性意识的一种扭曲和变形的表现。

(2)写人的原欲或原罪。《人草稿》就表明人的欲望太贪婪放纵了不行，会带来道德沦丧和环境破坏的恶果；但如果彻底剪除人的欲望也不行，人就会变成冰冷的木石，以此表明人的欲望是与生俱来的，是为“原欲”。《少男》和《少女》两篇都是因为放纵了欲望，少男葬身蛇腹，少女化为石头。都是规劝人要节制欲望，如孟子所说：“养心莫善于寡欲。”(《孟子·尽心下》)中国道家也讲究清心寡欲，佛家也说要“六根清净”。“原罪”说是来自西方的观念，认为人生来有罪，人来到世间的过程就是赎罪和忏悔的过程，这是来自西方基督教教义的原罪意识。中国人对人本性的看法比较乐观，认为“人之初，性本善。性相近，习相远。”《丑人》中的儿子即有“原罪”，他的原罪就是不知父亲是谁。他因此被村人欺侮、虐待，而其实真正的“原罪”是村人人性中的恶。

(3)写潜意识的幻化。《挖参人》妇人在镜中看到的丈夫景象都是自己潜意识的幻化，即所谓“日有所思夜有所梦”。《猎手》中猎手太想捕杀狼，竟将人当作狼杀死在谷底。他在跌落山谷时看到的曾被自己捕杀的狼的

“妻儿老小”，都是自己心中所想形成的幻觉。人狼相互搏斗相互依存的关系，在之前的《商州初录·莽岭一条沟》《商州再录·金洞》，以及后来创作的《怀恋狼》中都有反复表现，体现的是作者对于人与动物、人与自然、人性和兽性的思考。《观斗》中阿兑看蟋蟀打架幻化为两只老虎打斗，连阿兑都参与其中，写出人身上好斗、暴力的本性。

(4)写人的自我意识。《香客》写一个发现自己头不见了的香客，实际是丧失了自我意识，哭泣、寻找都无济于事。当他以感恩之心待人、与人为善时，发现他的头回来了，意指只有在这种情境下人的自我意识才不至于丧失。《杀人犯》中木匠砍掉了贫农头上厚厚的甲壳，便以为自己没有杀人。贫农明明头被砍掉了却剩下头上的垢甲壳，表明他缺乏自我意识。他对富农木匠的阶级仇恨使他迷失本性，除去垢甲壳意味去除他的虚假的“自我”，还其“本我”。

(5)表达对现实的批判和讽刺。《领导》中小偷所谓的“特异功能”就是颠倒黑白、指鹿为马，在他口中，一个和女下属偷情的“领导”成了一个深夜辛勤工作的“勤政型干部”。《饮者》中在饭店喝酒的乡长竟然有着画圈变人的超常能力，最后灌醉了饭店老板跑到了老板娘的床上，化为一只螃蟹。螃蟹横行霸道、满口喷沫的形象讽刺了一些干部鱼肉乡里、肆意妄为的丑行。《儿子》中主任送给母亲解闷的猫不抓老鼠，还叫春招来鸡狗“行贿”，“该猫干的不干，尽干不该猫干的”，讽刺一些领导干部人不尽其用，尽弄些邪门歪道。《阿离》中的阿离连冥界的鬼都敢骗，卖假货强买强卖。暗讽了现实世界中有些人毫无节操、贪婪无耻。

任何对艺术作品做含义确定的解读都意味着某种独断与片面，但我们仍然试图破解它的“阅读密码”，一是出自人的强烈好奇心的本性驱使，另一个就是试图证明在《太白山记》看似诡异迷离的文本背后是有着某种现代主义的“意识”与“观念”。正如《“太白山记”阅读密码》中所说：“为什么写小儿，题目却是‘寡妇’，写儿媳，题目却是‘公公’，写妻子，题目却是‘丈夫’？不放过每一个字的描写，恍然大悟，全写的是寡妇的意淫意识，是公公的意奸意识，是丈夫的意欲意识。”这道出了《太白山记》的特点，即言在此而意在彼，用有形的民族化的故事与人物写无形的现代观念和意识，以体现出他将形而上和形而下相结合、以实写虚的意象化写作的美学追求，而写人的潜意识、性意识、自我意识等，正是受了西方现代主义文学观念的影响。

(二)荒诞意识

90 年代贾平凹小说现代意识的第二个体现是“荒诞意识”。“自现代主义文学诞生之日起，‘荒诞’的问题就一再被提出。从马拉美的象征主义诗歌《一次掷骰子永远取消不了偶然》到梵高、马蒂斯的绘画，从阿波利奈尔的戏剧《蒂勒西亚带灯乳房》到雅利的戏剧《永布王》，从卡夫卡到乔伊斯，从艾略特的《荒原》到尤金·奥尼尔的剧作，从达达主义到超现实主义，从萨特、加缪的存在主义戏剧、小说到荒诞派戏剧、新小说，从胡塞尔、海德格尔到迈尔洛朋蒂，从福柯到德里达，处处可见‘荒诞’的问题从未像 20 世纪那样痛切，‘荒诞’感从未像 20 世纪那样锐利而强烈，那样受到人们普遍而持续的关注与思考。”①“荒诞”是西方存在主义哲学和文学中的一个重要命题，萨特在他的《存在与虚无》中提出“存在先于本质”“自由选择”，宣称“存在主义是一种人道主义”。他通过他的小说和戏剧宣扬他的哲学观念，《恶心》《肮脏的手》《禁闭》等作品表明在这个荒诞的世界上人与人的关系是荒诞的，“每个人都是其他人的刽子手”，“他人即地狱”。加缪在他的小说《局外人》《鼠疫》中刻画了默尔索先生对亲情、爱情、法律、政治、生死等冷漠、淡然的“局外人”形象，表达了世界是荒诞的，人生是无意义的主题。他虽然看出人生的荒诞：“一个哪怕是能用邪理解释的世界也不失为一个亲切的世界，但相反，在被突然剥夺了幻想和光明的世界中，人感到自己是局外人。这种放逐是无可挽回的，因为对失去故土的怀念和对天国乐土的期望被剥夺了。这种人与其生活的离异、演员与其背景的离

① 柳鸣九主编：《20 世纪文学中的荒诞》，湖南教育出版社 1993 年版，第 43-44 页。

异，正是荒诞感。”但主张直面、反抗荒诞，“取消意识的反抗就是回避问题。生活着，就是使荒诞生活着。而要使荒诞生活，首先就要正视它，荒诞只有在人们离开它时才会死亡”。① 将“荒诞”发展到顶峰的是 20 世纪 50、60 年代欧美的荒诞派戏剧作家。美国马丁·艾斯林的论著《荒诞派戏剧》在 1961 年出版，“荒诞”正式成为一种文学流派的命名。他在书中阐述了“荒诞”的含义：“‘荒诞’指的是缺乏目的……与宗教、形而上学和超验性断了根，人就成了个迷路人；其所有行动便变得毫无意义、荒诞和毫无用处”。② 荒诞派戏剧家尤金·尤内斯库、塞缪尔·贝克特、阿瑟·阿达莫夫的剧作《秃头歌女》《椅子》《等待戈多》《拙劣的模仿》《弹子球机》《女仆》等，标举“反戏剧”的大旗，运用不合常规的舞台形象，不合语法的梦呓般的语言，传达作者对人的生存状况，对世界独特的看法。

20 世纪 80 年代，在经历了“文革”的拨乱反正之后，人们在反思荒诞现实和接受西方现代文学影响的交互作用下，诞生了一批有着荒诞意味的作品：宗璞的《我是谁?》《蜗居》《泥沼中的头颅》，谌容的《减去十岁》，王蒙的《蝴蝶》《来劲》《组接》，陈村的《美女岛》、刘索拉的《你别无选择》，徐星的《无主题变奏》，马原的《涂满古怪图案的墙壁》，洪峰的《湮没》，残雪的《苍老的浮云》，孙甘露的《访问梦境》，格非的《褐色鸟群》，北村的《谐振》，余华的《河边的错误》，史铁生的《一个谜语的几种简单猜法》……“宗璞的《我是谁》《蜗居》《泥沼中的头颅》等小说对存在主体‘我’的生命诘问；王蒙的《蝴蝶》《布礼》《海的梦》小说对‘我’的主体行为方式的思索、寻找和追问；刘索拉的《你别无选择》《寻找歌王》和徐星的《无主题变奏》等小说中的青年的迷惘、怀疑和无所谓的情绪；余华、孙甘露、洪峰、马原、格非等作家所描述的非因果性、非逻辑性、偶然性，人在世界混乱中所做的无意义的活动；残雪作品中的梦魇、幻觉，人与人之间相

① 加缪：《西西弗神话》，杜小真译，广西师范大学出版社 2002 年版，第 5-6 页。

② 马丁·艾斯林：《荒诞派戏剧》，刘国彬译，中国戏剧出版社 1992 年版，第 6 页。

互窥视、相互刺探、相互防范的邪恶兴趣；史铁生对个体生命意义的深思和形而上反抗……这一切都使我们想到‘荒诞’。”①贾平凹90年代创作的一批小说，也有着荒诞意识。《天狗》讲了一个类似《春桃》的“一女二夫”的故事。天狗明明对师娘有着亦母亦妻的情愫，但真到命运将师娘推到了自己妻子的地位，他却又一反之前的癫狂与僭越，表现得懦弱而乖觉，还因此害死了师父。仁义道德的追求扼杀了他的人性欲望，在道德的红线内他表现得狂妄大胆，而一旦超越了那条红线，伦理的禁忌就成了天狗之类男性的当头棒喝。与天狗类似的人物还有五魁。五魁将柳家少奶奶放上了神坛，也放上了祭坛，他不懂得女人，更不懂得“水至清则无鱼”的道理。他扼杀了自己的欲望，也不接受心爱的女人的欲望。女人的死去让他的道德洁癖彻底消失，由欲望的压抑到彻底的放纵，“天理”和“人欲”的不可得兼形成人物命运的荒诞感。《古堡》里的张老大以带领村民共同致富的赤子之心换来的却是村民自私、冷漠与遗忘。这个类似于古代传说里逐日的夸父形象，表达了改革开放初期具有牺牲和奉献精神的“改革者”历经艰难挫折不改初心，但民智未开的村民却并未表达应有的尊敬和理解，最终当象征着致富希望的汽车驶入村庄的时候，为他们带来希望的张老大却在监狱服刑。张老大这个“孤独的改革者”形象是鲁迅《药》中塑造的“孤独的革命者”形象的当代重现。《美穴地》中的风水先生柳子言一生堪坟无数，临到为自己堪坟了，却将假穴认作了真穴。十年后，他和姚家四姨太生的儿子真的穿上了官服，只不过是在戏台上。《晚雨》中的土匪天鉴在假冒了知县老爷后，逼死了同伙小匪，放弃了对王娘的爱情，甚至连自己的命根都狠心割了。“要干一番大事业”的“雄心”压抑了他的欲望，扭曲了他的人性，甚至他自己都确信自己就是老爷身份。小说里有人物身份的迷失带来的人格分裂和倒错，也有名利对人性的变异和扭曲。《观我》中的观我本名王小二，认为改名能给自己带来好运，娶妻保姆阿秀也改名“温雪”，起名对他

① 王芳：《80年代小说与西方荒诞思潮》，中国社科院研究生院博士论文，2003年。

来说是一个重要的“形式”。观我是一个将生活的形式看得比内容重要的人物，婚姻是个形式，搞扶贫是形式，办公司也讲形式，“咱是把实事办成虚的，人家是把虚事也办成了实的”。好不容易有提拔机会了，却患癌症死去。观我的荒谬命运和结局讽刺了现实中讲形式不重实效的官僚主义作风，以及深藏在国民性中的看重形式和面子的孽根性。贾平凹90年代的传奇小说以商州地区历史上的传奇人物故事为依托，表达的却是具有现代主义荒诞感的人生况味，依然贯彻着他以民族的、传统的形式表达现代意味的写作思路。

（三）悲剧意识

袁可嘉曾把现代主义文学思想内容方面的特征概括为“在四种基本关系上所表现出来的全面的扭曲和严重的异化：在人与社会、人与人、人与自然(包括大自然、人性和物质世界)和人与自我四种关系上的尖锐矛盾和畸形脱节，以及由之产生的精神创伤和变态心理，悲观绝望的情绪和虚无主义的思想”。① 叔本华是现代西方哲学的奠基人，后来的西方非理性主义哲学家都是站在叔本华的肩膀上阐发或扬弃他的思想，而现代主义文学又是以现代西方哲学为思想基础的。现代主义文学的悲剧意识是建立在非理性哲学基础上的，着力表现现代人的危机感和忧患意识，以及他们面对异化的世界的无奈和绝望的心理。叔本华说“世界是我的表象”；“世界是我的意志”。他认为这“是对于任何一个生活着和认识着的生物都有效的真理”，“人生是在痛苦和无聊之间像钟摆一样地来回摆动着；事实上痛苦和无聊两者也就是人生的两种最后成分”。所以，叔本华认为“任何人生都是在痛苦和空虚无聊之间抛来抛去的”，“构成人生本质的痛苦总是摆脱不了的”，“任何一部生活史也就是一部痛苦史”。② 叔本华的宿命哲学观与中

① 袁可嘉主编：《外国现代派作品选第一册(上)·前言》，上海文艺出版社1980年版。

② 叔本华：《作为意志和表象的世界》，商务印书馆1982版，第25，427，431，444页。

国的宿命论思想基本一致，如孔子的“生死有命，富贵在天”，道家的“畏天知命”等思想，所以，叔本华的悲观主义宿命意识很容易被中国艺术家认同。现代主义的悲剧意识和传统现实主义主要来自外部世界造成的悲伤感受是不同的，它具有彻底性和不可改变的宿命性。贾平凹 80 年代后期受西方现代主义文学影响而逐渐强烈的悲剧意识，是和他在 80 年代初作品所表现出来的悲剧精神不同的。1979—1982 年创作的一批格调低沉、人物命运悲惨的小说，更多来自作者对社会认识的深化以及中国传统文学中泄愤抒情的传统。而 80 年代中期以后，尤其是 90 年代以后的作品，其悲剧意识更多具有了现代主义文学的悲剧精神。有研究者认为《废都》《白夜》等作品表征为存在主义的“黑夜”意识与“深渊体验”：“作者写‘废’或异化中人物的形象、心象、欲象、灵象，绘制出海德格尔所谓的‘此在’在世的整体性精神状态——‘烦’(即庄之蝶口称的‘烦泼’)，一种在世‘沉沦’的生命病相，一种沦陷于‘黑夜’之际、‘深渊’之处的精神危机。”①所谓悲剧的彻底性，就是整个世界、社会、人生都是彻底的悲剧，没有地方和人可以例外。我们发现《废都》之后的长篇作品，除了极少数作品呈现出悲剧意识的变体之外，比如《高兴》中刘高兴表现出的笑中含泪、强颜欢笑的“廉价的”乐观主义，其他所有作品都呈现了鲜明的悲剧意识——从人物、故事结局、主题、小说格调都呈现出悲剧特征。对此，作者是有着自觉的，如他写于 1991 年的《四十岁说》：“我越来越在作品里使人物处于绝境，他们不免有些变态了，我认作不是一种灰色和消极，是对生存尴尬的反动、突破和超越。走出激愤，多给沉闷的人生透一口气来，幽默由此而生。”②而到了新世纪，他考虑的是：“怎样使世情环境苦涩和悲凉，怎样使人物郁勃黯黯，孤寂无奈。”③

①　杨经建：《“黑夜”意识与“深渊”体验——存在主义诗学视野中的王小波和贾平凹》，《当代作家评论》，2015 年第 3 期。

②　贾平凹：《四十岁说》，《贾平凹文论集·关于散文》，生活·读书·新知三联书店 2015 年版，第 112 页。

③　贾平凹：《〈古炉〉后记》，《贾平凹文论集·关于小说》，生活·读书·新知三联书店 2015 年版，第 217 页。

以下重点分析一下悲剧意识的宿命性特点。“遗石”，被上帝遗弃的石头，和“废都”具有相似的意象功能，指代小说中的土城和程顺拾到的那块“化石”。土城中人物都无法掌控自己的命运，邱老康留念自家后院的甜水井和送水的宁静的小城生活，但城市改造冲击了他的生活方式；林青云为了“永远在求解又永远无法求解的《邵子神数》”，瞎了一只眼；邱老康的孙女匡子明明爱着秦腔演员程顺，却被能言善辩、会讨人喜欢的九强诱骗怀孕，不知该何去何从；程顺痴迷所谓的古猿人化石(遗石)，抛下匡子离开土城不知所踪……小说里的每一个人物的命运都如同土城的命运一样，被一条无形的神秘的绳索牵引，不知道会走向何方。(中篇《遗石》，发表时名为《废都》)《黑氏》中的黑氏被“小男人”丈夫抛弃，却得到了两个男人的追求，她选择嫁给了更憨厚老实的木犊，婚后却和更懂女人的来顺私通。很难说她的婚姻选择有多少理性的女性主体意识的导引，更多出自农村女性原始而粗朴的情爱和性爱的本能，她对幸福的追求注定是坎坷的、艰难的。小说结尾私奔的黑氏和木犊被陌生的村民赤身绑了还淋了凉水，“女人抬起头来，被架着跑，终不明白这路还有多少远程，路的尽头，等待她的是苦是甜，是悲是喜?”《人极》写张光子大半生经历了两个老婆，这两个老婆各生了一个孩子，却都不是他的。第一任老婆白水的孩子是被人轮奸后所生，第二个老婆亮亮的女儿是和自己兄弟拉毛生的。两任老婆先后死去，白水的儿子和他不亲，亮亮的女儿早就送人，只能出现在晚年光子的梦里。光子的境遇类似于《活着》里的福贵，亲人相继死去或离开，只留下孤独的自己。小说结合了聊斋的“新传奇”的笔法和西方现代派的思想观念，塑造了一个“人极”——人中极品光子的形象。白水和亮亮都是被侮辱被损害的女性，白水是贫困时期人性恶的受害者，亮亮则是政治运动的牺牲品。在她们最艰难、最绝望的时候，是光子接受了她们，给予她们庇护与关爱，让她们凄苦的人生照进一些“光”。(这也许是他名字的由来)人的命运被一些偶然因素所改变：如果拉毛占有亮亮后光子不是那么反应强烈地去羞辱他，也许拉毛就不会自尽；如果光子早些收留白水，白水就可能免遭之后被强奸怀孕的命运。当然，命运是无法假设的。人物的命运被时代、性格乃至文化一系列复杂的原因所影响、决定，他们共同处于一个无法决定自己命运的时代和悖谬处境，这种感觉无疑是现代的、宿命性的。《古堡》里借用了《史记·商鞅列传》和古代神话《夸父逐日》来增强作品的悲剧精神。小说中道观道长讲解《商鞅列传》，电影导演讲述《夸父逐日》故事，来比附主人公张老大的悲壮行为和悲剧结局。夸父逐日的故事出自《山海经》：“大荒之中有山名曰成都载天。有人珥两黄蛇，把两黄蛇，名曰夸父。后土生信，信生夸父。夸父不量力，欲追日景逮之于禺谷。将饮河而不足也，将走大泽，未至，死于此。”①悲剧的崇高感来自明知不可为而为之的决绝，来自宁为玉碎、不为瓦全的牺牲精神。小说中这样写导演的心理：“他要力争拍出当时山地的农民豪杰，刻画出为什么这块土地上能产生这种豪杰，而豪杰产生了又为什么最后归于失败？他思索着古代的神话《夸父逐日》，夸父的目标是要到大海去，但他却渴死在去大海的路上，夸父是失败者，但却是一个悲壮的英雄。”《白夜》的结尾夜郎演的鬼戏是经过改写的古代神话《精卫填海》的故事：“发鸠之山，其上多柘木。有鸟焉，其状如乌，文首、白喙、赤足，名曰精卫，其鸣自詨。是炎帝之少女名曰女娃，女娃游于东海，溺而不返，故为精卫，常衔西山之木石，以堙于东海。”台上夜郎扮演的鸟鬼人鬼莫辨、鬼气森森，将台下看戏人物的悲凉情绪推向高潮：

> 宽哥像被猛击了一下，身子向前倒去，一个趔趄站住时，听着了低低的哽咽。回过头来，发现了就在他身后的不远处，正站着虞白和丁琳。虞白这晚上穿着一身黑衣服，在白夜里愈发凝重，泪流了满面，随着肩臂的抽搐，那脖子前系着的长长的项链，一晃一晃闪着亮

---

① 《山海经·北山经·北次三山》，引自《山海经校译》，袁珂校译，上海古籍出版社1985年版，第69页。

光，项链上吊着的是那枚钥匙——再生人的钥匙。

贾平凹屡次将古代神话搬入小说，看中的是故事里透露出的深重的悲剧意蕴，合于表达人物的悲剧性命运，使他小说的悲剧意蕴具有了中/西、传统/现代结合的特点。正如有论者说："从悲剧意识而言，中国文化的悲剧意识不是更少于西方文化，恰恰相反，全部中国文化几乎都是建立在人类这种悲剧意识的基础之上，都是建立在人与宇宙、自然、世界的悲剧性分裂和对立的观念之上的。悲哀，是中国所有文化的底色，但在这个底色之上，中国文化建立起了自己的乐感文化。这种乐感文化是通过抑制激情、抑制悲剧精神的分化以及二者之间的复杂组合方式，带来了中国悲剧美学特征的复杂性，同时也带来了全部中国文学审美特征的复杂性。"①

① 王富仁：《悲剧意识与悲剧精神(上篇)》，《江苏社会科学》，2001 年第 1 期。

第四章　记录社会与还原历史(2005年至今)

21世纪《秦腔》之后是贾平凹小说创作的突破期(2005年至今)，此时期作者寻求在创作主题、美学风貌和创作姿态上的突破。在创作主题上由现实兼及历史，体现出现实主义的回归与深化的审美特征，创作姿态更加俯身民间，关注底层，以人性的光芒烛照现实与历史；现代意识体现为“人类意识”，用悲悯情怀书写底层人物，在记录社会的同时给人以心灵的慰藉。《秦腔》的出版对贾平凹而言，是个重要的转折。对此，当时评论界做出了充分的评价：“这部作品把它放在整个中国今天乡土叙事的背景下是非常非常重要的作品，也是贾平凹迄今为止最重要的一部作品。”(雷达)“几千年里中国的主流文学终于有了一部陈述农民自己理念的，从内容到形式都称得上纯粹的作品，《秦腔》确实是一块大碑子。”(李洁非)“《秦腔》里看到了一个知天命的贾平凹，我觉得他的小说已经进入了空谷无人的境界了。”(王干)①《秦腔》对贾平凹的重要性主要体现在以下几个方面：首先是确立他的关注社会现实的创作方向和“密实的流年式”的写法，“由强调主体的倾诉宣泄到强调为客体(家乡)立传树碑，是一种由内向外的转化”；② 其次是该书获第七届茅盾文学奖，代表着他重新获得了官方的承认，从此一扫《废都》给他带来的现实和心理的阴霾和困扰，以更为从容、自在的心情投入21世纪以来的创作；再次，代表着他小说艺术的突破，比如意象的使用、神秘魔幻的元素、表现丑脏的东西等方面均有新变，《秦

① 以上发言见《〈秦腔〉：乡土中国叙事终结的杰出文本——北京〈秦腔〉研讨会发言摘要》，《当代作家评论》，2005年第5期。

② 肖云儒：《〈秦腔〉：贾平凹的新变》，《当代文坛》，2005年第5期。

腔》的小说美学贯穿到他今后的所有作品中。因此，可以说《秦腔》和《浮躁》《废都》一起形成贾平凹小说创作的三座“高峰”，代表着他小说艺术突破的重要成果。

一、记录社会：现实主义的回归

（一）现代化背景下乡村的衰败和文化的消亡

1. 乡土和文化的挽歌——《秦腔》

《秦腔》是如何诞生的——任何一部有影响的文学作品都有它出现的特殊气候、土壤与空气，什么是属于《秦腔》的呢？《秦腔》写的是贾平凹故乡商洛市棣花镇的人事，他说“我以前写过，那都是写整个商州，真正为棣花街写得太零碎太少”。故乡的乡土记忆，是他文学创作的一座富矿，他一直在这块土地上辛勤地开垦着。从 20 世纪 80 年代初有意识地以故乡商州的人文地理、风土人情、经济变化作审美化的观照，写出《商州三录》、“改革三部曲”《小月前本》《鸡窝洼的人家》《腊月 · 正月》开始，到 80 年代中后期写的反映商州在经济文化大潮中人的心理悸动和命运转折的《古堡》《商州》《浮躁》，一直到 90 年代创作的侧重文化思辨和生态考察的《高老庄》《怀恋狼》等作品，贾平凹都是以整个商州地区作为书写背景，真正生活了 19 年的棣花街上的人和事倒始终没有进入作品，那里才是真正让他魂牵梦萦的地方，是始终想写但又不敢轻易碰触的最后一块处女地！正如他在《秦腔》后记中写道：“故乡呀，我感激着故乡给了我生命把我送到了城里，每一次想故乡那腐败的老街，那老婆婆在院子里用湿草燃起熏蚊子的火，火不起焰，只冒着酸酸的呛呛的黑烟，我强烈地冲动着要为故乡写些什么。”一般来说，作家在将自身经历融入作品时，会本能地产生一种自我防御的心理，担心过于接近真实的生活或现实的人事，产生不必要的误会和麻烦。对于贾平凹来说，棣花街上的亲朋好友、街坊邻居和自己及家族有着千丝万缕的联系，将他们作为原型写入小说，会不会造成他们的误解甚至敌视？他说：“但现在我倒担心起故乡的人如何看待这本书了，既然张狂着要树一块碑子，他们肯让我树吗，认可这块碑子吗？清风街里的人人事事，棣花街上都能寻着根根蔓蔓，画鬼容易画人难，我不至于太没本事，要写老虎却写成了狗吧。再是，犯不犯忌讳呢？”产生这样的担心不是没有道理的。正是由于写作对象离自己太近，加上又采取的是还原的写法，所以写作的过程异常煎熬痛苦，“我的写作充满了矛盾和痛苦，我不知道该赞歌现实还是诅咒现实，是为棣花街的父老乡亲庆幸还是为他们悲哀。”面对日益衰败、残破的家乡，以前在《商州三录》中曾经赞美过的静谧优美、民风淳朴的乡土田园已不复存在，作者已无法用已有的乡土经验来叙写如今的家乡，所以作者的情感是矛盾的，心态是焦虑不安的。理性上他知道城市化、现代化是农村发展的必然趋势，但情感上他却无法接受故园残破、农民离土的现实。于是，他要用珍藏的对故乡的最后一块记忆，为故乡做树碑立传式的书写，从此以后，关于棣花街的一切记忆将被封存，“故乡啊，从此失去记忆。”他是以一种悲怆、痛苦的心情为故乡树碑立传，来告慰包括自己父亲在内的那些亲友故交的亡灵的。

除了一直潜藏在内心的写作冲动和欲望之外，棣花街此时发生的变化，也是贾平凹决心“以这本书为故乡树起一块碑子”的原因，那就是对故乡现状与未来的深重忧虑：

> 就在要进入新的世纪的那一年，我的父亲去世了。父亲的去世使贾氏家族在棣花街的显赫威势开始衰败，而棣花街似乎也度过了它短暂的欣欣向荣岁月。这里没有矿藏，没有工业，有限的土地在极度地发挥了它的潜力后，粮食产量不再提高，而化肥、农药、种子以及各种各样的税费迅速上涨，农村又成了一切社会压力的泄洪池。体制对治理发生了松弛，旧的东西稀里哗啦地没了，像泼去的水，新的东西迟迟没再来，来了也抓不住，四面八方的风方向不定地吹，农民是一群鸡，羽毛翻皱，脚步趔趄，无所适从，他们无法再守住土地，他们

一步一步从土地上出走，虽然他们是土命，把树和草拔起来又抖净了根须上的土栽在哪儿都是难活。(《秦腔》后记)

“土地流转”是中国官方和学界在新世纪初提出的不同于“土改”“合作化”“家庭联产承包责任制”的新土地制度。所谓“土地流转”，依照国务院颁布的《关于深化改革严格土地管理的决定》(2004)等文件的规定及学界研究文献的有关解释，就是指土地使用权流转。土地使用权流转的含义，是指拥有土地承包经营权的农户将土地经营权(使用权)转让给其他农户或经济组织，即保留承包权，转让使用权。也有的地方将集体建设用地通过土地使用权的合作、入股、联营、转换等方式进行流转，鼓励集体建设用地向城镇和工业园区集中。土地问题是贾平凹关心的问题，在他看来，农民是土命，离了土难活，他想追问：离了土地的农民还是农民？没有了土地的农村还是农村吗？这也是继《土门》《高老庄》之后，他对这一问题的深入思索。当然，贾平凹更多是从文学的角度，而不是从政治、经济学的角度，以文学的方式而不是经济学分析或政府工作报告的方式。他的情感如此急切，作品中反映的现实又是如此灰暗、破败，其程度甚至要超过现实，而这都出于一种文学的手段与策略。“村镇里没有了精壮劳力，原本地都不够种，地又荒了许多，死了人都熬煎抬不到坟里去。我站在街巷的石碌子碾盘前，想，难道棣花街上我的亲人、熟人就这么很快地要消失吗？这条老街很快就要消失吗？土地也从此要消失吗？真的是在城市化，而农村能真正地消失吗？如果消失不了，那又该怎么办呢？”(《秦腔》后记)从他的谜之天问里，不难看出，他并不是看不出城市化、商品化、现代化是不可能阻挡的潮流，他真正感喟的是他所熟悉的乡土文化和农民，正以不可阻遏、摧枯拉朽的方式迅速地消失，这才是最令他伤感和悲哀的，虽然这种情感不免有些许书生气的迂阔，但笔者丝毫不怀疑它的真实和沉痛。

除此之外，《秦腔》之前的作品不能令读者和评论家们满意，也是贾平凹重回现实、回到故乡的原因——就和他之前多次受挫就回到故乡疗伤的情形一样。不同的是，以前的回乡确实疗愈了他的乡愁、都市病以及心理创伤，乡土以静谧、安宁、淳朴、自然的前现代状态欢迎、接纳、抚慰他，但这次不行了，他发现这里已经不是他记忆中理想的乡土(可能以前的也不是，只不过被审美化、理想化了)。所以他这一次要祭出他“最后的乡土”，从此来与故乡告别。《怀恋狼》里，他尝试着用整体性象征表达对人性和自然的思考，《病相报告》里，他从情爱角度探讨时代对人性、情感的扭曲变异，无论是前者的象征艺术探索还是后者的爱情、人性的拷问，看起来都不太成功，他必须在下一部作品中有所改变。正如以下论者所说：“从《秦腔》后记中可以很清楚地发现，从商州回到故乡棣花街的贾平凹，终于放下了他一度念兹在兹的‘观念化写作’，或者说，放下了他一直苦苦追求的‘形而上’与‘形而下’相结合的‘意象’层面，落实到‘现实生活’。某种程度上，他认识到了《怀念狼》之类写作的失败之处，回到了《高老庄》的叙述方式。”①的确，2002年年届半百的贾平凹急于要用一部作品给自己一个交代，他说“活到50以后就不‘显摆’了，以前铺排的，过后一想，都幼稚得很。把一切都端出来，是什么就是什么。也只能端出来，所有的知识、思维方式都不起作用了。时代面前人渺小得很，就像秦腔一样。”②却正是这“不显摆”，藏起一些抽象的理念，《秦腔》的日常化叙事的写法反而形成了混沌、苍茫、大气的风格，成为他50岁之后一部最重要的、带有转折意义的作品，之后的作品风格、写法都和《秦腔》有着一以贯之的承继关系。

《秦腔》写的是陕西省商洛地区棣花街上的人和事，实际上是为中国的乡土和文化唱的一曲挽歌。夏天义代表的重农的发展模式和夏君亭推行的重商的发展模式，分别代表着当时中国农村的两种主要发展模式。前者立足长远与环保却不能给农民带来收入，无法阻止农民离开乡村；后者着眼

① 黄平：《贾平凹小说论稿》，云南人民出版社2013年版，第138-139页。

② 贾平凹，郜元宝：《关于〈秦腔〉和乡土文学的对谈》，《贾平凹文论集·访谈》，生活·读书·新知三联书店2015年版，第148页。

眼前为农民创收不免急功近利，占用、荒废了耕地乃至造成道德伦理的失序。为中国的乡村指出一条科学、正确的发展道路，这不是作家的职责，作家能做的只是以文学的方式表现农民现实和精神境遇，但这不代表作家没有自己的情感倾向性。小说中对两种发展模式相对应的伦理道德状况的摹写，就表明了贾平凹的态度。夏天义勤劳忠厚、目光长远、一心为公，他愚公移山式的淤地行为背后展现出的强大精神力量，吸引着引生和哑巴这两个“死忠”，在他身上集中体现了中国农民对土地的母子一般割舍不断的深厚情感。而夏君亭建市场带来的，除了村民、干部口袋里有钱，还有干部生活腐化、村民伦理失范、乡土文化衰败等社会问题。虽然作者没有直接抒发议论，但从这两个人物截然不同的书写态度，我们还是能明确地看到作家的立场，那就是农村应以农业为主，农民不应该离开土地，乡村离不开传统的乡约民俗、仁义礼智的道德维系。全书有两条故事线，一条是以夏天义和夏君亭两代村支书因不同的农村发展观产生的矛盾和冲突，另一条是以夏天智、白雪等人维系的乡村传统道德和民间文化的逐渐消亡（以秦腔为表征，因为夏天智和白雪都是秦腔的支持者和传承者）。在这两条故事线中都有一个重要人物——引生，他是夏天义重农发展观的坚定支持者和白雪、秦腔的执着追求者，是将两条故事线、人物线牢牢扭结在一起，成为一个整体的关键人物；同时在他身上表达了作者的情感、道德、文化倾向，某种程度上甚至可以说引生就是作者自己的一个投影。关于引生有三个很重要的问题，一是作者为什么让他早早就自断尘根？二是如何理解他对白雪的感情？三是以他作为叙事视角，对小说的叙事、审美到底有利还是有弊？

关于第一个问题，陈晓明的“终结说”很有代表性，就是“乡土美学的终结”，“叙述人引生的自我阉割诗歌叙述行为的象征，只有去除个人的欲望，个人话语欲望，去除建构历史神话的冲动，才能真正面对乡土中国的生活（当然也可能是对《废都》的遭遇的愤怒，他干脆上来就自我阉割，使欲望不再有真实的行为）”，“小说的阉割是一个象喻，引生作为一个叙述人过早地自我阉割，他不只是阉割了自己对白雪的欲望，也阉割了对历史倾诉的欲望”。① 另外一个就是“爱情说”，陈思和认为：“从普通男女的情欲出发，走向纯粹精神性的疯狂爱恋，最终在秦腔的精神层面上结合为有情人，是白雪与引生这一对民间精灵的伟大爱情故事。”②前者是从西方后现代话语理论做的深刻解读，后者则更多从现实人物的性格命运来理解，强调人物的民间性，有更多的人间烟火气。我们认为，引生自我阉割的情节，对小说人物的身份设定、情节走向和主题意蕴都有着非常重要的作用，在背后有着作家的苦心孤诣。

首先，这个人物设定奠定了全书的叙述语调和魔幻色彩。《秦腔》之前的作品大多有一个知识者的叙述人，如金狗、庄之蝶、夜郎、梅梅、高子路、高子明等等。这个知识者的叙述人代作者说话，使小说具有了启蒙叙事的高高在上的姿态。《秦腔》中的引生则不同，他是一个别人眼里看来有些“疯癫”的角色，而且就是一个普普通通的农民，不被村民重视，只有在唱戏维持秩序或寻开心的时候人们才会想到他；不但穷，连男人的东西都没了。以这样一个人物来看新世纪的中国农村，就最大限度地消除了可能加诸在人物和事件上面的既有观念的影响，真正还原出乡村的情态。与动不动就癫痫发作、“疯圆了”相比，他不时表现出的对人物、事件的识见，却显出不同凡响的睿智与深刻。他指责刘新生：“丰收的时候你承包，不丰收了你就不承包？你是清风街的爷？”表明他立场客观公正，不偏不倚；因为讨要父亲的欠款和君亭吵过，可君亭叫他一起去水库要求放水他也去，说明他公私分明，不小肚鸡肠；夏天义反对建农贸市场，引生也反对，因为他认定：“夏天义绝对不会给自己谋私，他走过的桥比君亭走过的路多”，即使被别人看作夏天义的一条狗也不以为耻；建市场时刨出了土地公婆的石像，村民认为是“好兆头”，可引生一句话点醒梦中人：“说不定是君亭事先埋在那里的”；君亭要用七里沟换鱼塘，引生毫不客气地

① 陈晓明：《乡土叙事的终结和开启——贾平凹的〈秦腔〉预示的新世纪的美学意义》，《文艺争鸣》，2005 年第 6 期。

② 陈思和：《再论〈秦腔〉：文化传统的衰落与重返民间》，《扬子江评论》，2006 年创刊号。

说："这是李鸿章割地卖国么！"写了一张小字报贴在土地庙，被夏天义拿来作为群众反对的证据……他就是这么一个矛盾的存在，时而疯癫痴狂，时而冷静睿智，一贫如洗却保有精神的尊严，他不认可俊奇说的"人以类分""贵人吃贵物，崽娃子泡饸络"，拒绝白恩杰给他介绍的讨饭女人；他物质匮乏，却有着丰富的精神追求——对白雪和秦腔的热爱。他不是一个道德完善的人物，但却比清风街大多数人显得更为高尚，比之赵宏声的胆小懦弱、三踅的凶暴残忍、君亭的阴谋诡计、庆玉兄弟几个的不孝冷漠，他算得上是一个道德高尚者了。正如庆金所说："兄弟，你是好人，你要是不贪色，你就是清风街最好的人了！"即使对比夏风——这个夏家和清风街的骄傲，引生也不差。夏风在对待白雪、孩子以及秦腔艺术上表现出的自私、冷漠、独断，都表明作者对现代都市知识分子人格缺陷的批评和自省。同时，因为引生的"疯魔"特点，被赋予超越常人的眼光和能力，比如他能看到人头上的光焰，他经常把自己化为昆虫、动物，从而能自由出入各种不同空间，使作者的叙事有更大的自由度。引生自裁的举动进一步将自己陷入孤苦凄凉的境地，从而增添作品的悲凉意蕴。这自然让我们联想到司马迁，想到中国文学的泄愤抒情的传统。"贾平凹创作所显示的秦汉风采，颇得力于司马迁……贾平凹当然没有司马迁的苦难，但我们说过，他有痛苦，他的文学道路充满了绊磕和阻力，他忍受着冷落和非议，这一切使得他从司马迁的处境、生活态度和对事业的神圣感中得到了共鸣。"①贾平凹十分注意将人物置于悲凉绝望境地，他大多数作品中的人物命运莫不是悲剧性的，这大约和他的个性禀赋和审美追求密切相关。他在中国的传统小说、诗歌、文人画里，也发现了自己的偏好，"怎样使世情环境苦涩与悲凉，怎样使人物郁勃黝黯，孤寂无奈。"(《古炉》后记)

其次，这样的情节设定与《废都》构成了文本和现实的某种呼应。我们都知道《废都》以旧式文人气息浓厚的庄之蝶在 20 世纪 90 年代无法适应又想要适应，只能退回到古典的、颓废的氛围中自甘堕落，来影射整个知识

① 费秉勋：《贾平凹论》，西北大学出版社 1990 年版，第 233-234 页。

界世纪末的心灵困境。由于大胆的性描写，贾平凹背上了“流氓作家”的骂名，书被禁且多年深受影响，可谓郁悒之气绵绵悠长。之后的创作，如《白夜》《土门》《高老庄》《怀恋狼》等，都只是在《废都》的方向上滑行，偏向做着艺术技巧上的尝试与摸索，有意与现实保持着一定的距离。可以说，在触摸现实上作者失去了一些信心和勇气，毕竟《废都》中作者力图反映现实，收获的却是多年的文坛寂寞与伤痛。而等到他重新面对现实，而且是内心非常珍视的一块沃土——棣花街，他必须要在人物性格命运上有些出格的表现，才能一纾多年的郁悒之气，于是就有了引生的自我阉割——“我”都把自己阉割了，你们还能说“我”是流氓吗?

最后从现代存在主义哲学层面上理解。引生对白雪的爱、夏天义的淤地、夏天智对传统道德和文化的维护、白雪的女性自主意识和对秦腔的喜爱，都是一种明知不可为而为之的行为，类似于西西弗斯推石头上山的悲壮行动。在现代化、商品化、城市化的“巨轮”面前，任何逆潮流而动都无异于螳臂当车、以卵击石的行为，但谁又能说这种行为就没有意义呢?从这种意义上来说，《秦腔》被赋予了一种反抗荒诞、反抗绝望的悲剧意味，正如加缪在他的《荒诞的藩篱》一文中所说：“明天，他期盼着明天，可于他本该摒弃明天的。这种切肤之痛的反抗，就是荒诞。”①但正因此，贾平凹让人物具有了一种悲壮的神圣感。从这个层面去理解引生的自裁，就有了一种现代主义的反抗绝望的存在意义。《秦腔》也正是以魔幻色彩所具有的“复魅”功能，从而具备了审美现代性，同时其人物精神、小说意蕴上的存在主义哲学底蕴，使其具有了相当程度的现代主义的存在意味。

关于第二个问题，有论者就不同意在引生和白雪之间有着纯洁的精神性的恋爱，认为引生对白雪的追求，“是一种让女性难以面对的赤裸裸的欲望追求”，“这些追求都让白雪感到十分难堪，无法面对”。② 从现实层

① 阿尔贝·加缪：《加缪读本》，沈志明选编，人民文学出版社 2012 年版，第 415 页。

② 刘一秀：《传统与现代的纠结——贾平凹长篇小说创作研究》，吉林大学博士论文，2012 年。

面来看，白雪和引生的关系很难说有一个好的结局，因为自始至终，都是引生表达着对白雪的爱恋，白雪始终都是被动的、少有回馈的。这种爱恋有赤裸裸的性欲，但也不乏精神的，甚至可以说，引生对白雪的情感已到了“情痴”的地步，让人感觉他就是一个乡村版的贾宝玉。贾宝玉的病只有林黛玉能治，张引生的病也只有白雪能医。作为一个受教育程度不高的农民，没有过与女性交往的经历，在农村未婚男性普遍存在的性饥渴的状况下，他对白雪的追求中如果没有性的成分，是不可能也是不现实的。我们认为，关于引生对白雪的追求，如果仅仅执迷于现实层面的分析是不够的，更多应该从人物被赋予的象征和隐喻意义上来做解读。白雪在小说中很难说是一个生活化的人物，她的“美”“善”多少有些不食人间烟火，缺少一些“真”。相反，我们倒是从夏天义的几个儿媳身上看到农村妇女们的烟火气，如干练得有些男人味的竹青，不会做事而嘴碎的菊娃等。而在白雪身上，由于负载了作者太多的理想和观念，人物反而面目不清了。白雪就是善良美丽乡村妇女和民间文化的守护精灵的结合体，是作者理想化女性谱系中的一员，除了她，这一谱系还包括师娘(《天狗》)、小水、西夏、带灯、胡蝶、陆菊人……“在白雪身上不难感到幻影与梦境的色彩。如果说，《浮躁》的小水身上承载的是从现实的角度表现传统乡土社会女性的温柔贤淑之美，那么白雪身上多少带有从理想角度表现出的乡土社会女性的精神之美与性灵之美。”①那么，如何理解引生对白雪的追求呢？还是要回到前面提到的他自断尘根的举动，引生对白雪的追求可以看做庄之蝶、唐婉儿关系的延续。在《废都》中，唐婉儿其实是被作者当“女神”来写的，尽管在大多数读者看来她是和潘金莲一类的“女妖”。这里就出现了一个错位，为什么在贾平凹看来是“女神”的角色，在普通读者看来却是“女妖”呢？如果唐婉儿对庄之蝶的拯救是以灵魂的方式而不是肉体的方式，人们对他们的看法会不会不同？历史无法假设，小说描述的事实就是，唐婉儿和庄之蝶

---

① 刘一秀：《传统与现代的纠结——贾平凹长篇小说创作研究》，吉林大学博士论文，2012年。

的关系是在错误的时间出现在了错误的地点，如此大胆的性描写出现在明代或者 21 世纪的今天，也许就不会有如此巨大的关注和误读；同时，唐婉儿本应是活在《浮生六记》《金瓶梅》等古书中的人物，贾平凹却非要把她复活在 90 年代。“这是一次胆大妄为的写作，一次关于文化和美学重建的梦想。”①《废都》被误读、污名化在所难免，它“力寻一个角度，从男男女女事之中之后去获得社会、人生的东西”。②“是生命之轮运转时出现的破缺和破缺在运转中生命得以修复的过程。”③但却给贾平凹带来太多误读和困扰。因此到了《秦腔》，当引生再次面对理想中的女性，他首先消除了自己性方面的能力，我们看人物当时的心理：

> 锯声很大，我听见锯在骂我：流氓！流氓！流氓！我自言自语说：“我不是流氓，我是正直人啊！”(听起来多么像是贾平凹自己在申辩！笔者注)屋子里的家具，桌子呀，箬帚呀，梁上的吊笼呀，它们突然都活了，全都羞我，羞羞羞，能羞绿，正直人么，正直得很么，正直得说不成，那正直么，正直得比竹竿还正，正直得比梧桐树还正么！我掏出裤裆里的东西，它耷拉着，一言不发，我的心思，它给暴露了，一世的名声它给毁了，我就拿巴掌扇它，给猫说：“你把它吃了去！”猫不吃。猫都不肯吃，我说：“我杀了你！”拿了把剃头刀子就去杀，一下子杀了下来了。

如果真是作为农村的一介闲人，本不该有如此重的名声观念，谁会在乎一个“疯子”的名声？很明显，在乎名声的是作为知识分子“名人”的贾平凹。“流氓作家”的道德污水，让作家积聚了很多的不平之气，郁结在胸，

---

① 陈晓明：《他能穿过“废都”，如佛一样——贾平凹创作历程论略》，《东南学术》2013 年第 5 期。

② 贾平凹：《与田珍颖的通信(一)》，《贾平凹文论集·关于小说》，生活·读书·新知三联书店 2015 年版，第 69 页。

③ 贾平凹：《〈废都〉就是〈废都〉》，《贾平凹文论集·关于小说》，生活·读书·新知三联书店 2015 年版，第 64 页。

终于在《秦腔》中爆发。他让引生割了自己尘根，不具有了耍流氓的能力，那些道德的污水也就无法加诸其身。虽然无法确认引生的这一举动有多大程度上来自作者释愤的冲动，但《秦腔》以后我们发现作者性描写有了收敛的趋势是不争的事实。不具有男性的功能，引生反倒能大胆地去爱了，使他对白雪的追求有了更多的精神的因素。明知难有结果，仍然要去爱，引生对白雪的追求绝望而不被理解，这种孤绝的情感与人物正是贾平凹所看重和乐于表现的"悲凉"的"心迹"。从这个意义上说，贾平凹注重主体心迹的抒情性表达即使在写实如《秦腔》中依然在顽强地呈现。

关于第三个问题，就是引生的人物视角是否成功的问题，评论界争议也比较大。有肯定的，如认为"超越了第一人称叙述和第三人称叙述的局限，从而创造了一种两者角度相结合的叙事可能性和完美性的范例。"①也有否定的，如认为"《秦腔》却无视第一人称叙述的纪律规约，以一种过分随意的态度展开叙事：勇气固可嘉，但效果令人失望。"②也有研究者另辟蹊径，试图以"一种更有效的讨论方式"，"即不局限在文本内部讨论'叙述视角'越界的合法性，而是把这种'分裂'理解为一种'历史性'的症候，联系着作者的历史语境给予一种可能性的解释。""作家内心的摇摆、犹疑与痛苦，注定了这部作品叙述的尴尬：'史诗性'所要求的宏大的全知叙述视角与引生这一类疯癫的第一人称限制叙述并存。""这种疯癫的情感与零碎的世界，恰恰是作者有所察觉却不可避免的。"③确实也不失为一种知识考古学的有效阐释。我们认为，既要肯定作者在视角运用上所作的可喜的艺术尝试，赞赏这种艺术探索的勇气，同时也毫不讳言确实存在叙述视角不统一、有违小说叙事真实的情况。作家选择引生这个疯子视角是经过深思熟虑的，他说："因为《秦腔》的写法不同，它是关于一群人，一个村子的

① 张胜友，雷达等：《〈秦腔〉：乡土中国叙事终结的杰出文本——北京〈秦腔〉研讨会发言摘要》中张水舟发言，《当代作家评论》，2005 年第 5 期。

② 李建军：《是高峰，还是低谷——评长篇小说〈秦腔〉》，《文艺争鸣》，2005 年第 4 期。

③ 黄平：《贾平凹小说论稿》，云南人民出版社 2013 年版，第 136、137 页。

人，它是用故事来连接，来构想，结构比较散，这种结构中间必须有一个东西把它牵起来，就像无数珍珠一样，中间必须用线把它牵起来，笼络起来。如果用正常人的眼光来看，它的想象空间就比较小，而且写得毫无意义……它不是那种很现实的思维，把他写成疯子、半疯子、准疯子，经常灵魂出窍的这种人才能把这堆很实在的东西引出来，回到原来很有意象的虚构世界。”①把《秦腔》放在贾平凹的小说序列里看，它也是一个独特的存在。之前和之后的作品基本都有一个中心人物，因此围绕这个人物来展开故事、推进情节十分自然。《秦腔》缺少一个这样的中心人物，它写的是整个村子以及背后的整个中国农村和农民，所以有评论家说它是“反史诗的史诗性写作”。② 就是说它人物众多、结构庞杂、主题深远，具有了“史诗”的特性。这样一个缺少中心人物的群像书写，需要一个线索人物把零散的人物和故事串联起来；同时由于运用了高度仿真的还原写实手法，怎样“以实写虚”“以最真实朴素的句子去建造作品浑然多义而完整的意境”③，是作家看重的，引生这个具有超现实特色的视角就担当了这样的功能。《红楼梦》中说：假作真时真亦假，无为有处有还无。正是在这种真真假假、虚虚实实中，浑然多义而完整的意境就此产生。由于第一次处理这种第一人称视角的带有史诗意味的群像书写，出现一些视角不一致的情况可以理解，正如以上研究者论说的，在史诗性追求和破碎性书写之间很难求得一个平衡和统一。不过我们在作家之后的创作中不再发现视角分裂的问题，说明作家意识到《秦腔》的叙事缺陷，做了有效的调整和改进。无论是采用第一人称限知叙事的《高兴》《极花》，还是追求“史诗”风格的《古炉》《老生》《山本》，要么如前者收敛了上帝视角的言说欲望，要么如后者消除主观人物视角的内心心理描写，而追求一种客观写实“史”的效果，都

---

① 贾平凹、韩鲁华：《写出底层生存状态下人的本质》，《贾平凹文论集·访谈》，生活·读书·新知三联书店 2015 年版，第 267 页。

② 出自《秦腔：一曲挽歌，一段情深——上海〈秦腔〉研讨会发言摘要》中王鸿生发言，《当代作家评论》，2005 年第 5 期。

③ 贾平凹：《〈古炉〉后记》，《贾平凹文论集·关于小说》，生活·读书·新知三联书店 2015 年版，第 217 页。

表明贾平凹在叙事艺术上进一步走向了成熟。

在此，不妨做个大胆的假设，那就是引生根本就不存在，他只是一个具有叙事和表情达意的功能性人物。这在小说中是可以看出端倪的，如他的神异功能，能够在梦中预见人的命运，他脑子里想到的事情就会发生，能乘着龙卷风上天而安然无事等。引生怕夏天智而追随夏天义，表明他服膺传统道德和重农思想，他是乡村传统道德和重农思想的精神之子。白雪的孩子见了夏风就哭，见了引生就瞪着他看，为她认干爹碰见的就是引生，以至于引生要想："思念白雪思念得太厉害了，会不会就使她怀孕了呢？难道这孩子就是我的孩子？"当然事实上这是不可能的，有研究者从西方文化的角度阐释这种可能性，也无法令人信服。但是如果引生不是实有，只是贾平凹为了使用一个独特的视角而造出的一个功能性人物，许多问题都迎刃而解。首先，由于引生并不实有，那么自然就不存在视角越界的问题，因为看似使用了第一人称的限知叙事，实则用的是上帝视角的全知叙事。其次就能解释作品中很多有悖常理的事，比如白雪和夏风的女儿竟和引生亲，听了秦腔就不哭；引生不能知道别人的心理活动，他只能听见夏天义和夏雨的，因为如果他真是夏天义和夏天智的精神之子的话，听见"父亲"和"兄弟"的心声也就不足为怪了。我们甚至可以进一步做一大胆的推测：引生和夏风其实就是作家叙述主体的一体两面，他们本就是一个整体。夏风代表叙述主体现实的一面，引生代表着精神的一面。现实中的夏风不爱秦腔，抛弃了白雪母女，而意念中的引生却追求白雪和秦腔，或者说，夏风是现实中的贾平凹，而引生是意念中的贾平凹。有研究者注意到小说叙述主体的分裂现象："可以这么理解夏风和张引生应该是一体两面，换句话说，张引生和夏风的合体倒应该是贾平凹过去小说的知识分子形象。现在，贾平凹过去的小说主体实际上分裂成了两个人，这是贾平凹告别乡土，清理自己与乡土精神联系的一种精神分裂状态的写作。"①

---

① 袁爱华：《无言以对的乡土——贾平凹〈秦腔〉叙事解读》，《理论与创作》，2005年第6期。

2. 都市文学视域下的底层书写——《高兴》

《高兴》出版于底层文学备受关注的2007年，被认为是“加入了彼时方兴未艾的‘底层文学’的大合唱”，是继20世纪80年代对于“城乡改革”思潮化的叙述之后的再次“潮流化”。① 也有论者提出不同看法，认为“把它与文坛上流行的‘底层写作’思潮等同起来就有点不太恰当”，理由是贾平凹“不是仅仅把他们(拾荒者)作为底层人物加以描绘的”，“而是以此为切入点探索更为普遍和深刻的人类性话题——中国现代人的精神进程”。② 又以贾平凹不爱跟风的艺术个性作为佐证。我们的意见偏向于后者。《高兴》和《秦腔》在内容上有延续的关系，《秦腔》是写农村的衰败和乡土文化的没落，农民不得不离开土地到城市谋生，《高兴》则是写农民进城之后打工的生活。贾平凹在一次访谈中说：“《高兴》这本书和《秦腔》是一个连贯的过程，《秦腔》主要反映的是一群人怎么走出农村，到哪里去了”，而《高兴》是写农民“进城了，生活怎样，失去土地农民最后还得回去，回去不是老弱病残就是死亡尸体，有这个内在的东西在里面”。③ 对农民、农村命运的关注与思考不是自《秦腔》《高兴》始，而是在20世纪80年代初，当贾平凹自觉地将故乡商州作为中国农村的一面镜子来折射从改革开放到21世纪以来中国农村的历史变迁就已经开始了。如果说最早他只是出于简单地将商州作为自己写作的“根据地”以避免成为写作上的“流寇”的考虑的话，那么到了21世纪，尤其到了写作《高兴》的时候，他越来越强调自己写作的责任感与使命感，将写故乡农民的现实和历史命运作为“现代意识”的重要体现，“现代意识是人类的意识，农民应怎样去活着和活得更好？之所以长久地关注和表现故乡的历史命运和生活，基本的一点是我来自乡下，那里

① 黄平：《贾平凹小说论稿》，云南人民出版社2013年版，第154页。持类似观点的还有李云雷，他的论文《贾平凹与新世纪文学的“底层”转向》(《兰州大学学报》2008年第5期)将《秦腔》《高兴》都归入新世纪的“底层文学”思潮。

② 部科祥：《〈高兴〉与“底层写作”的分野》，《小说评论》，2008年第2期。

③ 贾平凹、韩鲁华：《写出底层生存状态下人的本质》，《贾平凹文论集·访谈》，生活·读书·新知三联书店2015年版，第266-267页。

至今有我的亲人，有生命的关系；再者，中国是农业国，从乡下的角度最能看清这个社会。”①在40多年的城与乡、城与人、乡与人的复杂关系书写中，中国农村和农民的生存现状和历史命运是他始终关注的命题。从20世纪80年代初所谓改革小说对农村现代化进程和现代都市文明的浪漫化想象，到90年代《废都》《白夜》以乡村为背景对社会转型期都市文明病的揭示，再到《土门》中对“城中村”何去何从的描写以表明城市化进程的不可阻挡以及乡村和农民去路彷徨的境遇；直至90年代中后期到新世纪初的一批小说，如《高老庄》《怀恋狼》《病相报告》，则侧重从文化的角度阐明现代文明对传统文明的侵袭以及对现代性的批判性反思；而到了新世纪的《秦腔》《高兴》，作家重新回到写实的轨道，以民间的平民化视角，对乡村的现实命运做着“生活流”式的仿真摹写，从留不住人的乡土，到进入不了的都市，将农民如浮萍般漂泊无依的命运忠实地记录下来。及至晚近的《带灯》和《极花》，仍然延续了对城乡命运的思考。《带灯》把目光对准了乡镇，以西北地区一个贫穷落后的樱镇作为洞察中国西部落后地区基层政治和社会、自然生态的样本。《极花》是作者出版的最短的一部长篇小说，写了一个情节简单的妇女被拐卖的故事，背后反映的仍是由乡入城的农民的命运：当他们(刘高兴、胡蝶)见识了城市的现代化和崭新的文明，他们还是否愿意回到贫穷落后的乡村？如果不回到乡村，他们又能去哪里？一心向往城市生活的胡蝶被强行拐卖到落后的西部农村，那里神秘的民间文化、淳朴的人性加上母子、夫妻亲情的纽襻，促使她被解救后又回到被拐的地方，悲凉、冷酷的故事背后隐现的是新一代农民去路彷徨、精神无依的孤苦命运。通过对以上贾平凹城乡关系问题书写的回顾，发现《高兴》并不是出于对某种文学创作风潮的迎合，而是贾平凹农村和农民书写史上的一个链条，只是出现的时间刚好是农民工命运受到社会关注和“底层文学”兴起的时间节点而已。

① 贾平凹、韩鲁华：《写出底层生存状态下人的本质》，《贾平凹文论集·访谈》，生活·读书·新知三联书店2015年版，第255页。

《秦腔》的成功，令贾平凹在意象写实的形式探索方面有所回退，而继续走在反映农村现实的日常化写实道路上。但此时的写实与20世纪80年代初的写实不同，彼时是一种观念化的写作，而此时的写实是搁置了观念的写实，正是他所说的“看山是山，到看山不是山，到看山还是山”的第三重境界，同是写实，后期的写实在姿态、观念、技巧等各方面都与之前的不同。《高兴》的写作过程并不顺畅，主要在于作家难以确立人物看待城市的态度。我们知道在之前的作品中，作者对城市以及现代化进程颇有微词，写作《高兴》过程之初他也是这么写的，作家不由得陷入等同于人物的情感态度，“使我为这些离开了土地在城市里的贫困、卑微、寂寞和受到种种歧视的人而痛心着哀叹着，一种压抑的东西始终在左右我的笔”。作家感觉到这样写不对，并意识到出现这样问题的原因在于自己的“农民意识”，“即内心深处厌恶城市，仇恨城市，我在作品里替我写的这些破烂人在厌恶城市，仇恨城市。我越写越写不下去，到底是将十万字毁之一炬”。① 直到小说的原型刘书祯的乐观开朗启发作者“得不到高兴但仍高兴着”才是刘高兴，作者才如醍醐灌顶、豁然开朗。小说中对城市的态度采取了后来的多维视角：有喜欢着城市、一心想做城里人的刘高兴的视角，也有对城市既不喜欢也不讨厌，一心想在城市挣了钱回家的五福的视角，还有仇恨着城市，仇恨着有钱人的黄八等人的视角……虽然《废都》《白夜》《土门》都是写在城市发生的故事，但《高兴》才是贾平凹第一部真正意义上的“城市小说”。之所以这样说，基于以下原因：前者虽然也写了城市，但作者对城市的态度是批判的、厌憎的，对现代都市的理性法则是拒斥的、隔膜的。庄之蝶、夜郎、梅梅等都是由乡入城的文化人，自身有着鲜明的传统文化和乡土观念的负累，包括小说的神神鬼鬼的叙事方式、对传统的、乡间的巫术、占卜、音乐、曲艺等艺术都表现出沉迷的姿态，种种迹象都表明，《废都》等并不是真正意义上的具有现代都市意识和都市理性的

① 贾平凹：《高兴》后记一，《贾平凹文论集·关于小说》，生活·读书·新知三联书店2015年版，第79页。

小说。《高兴》则不同，虽然主人公仍是农民，但刘高兴已不是传统意义上的保守、落后的农民。他没有深入骨髓的农民意识，对城市有天然的本能的认同感，如他的一个肾被移植给城里人，他便认为自己命中是该在城市。从小说的情节、语言、环境、心理等各方面的描写方式来看，也都具有了城市小说的快速简洁、变动不羁的特点。上述分析都表明，历经《废都》《白夜》《土门》等对都市现代性反思的阵痛，到《高兴》中，贾平凹逐渐克服着自己内心深处的“农民意识”，对农耕文明和传统文化虽有缅怀但不再沉迷，开始理解、接受乃至欣赏城市，作者的城乡二元对立思维模式变得更加多元而理性，从“苦涩沉重”的控诉变为“柔软温暖”的悲悯，诚如以下研究者所言：“从庄之蝶到刘高兴的变化，是从乡村旧文人形象到底层农民工形象的变化，这就意味着贾平凹对乡村精神的体认发生了从精英到民间的变化。民间的智慧使得贾平凹的身心能够合而为一，理直气壮地以自我本真的姿态站立在城市。在这一刻，身心相异与进而不入的状态不复存在了。”①

刘高兴确实是当代文学从没有过的农民形象，比起郭全海、梁生宝、陈焕生等这些带有鲜明政治意识形态或启蒙话语的农民，他可谓一个全新的“进城的乡下人”。作家尤其注意写出人物的精神，即那种“在肮脏的地方干净地活着”的生活态度，这个人物比之前的进城农民的形象更丰富、更具现代性。小说采用了第一人称叙事，刘高兴是小说的叙述者和中心人物。这是作者经过考虑之后的选择，起初是采用了和《秦腔》类似的写法，“写一个城市和一群人”，这必然陷入宏大的城市背景和复杂的人物关系中，这种细节推进的团块式结构并不适合贾平凹(他对城市生活没有乡村生活吃得透)，也不适合农民工的题材，所以《高兴》用了清晰的中心人物线索、才子佳人式的故事结构，让小说重回故事，重回情节。原来预想的和《秦腔》相似的结构也发生了变化，“原来的结构如《秦腔》那样，是陕北

① 贺绍俊：《从庄之蝶到刘高兴看贾平凹的心路历程》，《兰州大学学报》(社科版)，2008 年第 5 期。

一面山坡上一个挨一个层层叠叠的窑洞，或是一个山洼里成千上万的野菊铺成的花阵，现在是只盖一座小塔只栽一朵月季，让砖头按顺序垒上去让花瓣层层绽开。”(《高兴》后记一)以刘高兴具有一定知识的进城农民工形象作为叙述者，可以表达出新式农民丰富的，甚至有些浪漫化的心理，同时在他身上，也寄托了作家对于农民的一些想象：虽然贫穷，但靠劳动吃饭，不偷不抢自食其力，有着儒家的君子之德；虽然干着最苦最底层的拾破烂生计，但在生计之外，他有见识、懂诗意、讲雅致；他吹箫、养兰草、喜欢高跟鞋，将贫贱的生活过出了品味和诗意，有着道家的潇洒与超脱；虽然他喜欢孟夷纯，但在孟夷纯要以身相许报答他的帮助时，他选择了回绝；他虽然也嘲笑五富的憨傻，但从不离弃他，像对待自己的亲人一样照顾他，即使他死了，也要兑现把他埋在故乡的诺言，体现着儒家的君子之德和淳朴的民间道义。刘高兴就像一朵淤泥里生出的莲花，但作者并没有把他写成单面人，我们在赞赏其善良、义气、乐观、忠诚的同时，也能看出他的幼稚、天真、狭促，甚至虚伪。他口口声声要留在城里再也不回乡下，但当他和五富来到郊区的麦田，表现出来的对土地、庄稼的情感无法掩抑：“五富，五富！我也扑了过去，一片麦子被压平，而微微的风起四边的麦子如浪一样又扑闪过来将我盖住，再摇曳开去，天是黄的，金子黄。我用手捋了一穗，揉搓了，将麦芒包壳吹去，急不可待地塞在口里舌头搅不开，嚼呀嚼呀，麦仁儿使鼻里嘴都喷了清香。”人物的行动暴露了他的真实心理，刘高兴喜爱城市也难掩饰他对乡土的眷恋。又比如他总是抱有一种比五富、黄八强的优越感，认为自己“有涵养”“气质好”，但当他遇到自己也无法解决的困境，也不得不采取自欺欺人的办法，保持一种廉价的、虚幻的乐观。他的生存哲学是：“咱能改变的去改变，不能改变的去适应，不能适应的去宽容，不能宽容的就放弃。”这是一种典型的犬儒哲学。他总相信一些神秘的预兆，来给自己一个事态转好的心理暗示，但实际情况并非如他所想。当孟夷纯被警察抓走，他无计可施，只有和五富挖地沟为她挣赎金，奈何又被包工头拖欠工钱，无奈之际他看到那个像锁骨菩萨塔的小塔(他以为那是孟夷纯的象征)，想：“这一定是天意的安排，那么相信了天意的安排，也就相信着我和孟夷纯一定会重逢，我们会挣到五千元，很快重逢。”他将命运寄托于“天意”，反映了他的迷信思想。贾平凹也说刘高兴“是一种有点虚伪的人”“自恋”，有种“极力想摆脱农民这种身份进入城市自卑下的自尊”，“你可以觉得他是堂·吉诃德一样，他的理想、追求在城市无法实现，但是他的精神高贵着呢。这种高贵表现出来的东西，只能是让人发笑的、荒唐的，但是又让人心酸的”。① 他或许并不具有普遍性，但他绝对是一个性格饱满、有深度、有精神追求的人物，这缘于作家对小说“深刻”的理解，他说：“我认为，现在写小说中有一种误区，哪部小说写得特别深刻呀，经常是这样谈的，深刻地反映了社会的什么什么问题啦，这些所谓的深刻其实都是人为的东西，或者是当局的一些观念，一些政策，一些流行的东西，我觉得，把这些生存状态下人本质的东西写出来，把他写得很饱满有活力，我觉得就写深刻了。”②可见，贾平凹此时的人物观不是写典型，更不是写观念，甚至不强调人物性格的变化，而是注重人物的精神丰富、性格饱满，所谓“青天一鹤见精神”，这也是引生、带灯、狗尿苔、胡蝶等人物的共同特点。

刘高兴与孟夷纯的爱情故事多少有些传奇色彩，类似于古代传奇中落难公子和痴情女子的故事。有研究者分析了当代小说的文体变迁和古代“传奇”文体传统之间的艺术关联，“和孙犁由‘传奇’回溯至汉魏六朝的‘前传奇’不同，贾平凹则由‘传奇’走向了明清时期的‘后传奇’。孙犁的传奇越来越淡化故事性，日趋古朴简洁，而贾平凹的传奇则不断地强化故事性，且日趋浓密繁丽……贾平凹的长篇小说中，凡是成功之作都属于‘传’、‘奇’并重的作品，而平庸之作则大可归咎于‘奇’过于‘传’，故事性淹没了史传性，情节淹没了人物。”③孟夷纯是刘高兴入城梦想的催化剂

① 贾平凹、韩鲁华：《写出底层生存状态下人的本质》，《贾平凹文论集·访谈》，生活·读书·新知三联书店 2015 年版，第 272，273 页。

② 贾平凹、韩鲁华：《写出底层生存状态下人的本质》，《贾平凹文论集·访谈》，生活·读书·新知三联书店 2015 年版，第 270 页。

③ 李遇春：《“传奇”与中国当代小说文体演变趋势》，《文学评论》，2016 年第 2 期。

和凝固剂，说“催化剂”，结识孟夷纯使他为自己的红色高跟鞋找到了主人，使自己的留城有了更切实的目标和动力，也让他结识了城市有产者韦达，使他驻足城市有了现实的可能；说“凝固剂”，是由于孟夷纯的妓女身份和悲惨命运，要不停地筹钱给警察去抓杀死哥哥的凶手，所以看似刘高兴的爱情找到了方向，实则将自己的命运凝固在冰冷的谷底。如果说，认识孟夷纯之前的刘高兴是真的“高兴”的话，那么结识孟夷纯并将其视做命中的另一半让他失去了之前的按部就班、气定神闲，他变得心烦意乱、思虑复杂得像那个“延宕的王子”，变得不再“高兴”。可以说，孟夷纯是小说情节转向的重要推手，是她让刘高兴，连带五富堕入悲惨的命运深渊。所谓“锁骨菩萨”，完全是刘高兴一厢情愿的比附，菩萨是渡人出苦海而不是引人入地狱。作家在小说后记中写道：正在看《西游记》，就来了刘高兴的原型刘书帧，这或许就是一种暗示，暗示着和孟夷纯、五富、黄八、杏胡夫妻等人在城市的纠葛和遭遇，都只是刘高兴“城市生活”必经的劫难——如同唐僧取经途中经历的九九八十一难一样，之后刘高兴就真的能成佛——做个堂堂正正的“城里人”了。

小说人物原型刘书祯今天还在老家接待着慕名而来的游客，售卖自写的关于大作家贾平凹的书籍，他的生活悠闲而富足；小说人物刘高兴未能兑现把五富埋在家乡的承诺，还等待着从看守所出来的孟夷纯，他的城市生活前途难料。由乡入城或由城入乡，在中国都是轰轰烈烈的重大的政治或经济原因造成的人口大迁徙，而在这种人口迁徙中，滋生了如乡土文学(也是“侨寓的文学”，都是由乡裔城籍的作家来书写的)、知青文学、打工文学、底层文学等潮流。城市和乡村之间的双向流动和迁徙，反映的是中国从迈入城市化进程以来就存在的城乡发展不平衡状况，只要这种不平衡存在，这种人口迁徙就不会停止，而中国的“乡下人进城”书写就不会终止。

3. 乡镇基层生态下的现实困境与精神迷途——《带灯》

《带灯》的题材有两个开创性，一是贾平凹第一部以女性为中心人物的长篇小说，二是第一次聚焦乡镇政府这一中国最底层的行政机构。关于第一点，贾平凹是一个擅长写女性的作家，刻画了许多让人印象深刻的女性形象。大致说来，他笔下的年轻女性分为两大系列，一类是传统型，像小水、菊娃、白雪、陆菊人等，一类是现代型，如英英、唐敏、西夏、带灯等，但不管哪一类，基本是以男性为视角，所以也惹得一些“男性中心主义”者的非议。《带灯》《极花》则不同，它们采用的是第一人称的女性人物视角。对于一个男性作家来说，这是不容易的。中国传统小说基本都是第三人称的全知叙事，第一人称叙事是“五四”运动之后，西方小说引入之后才有的，而且中国传统长篇小说真正以女性人物作为描写对象始于《金瓶梅》，四大古典名著中《三国演义》《水浒传》《西游记》中基本没有女性人物的地位，要有也是妖魔化、男性化和边缘化的女性，真正以欣赏、赞美的态度描写女性的只有《红楼梦》。贾平凹曾经表达了对曹雪芹的钦慕：“还有《红楼梦》《聊斋》，我的女性人物，主要是学这两本书。我之所以这样，主要是我与它们有一种感应，那里面的东西，我完全能理解，两位作家对女性的感觉，我能感应到，从心里产生共鸣。”①中国男作家以女性为第一人称来叙述，对贾平凹和中国当代文坛来说都是极为少见的，外国作家我能想到的是奥地利作家茨威格的《一个陌生女人的来信》。那么，贾平凹为什么要在这两部小说中采用女性视角？

第一个原因，是创作的需要。《带灯》写一个乡镇维稳办的主任，一个带有小资情调的乡镇干部，女性更便于体现人物的慈悲情怀和小资品性，如果把这些放在一个男性身上就会很奇怪。以带灯为第一人称叙述，能更加有效地走入人物的内心深处，写出复杂和残酷现实背景下人物理想主义的破灭。另一部女性视角的作品《极花》因为是写妇女拐卖题材，以女性为中心理所当然，而以被拐妇女胡蝶为叙述视角，才能给作家以叙事的合法性，从女性的视角完成拐卖及暴力行为在肉体和灵魂上对胡蝶们所造成的

① 贾平凹，韩鲁华：《关于小说创作的答问》，《贾平凹文论集·访谈》，生活·读书·新知三联书店 2015 年版，第 59 页。

伤害，更有力地反思城市化进程对乡村的剥夺以及乡村绝望的反抗这一悖谬性的社会问题。总之，采用女性视角最大的好处，是可以合法地走入女性的内心，以女性感觉来反映社会现实和表达人性思考。这里就带来下一个问题，男性作家是否有能力或适合表现女性心理？所以接下来要谈到的第二个原因，是作家创作自信和个性的表现。贾平凹有多年书写女性人物的经验，尽管笔下的女性人物也曾招致一些非议，但毕竟他已建立起刻画女性人物的信心。而且，他的艺术个性偏于阴柔，费秉勋说他有"孤独内向的心理特征"以及"婉约派词人的才情"，① 他自己也说"生我养我的地方属秦头楚尾，我的品种里有柔的成分，秀的基因"(《带灯》后记)，认为他喜爱的作家沈从文的作品有"阴柔性"的特点，这样的艺术个性恰恰是适合勾画女性心理的，如同谁也不会怀疑蒲松龄、曹雪芹、孙犁这些男作家写不好女性心理一样。第三个原因，是贾平凹敢于创新求异的创作个性的表现。男作家代女性发声确实是一个一般人不太敢触碰的领域，搞不好画虎类猫、性别倒错，但贾平凹在五十多年的写作生涯中，一直以勇于创新、敢于突破自己为人称道，自然不惧这样的挑战。好在以上这两部作品中带灯和胡蝶的刻画并没有出现性别倒错的问题，人物的个性、心理也是合于身份的。以下将围绕《带灯》的结构、人物、意象等问题分析他新世纪小说的新变。

《带灯》采用了参差对照的散文化结构。所谓"参差对照"指现实生活的描写和带灯写给元天亮的26封短信之间形成一种"对照"——现实的冷酷无情反衬出人物的善良多情，而短信中的深情款款愈发映衬出现实的黑暗冰冷。有研究者注意到这种结构形成的"张力"效果，"在《带灯》中，带灯的理想与残酷的现实、带灯对元天亮的呼唤与元天亮的沉默、作品粗俗的乡村俚语和文学性的抒情语言、小说的故事情节设置与散文化的叙述风格等均存在着较大落差，相关冲突的元素在作品中碰撞、交融，使这部小说

① 费秉勋：《贾平凹论》，西北大学出版社1990年版，第6-8页。

处处闪现着艺术的美感”。① 全书分为三部：“田野”“星空”“幽灵”。“山野”是指带灯生存的环境和曾经的心性，“星空”是带灯身处严酷现实而遥望浪漫理想的心灵世界，代表着她的精神追求；而“幽灵”代表着她最后的命运或结局。“借鉴《圣经》的文体结构，将《带灯》分为上、中、下三部，又对每一部进行了细致的切割，将其分为多个小部分。《带灯》的上部由 37 个小部分组成，中部由 234 个小部分组成，下部由 16 个小部分组成。”②每一个小部分都有一个小标题，是这一部分内容的“关键词”或者“主题词”，其文学源流来自古典章回小说的回目，起着引导提示读者、勾画文本脉络的作用。有研究者注意到《带灯》文本结构的散文化的特点，“《带灯》又采用了散文随笔体叙述，每一段相对来说是独立的，像《商州》一样，用‘带灯’这个人物串起故事”。③ 正是因为这种结构的“散”，需要有些绳络将这些看似散乱的片段勾连起来，小说的三部和每个小部分的标题就是这些“绳络”，起着串联全篇的作用。我们以下部的 16 个小标题为例：“县上来了调查组”“二十四个老伙计合伙做搅饭”“回家时把烦恼挂在树上”“从此带灯和竹子身上虱子不退”“夜游症”“樱镇也有了皮虱飞舞”“带灯与疯子”“提了一篮子水”“坝不见了”“说事”“带灯又说了惊天新闻”“带灯大笑”“上访”“萤火虫”“击鼓传花”“镇政府还有着故事”。这些标题长短不一，有句子、短语和词语，但都是每一小部分的文眼，起着画龙点睛的作用。每个小部分也是长短不一，文风各异，有峻急的现实写真，也有纡徐的浪漫闲笔，倒不像是在看一部长篇小说，而是在听一曲张弛有度、节奏分明、充满张力的交响曲。在这 16 个小部分中，起码这几个部分是和带灯最后的命运结局联系并不紧密的：“回家时把烦恼挂在树上”“提了一篮子水”

---

① 杨会，王丽文：《论〈带灯〉的艺术张力》，《中国现代文学研究丛刊》，2014 年第 4 期。

② 杨会，王丽文：《论〈带灯〉的艺术张力》，《中国现代文学研究丛刊》，2014 年第 4 期。

③ 贾平凹，丁帆，陈思和等：《贾平凹长篇小说〈带灯〉学术研讨会发言摘要》，《扬子江评论》，2013 年第 4 期。

“坝不见了”“萤火虫”“击鼓传花”，属于“闲笔”。讲究文章功夫的孙郁就很看重闲笔：

> 贾平凹却愿意逗留在一个地方，让主人公与读者都歇脚于山林之下，清泉之间。这时候他的学问与趣味都在一起赶来与读者对话，小说的民俗的因素出来，乡下的一切便罩上了诗意。有的是农民的朴实语言的结晶，有的乃是故人与作者精神的衔接。宋明以来文人的天地之感，与人性的温度于此飘然而至，文字的味道与人物的境界均处，那是《红楼梦》里才有的情思。作者借鉴了曹雪芹的笔力，在实笔与闲笔间，画人间百态，写生死之意，描明暗之色。这是小说里的一种中国本色，我们久矣不见其色调了。①

《带灯》有两个突出的意象：萤和虱子。“萤”是带灯的名字，一次跟随马副镇长执行了一次给妇女结扎的任务，刚刚经历了和妇女家人的冲突和流血，萤内心正不是个滋味，“却看见麦草垛旁的草丛里飞过了一只萤火虫。不知怎的，萤讨厌了萤火虫，也怨恨这个时候飞什么呀飞!”她是觉得这萤火虫飞得不是时候，萤火虫这么美丽、梦幻的东西怎么能出现在此时此地呢?“但萤火虫还在，飞忽高忽低，青白色的光一点一点地在草丛里、树枝中明灭不已。萤突然想：啊它这是夜行自带了一盏小灯吗?于是，第二天，她就宣布将萤改名为带灯。”命名往往具有一种仪式感，它表明一种新的意义或价值的产生。由“萤”到“带灯”的改动表明人物主体意识的觉醒，周遭黑暗，萤火虫自带一盏小灯，不但能照亮自己前行的路，也能给周围带去些许的光明和温暖，所以改名，作为自勉。但什么又是这盏小“灯”呢?是那24个老伙计所代表的老百姓对她的爱戴和支持?还是那个从未谋面却倍感亲切的元天亮?是传统的儒道佛?还是所谓“社会主义新人”的“政治伦理”?从带灯最后的结局看，不管这盏“灯”是什么，都没能

① 孙郁：《〈带灯〉的闲笔》，《当代作家评论》，2013年第3期。

带领她走出沉沉黑夜。贾平凹后期的长篇小说往往构建一个整体的意象，来表达自己的某种寄托，并作为作品题目，比如《废都》《白夜》《秦腔》《古炉》等，《带灯》也是，理解了“带灯”这个核心意象就理解了这个中心人物及作家所想表达的思想。带灯身上具有与环境的无法适应性、儒道佛影响下的传统文人性以及现实世界的智慧和精神世界的迷茫之间的矛盾性等特点。

贾平凹笔下一直刻画着一些与环境无法适应的人物，他们以孤绝的精神反抗着环境，追求自己的人生理想和精神境界。从悠远的终南山走进西京城里的庄之蝶，面对废都里物欲横流、道德沦丧的喧闹市声无法适应，梦想着回到古人的醇酒美人的境界而不得，因此，“《废都》是生命之轮运转时出现的破缺在运转中生命得以修复的过程。”①《高老庄》里的子路回乡省亲，却发现故乡在商品经济大潮席卷下如此纷乱破败，而传统的力量强大到自己回到故乡就被打回原形，他在新妇和旧人的情感间纠缠不清，最后只有在父亲的坟头流着泪说：再也不回来了。《高兴》中一心要做城市人的刘高兴，做着城里人不愿干的拾破烂、卸水泥、挖地沟，挣来的钱满足不了心上人办案追凶的需求，关键时候，孟夷纯首先想到的还是城市有产者韦达，这就是都市的冷酷现实法则。面对着五富回不去故乡的尸体，刘高兴留城之路注定荆棘丛生。带灯也是，一开始到镇政府就表现出对环境的不适应，“带灯不习惯着镇政府的人，镇政府的人也不习惯着带灯。”书记每天下午都回到县里，请客吃饭拉关系，“为自己升迁谋门路”。镇长还是副镇长时，“为了进步，常要去县上走动，每一走动，最起码就让带灯去乡下收些土鸡蛋，或者蜂蜜和木耳。带灯收这些土特产的钱是自己掏腰包，从没让副镇长付款。”有升迁希望的如书记、镇长就忙着活动，没有希望的如马副镇长及下面的干事们下班就是喝酒、打牌。而带灯追求高雅的精神生活：她“没事就在房间里读书，别人让她喝酒她不去，别人打牌的

① 贾平凹：《〈废都〉就是〈废都〉》，《贾平凹文论集·关于小说》，生活·读书·新知三联书店2015年版，第64页。

时候喊她去支个腿，她也不去，大家就说她还没脱学生皮，后来又议论她是小资产阶级情调，不该来镇政府工作”；她爱动物，给镇政府大院的灰毛狗洗澡，洗成白毛狗；她亲近自然，“天一亮就出门，晚上了才回来。她喜欢在山上跑，喜欢跑累了就在山坡上睡觉”。和镇政府的其他工作人员不同，带灯善良，有慈悲心肠，这不光体现在她对自己丈夫后房婆婆的态度，以及和自己的一帮老伙计之间的情谊，也包括对王后生这样的上访“钉子户”的理解和同情。她在给元天亮的信里写道：“山里人实在太苦了，甚至那些纠缠不清的令你烦透了的上访者，可当你听着他们哭诉的事情是那些小利小益为着微不足道而铤而走险，再看看他们粗糙的双手和脚上的草鞋，你的骨髓里都是哀伤和无奈。”她的慈悲和宽容还体现在她虽然对镇政府工作人员的工作态度和方法不认同甚至反感，但也能体谅他们夹在上级和镇民、农民间的受夹板气的窘迫境遇，尤其是对曾是同学的镇长，更是以姐弟般的情义呵护有加。小说最后用了一个梦幻的场景来表达带灯身上的“佛性”：带灯成了械斗事件的替罪羊，被免去维稳办主任，行政降一级处分，突然河湾里出现了萤火虫阵，那似乎是为带灯叫屈的自然的精灵。有研究者说过一旦作者有某种愿望，小说中就会出现异象，这种异象其实是作者愿望的体现，笔者深以为然。小说写道：“就在这时，那只萤火虫飞来落在了带灯的头上，同时飞来的萤火虫越来越多，全部在带灯的头上，肩上，衣服上。竹子看着，带灯如佛一样，全身都放了晕光。”因此说，带灯心性里是有佛家的慈悲、禅悟和受难意识，她对自然的亲近有道家的“游方之外”的出世情怀；而她对民间疾苦的关心，对社会不公现象的不齿和抗争，又体现着儒家的济世情怀。对带灯的身份界定，评论界有着多种解读，有人认为带灯是“社会主义新人”，“重新勾连起那个断裂的激进现代性的谱系。”①也有人认为“带灯骨子里还是一个农民的化身，小说最后就是一群萤火虫过来把他照着，像个菩萨一样，这是一个浪漫的写

① 陈晓明：《萤火虫、幽灵化或如佛一样——评贾平凹新作〈带灯〉》，《当代作家评论》，2013 年第 3 期。

法，这个菩萨是派来引渡农民的，是来渡农民的苦难的，但是她失败了。带灯虽然是上面派来救农民的人，可是不是站在对农民批判的立场上，而是结集了所有农民的愿望，希望有这样一个像神灵一样的东西来拯救他们。在我们今天的官场上她是不存在的，或者想存在也存在不了的。”①还有人认为她是“具有小资情调的知识分子”。② 而我们更倾向于认为她是一个有着传统文人气质的现代女性，在她身上交织着传统文化思想和女性主义、平等、自由、民主等现代的理念。虽然她爱读书，但她的读书完全凭兴趣，也仅仅中专毕业，缺少知识分子的专业领域，因此她不一定能算作知识分子。和现代知识分子相比，她更像是古代的“士”，“是政治与道德、佛教的结合，也是善的伦理的结合。”③

在带灯身上交汇着现实世界的理性智慧和精神世界的迷茫彷徨。前者体现在她处理现实问题的态度和智慧，后者主要表现在她写给元天亮的26封短信中体现的浪漫情怀和迷茫情感。带灯处理现实问题基本是被动的，在第一次灭虱行动失败以后，她知道其实自己能做的很有限，她得出的经验是：既然改变不了那不能接受的，那就接受那不能改变的。而这种轻易的妥协我们在作家其他小说人物身上也能看到，比如《高兴》中刘高兴也说：“咱能改变的去改变，不能改变的去适应，不能适应的去宽容，不能宽容的就放弃。”他们身上都表现出一种犬儒主义哲学，一种面对现实的无力和妥协，这大概也是作家人生态度和文学观的写照，因为毕竟在这个时代，小说人物的无力感其实也就是文学的无力感、作家的无力感。但无力并不代表缺乏智慧，带灯在处理南河村人筛沙修房以及南胜沟村的缺水问题等一系列事件处理中，都显示出了一种智慧，这种智慧除了个人先天的慧根之外，更多是长期基层工作经验的积累。带灯巧妙利用手中的权

① 见贾平凹，丁帆，陈思和等：《贾平凹长篇小说〈带灯〉学术研讨会发言摘要》中陈思和发言，《扬子江评论》，2013年第4期。

② 沈穷竹：《贾平凹笔下的“带灯”形象——浅谈带灯形象的多重性》，《文艺争鸣》，2016年第6期。

③ 陈晓明：《萤火虫、幽灵化或如佛一样——评贾平凹新作〈带灯〉》，《当代作家评论》，2013年第3期。

力——可以为元黑眼办采砂证，借力打力，既让元黑眼同意了南河村人筛沙修房的合理诉求，又迫使他借出一台抽水机解决了南胜沟村缺水困难，可谓一石二鸟。此外，像她学习中医，在各村培养自己的关系人——“老伙计”，也是一种工作的手段和智慧。在为农民的诊治、真情来往中，拉近了和他们的距离，使自己的维稳工作更能落到实处。这和镇长、书记的工作态度完全不同，也是带灯不能适应基层政府工作的重要原因：她无法接受他们的人生信念和工作方法。书记对村委会干部选举的态度是；“啥叫成功？没有上访就是成功!”镇长为了自己清静，答应给无理取闹的村民 1500 元，带灯说：“陈小岔不是省油灯，给他一千五百元，或许得了利，以后还会再来闹，而且别的人也都看样。这些年上访的多，都是你们当领导的要么不处理要么就纵容。”为了不让上访钉子户王后生上访，镇长的“得意之作”是给他每月 400 元看林防火。带灯很生气地说：“你知道王后生是上访大户，你不压制他还给他挣钱的好差事?!”“你再这样下去，樱镇就不想有好日子过了。”樱镇发生水灾，死亡和失踪人数是 12 个，在书记诱导下，有 10 人作为和水灾无关的非正常死亡，不做水灾死亡统计，唯一统计在内的还被“树立”为抗洪抢险的英雄典型。书记的“工作智慧”按元斜眼的话说：“就凭个胆大，喜欢把事情煽起弄圆，煽起弄圆了就怂管了。”书记、镇长办事出发点都是自己的政治前途，基本没有为百姓利益考虑，工作既无原则也无方法，不能做到赏罚分明、坚持公理，只是眼前应付，推卸责任。这是中国一些基层官员的写实，来自中国自古以来官场文化的沉疴，也是贾平凹着力想要反思和批评的政治生态痼疾。他在后记里写出了自己对中国乡镇现实问题的担忧：

> 可我通过写《带灯》进一步了解了中国农村，尤其是乡镇政府，知道着那里的生存状态和生存者的精神状态。我的心情不好。可以说社会基层有太多的问题，就如书中的带灯所说，它像陈年的蜘蛛网，动哪儿都落灰尘。这些问题不是各级组织不知道，都知道，都在努力解决，可有些能解决了有些无法解决，有些无法解决了就学猫刨土掩

> 屎，一边解决着一边又大量积压，体制的问题，道德的问题，法制的问题，信仰的问题，政治生态问题和环境生态问题，一颗麻疹出来了去搔，逗得一片麻疹出来，搔破了全成了麻子。

《带灯》精神世界迷茫彷徨的一面主要通过带灯写给元天亮的短信体现出来。小说中部“星空”以给元天亮的第一封信开始，到最后一封信结束。在这些信里诉说思念、抒发情感，完成自我修炼。这26封信就好比带灯内心浩瀚星空中的26颗璀璨夺目的星斗，晶莹剔透，闪现着璀璨的性灵之光。带灯是在和丈夫感情出了问题，自己又拒绝了镇长的“骚扰”之后，开始梦见了元天亮，然后给他发短信的。元天亮就是她前行的一盏灯、一片星空，至少开始她以为是这样。但这“星空”如此高远、遥不可及，无法给心路彷徨、情感无依的带灯以光明和温暖，她能做的只能是“带灯夜行”。当她明白这一点，就不再给元天亮写信，而自己也变成一个夜游镇街的“幽灵”。她对元天亮的情感大概经历了表达爱慕、倾诉思念——精神修行——放弃幻想这样一个过程。在她给元天亮的最后一封信中，表达了自己梦醒之后断然放弃的决绝，全然没有了之前的深情款款、絮语绵绵：“你在经天纬地地盛大着你的事业，而我是我，我把我的坟墓建在人的腹中。很好，我知道你生活得很好，你知道我能生活得好，这就足了么!”而在下部“幽灵”中，带灯将之前短信中构筑的虚幻精神空间放到了现实中，她的精神就产生了分裂，她的飞翔之翼就此折断，“带灯诗性飞翔的另一个重要方面就是她与元天亮的关系，以及作为小说结构重要一极的‘短信叙事’。对带灯来说，对元天亮的短信倾诉以及乌托邦式的爱情已经成了她超越现实、飞跃现实的重要寄托”①。

小说的第二个重要意象是“虱子”。这个意象贯穿全书，由上部的“皮虱飞来”“虱子变了种”到下部的“从此带灯和竹子身上虱子不退”“樱镇也

① 吴义勤：《“贴地”与“飞翔”——读贾平凹长篇新作〈带灯〉》，《当代作家评论》，2013年第3期。

有了皮虱飞舞”。对这一意象的理解也有诸多分歧，有“物欲”说：“物态的虱子……隐喻着人的内心欲望与骚动，更隐秘的皮虱滋生在人们心间，‘虱情’叙述即此获得象征蕴涵，隐含着社会转型期物欲主义在古老乡村的滋长、泛滥，也暗示着古典乡土传统伦理秩序遭此渗透与冲击，走向倾废与崩塌。”①有“丑恶现实”说：“无处不在的虱子则是污泥般的现实的象征，虱子虽小，但却力量无穷，渗透力极强，带灯与虱子进行的战斗，可以说正是她与现实丑恶势力抗争的一个缩影。”②还有“人民性”说，认为生虱子是贫穷落后地区农民的特性，“与民同虱”代表能和他们打成一片：“带灯和竹子抗拒成为侮辱伤害弱者的同谋，但‘与民同虱’，是不是据此以为带灯和竹子可以在‘人民’和‘大地’中安妥自己了？”③我们认为后两种说法比较合理，第一种说法无法解释带灯和竹子最后生了虱子并习惯这一现象，虱子应该是某种落后的、不文明事物的指代。理解它的寓意可以从现实和文化两个层面。现实层面来说，虱子一定是和贫穷、肮脏、不卫生、落后等环境因素相联系的，所以带灯会想：“南北二山的村寨里，也包括镇街上的人家，身上有虱子还可以理解，而镇政府的干部，甚至书记镇长的身上也有着虱子，这让带灯咋都想不通。”这样看来，虱子不止滋生在贫穷、肮脏的地方，它有极强的“传染性”。从文化层面来说，它是一种古老的、陈腐的、生命力顽强的文化空间的象征。樱镇最初的皮虱来自兴建大矿区的华阳坪一带，“几百年的老屋旧墙一推倒，钻进墙缝已成了空皮的虱子随着尘埃腾空，久久不散”。而到了樱镇大工厂兴建，推倒了老屋，也有了如尘土般飘扬的皮虱。表明皮虱都滋生于现代工业文明兴起的地方，代表着现代工业化的幽灵无处不在、四处蔓延，并且在它的冲击下传统的沉疴也沉渣泛起，与现代物欲文化相结合，滋生出新的变种，“樱镇的虱子

① 陆克寒：《〈带灯〉：现象界叙事与精神梦游——兼论当下中国文学价值理念的缺位》，《扬子江评论》，2013 年第 4 期。

② 吴义勤：《“贴地”与“飞翔”——读贾平凹长篇新作〈带灯〉》，《当代作家评论》，2013 年第 3 期。

③ 何平：《我们的时代，我们同时代的人——关于《带灯》的几个问题》，《当代作家评论》，2013 年第 3 期。

从来都是白色，即便是头发里的虱子，交裆里的虱子，都是白色的，而从华阳坪一带飞过来的虱子又都是黑颜色，见多了白虱子和黑虱子，怎么就又有了灰虱子？想想，他们就肯定了这灰色的虱子是白虱子和黑虱子杂交了出现的新的虱种！”而这种变异的、负面的文明变种，是更难于克服与战胜的。带灯从最初的害怕虱子，坚决不让自己生虱，到最后和竹子都生了虱子并“习惯了，也觉得不怎么恶心和发痒”。这个细节是有隐喻意味的，带灯的生虱，代表着一个向环境求和的现实的带灯的诞生，同时也意味着那个坚决不被环境所同化的、小资的、浪漫的、诗意的、理想化的带灯的死去。在虱子这个意象的设计上仍然体现出贾平凹对传统文明与现代文明交汇冲突下，新的腐朽文明变种(比如樱镇的官场文化、访民和地方强横势力身上体现出来的群氓行为)滋生的忧虑，对中国现代性进程中可能带来的负面因素的批判性反思。

4. 苦寒之处开极花——《极花》

《极花》讲述了进城女孩胡蝶被拐卖到西北偏僻的乡村，历经反抗、逃跑被抓、被强暴怀孕生子、心理情感逐渐发生微妙变化而“认命”的现实和心路历程。胡蝶以作者老乡的女儿为原型，现实生活中的人物原型因承受不了外界带来的困扰又回到了被拐去的那个村庄，而小说人物胡蝶刚做了个被解救的梦，小说就结束了。小说虽能看到明显的现实对应关系，但已是一种完全艺术化、风格化的书写，作者通过这个拐卖妇女的“新闻性”题材想表达怎样的社会问题关注和人性隐秘探求，是值得思考的问题。同时，小说只有15万字，是贾平凹至今为止最短的一部长篇小说(2022年出版的《秦岭记》可能是个例外，但笔者并不认为它是长篇小说，应该算作短篇小说集)，是作者创作力减退了，还是这个题材、这个人物写这么长就够了？抑或如作者所说：是“用了减法”的“另一种的经验和丰收”？这部小说以及他近来的两部写城乡对立现实的小说《高兴》《带灯》，和《秦腔》及之前的作品比，有哪些一以贯之的叙事策略与审美效果(常)，又有哪些不同(变)？

首先说说“常”。不论是写自己经验还是他人经验，对于贾平凹来说都是写他自己。贾平凹绝对是个主体意识很强的作家，他者经验如果不能在作者内心形成有效的反应的话，刺激不起他的创作欲望。正如他在《极花》后记里所说：“我写了几十年，是那么多的题材和体裁，写来写去，写到这一个，也只是写了我而已。”这个“我”，既是指出身农民生活在城市的“现实”的“我”，更是指承担了文化反思、社会批判、人性洞察等复杂功能的“心灵”的“我”。生活了 19 年的故乡商州、54 年的古城西安，几乎提供了贾平凹全部的创作来源，他的农村生活和都市生活是他全部的现实生存经验，即便作品中不再出现作者的生活经历，我们在刘高兴、带灯、胡蝶等人物身上仍能看到作者的“影子”——刘高兴靠拾破烂谋生、不被城市接纳，却那么的乐观，“越是活得沉重，也越懂得着轻松，越是活得苦难他才越要享受着快乐”。① 带灯夹在上级和农民之间两头受气，“每天面对的是泼烦、焦虑、痛苦、无奈和辛劳”，却仍然保持精神世界的美好向往；胡蝶“似乎有文化，还有点小资意味，爱用一些成语，好像什么都知道，又什么都不知道”，却能感悟姥姥爷所说“地上一个人，天上一颗星”的玄妙启示，能领会麻子婶剪花花的神奇与美，她是善良、灵性、易感的。他们是刘高兴、带灯、胡蝶，也是贾平凹自己，是中国人的理想人格的体现。贾平凹的作品写出了中国人的集体无意识，正如贾平凹自己所说：“西方‘自我’是原子化个体的自我，中国文化中是人格，人格理想这个东西带有群体性和积累性。在西方现当代艺术发展过程中，纯粹个体的心理发泄是主要的创作动力，这是现代主义绘画包括后现代主义的观念艺术和装置艺术的主要源泉。而在中国，动力是另一个，就是对人格理想的建构，而且是对积累性的、群体性的人格理想的建构。但它不是只完善自我，是在这个群体性、积累性的理想过程中建构个体的自我。”(《极花》后记)无论是写自己的还是他人的人生经验，贾平凹都采取了“六经注我”的

① 贾平凹：《〈高兴〉后记一》，《贾平凹文论集·关于小说》，生活·读书·新知三联书店 2015 年版，第 79 页。

方式，以“我”为主，以一种强烈的主体精神写出中国人特有的“人格理想”，这既是他的叙事策略，也体现了他的审美理想，这应该就是他小说叙事的“常”。

再来说说“变”。贾平凹的小说自20世纪90年代以来，大多带有鲜明的自叙传色彩，即将自己的经历、体验、心理融入小说人物身上，这些人物或是知识分子，如《废都》中的庄之蝶，《秦腔》中的夏风，《高老庄》中的高子路，《怀恋狼》中的子明等；或是农民，如《秦腔》中的引生，《古炉》中的狗尿苔。新世纪以来，尤其是他最近的几部小说，自我经验的表达变为了他者经验的书写，知识分子立场或视角变为平民人物立场或视角。《高兴》《带灯》以及《极花》，在叙事立场和叙事经验上都有了一些转变，表现为对个人经验和身份的一种超越。《高兴》是写“我”的乡党刘高兴的，《带灯》写了樱镇一位维稳办的女干部，《极花》写了被拐卖的少女胡蝶，这些人事都和作者有勾连，但毕竟是他人之事，如何在写“他者”经验时避免上帝视角造成的不真实感，同时将作者“独抒性灵”的写法贯彻下去，是这种转变中作者要谨慎处理的问题。我们注意到上述三部作品都采用了第一人称的叙述，而不是第三人称叙述。第一人称叙述大致有两种情况，一种是叙述者与隐含作者、真实作者之间有着高度重合，另一种是叙述者与隐含作者、真实作者并不一致，只是作者借了人物的口来说话，眼来观察，脑来思想，《高兴》《带灯》《极花》都属于后者。贾平凹之前的长篇小说大多采用了第三人称的全知叙事，这也是中国古典小说的一个叙事传统，西方的十九世纪批评现实主义小说也基本采用了这种叙事方法。这种全知叙事好处在把握宏大叙事和繁杂人物的便利，情节走向和人物命运皆在“上帝之手”的笔下，所以中国古代的历史传奇、家族世情小说，以及西方的追求“史诗”风格的批判现实主义小说，都运用了这种叙事；但这种方法的弊处在于往往不能深入人物内心，即使深入，也总有人物和叙述者之间的“隔”所造成的不真实感。而第一人称的人物视角却可以克服这种“隔”和不真实，人物和叙述者的视角、语言、思想、行动高度统一，人物看不到的，读者看不到，人物想不出的作者也不写。贾平凹在近期的几部讲述他者经验的小说就采用了第一人称的有限视角，即将自我经验的上帝视角改换为他者经验的有限视角，克服了之前小说视角不统一而可能造成的“不真实”。

《极花》体现出的“变”，在于书写经验与创作姿态的转移：自我经验向他者经验的转移，知识者立场向民间立场的转移。自我经验向他者经验的转移，带来了表现地域空间的扩大和时间范围的拉长，由商州、西安到古炉村、樱镇、圪梁村，后者更像是一个缺乏能指的符号，符号后面的所指都是“中国”，正像《极花》中所写：“待在哪儿还不都是中国?”在那些以作者个人经验为书写对象的作品里，个人经验多少限制了这种空间扩大的指向性，而到了以他者经验为主的作品中，这种以一城一乡来指代整个国家，以特体人物来写出民族的群体性特征的趋向就尤为明显了。小说叙事时间的拉长体现在《老生》中，借一个老唱师命运遭际写出了商州由民国到当今的百年历史。这些他者经验都有着现实的底本，还带来了“贴地叙事”的效果，所以“显然带着强烈的时代感和当下性”。① 有论者就指出了《极花》的这种新闻性和现实感：“贾平凹以近乎实录的方式描写了一幅凋敝破败的当代乡土风貌……剪纸花、炒五豆、拴彩绳等民间风俗的精细记述，则使小说像是一部兼具文献价值的风物志。而以拐卖妇女为原型的故事中，胡蝶的逃跑、遭受凌辱以及被强行占有，警方的介入营救，村民的围追堵截等情节几乎和案件记载、新闻报道一样。”②由于个人经验的消失，小说中曾经的知识者主人公消失了，如庄之蝶、高子路、夏风等，取而代之的是城市打工族、基层乡镇干部和被拐农妇这一类基层乃至底层的人物，而且他们既是故事的主角，也是故事的叙述者。可以说，《高兴》开始，延至《带灯》《极花》，贾平凹由《废都》开始的自叙传式个人化叙事，到《秦腔》就基本结束了，继之以写更广阔的人物、更具现实切入感的事

① 吴义勤：《“贴地”与“飞翔”——读贾平凹长篇新作〈带灯〉》，《当代作家评论》，2013 年第 3 期。

② 彭正生：《真实性、现实感与纠结的文化心态——读贾平凹的〈极花〉》，《当代文坛》，2016 年第 4 期。

件、更真实的叙事角度，与之相伴的是创作姿态和立场的改变，即启蒙现代性或传统文人性的知识分子的俯瞰立场，改变为更接地气的与底层人物平等对话的民间立场。

《极花》后记中写道：“兴许是这个故事并不复杂，兴许是我的年纪大了不愿她说个不休，该用减法而不用加法。十五万字好着呀，试图着把一切过程都隐去，试图着逃出以往的叙述习惯，它成了我最短的一个长篇，竟也让我喜悦了另一种的经验和丰收。”小说从胡蝶囚禁在黑亮家窑洞第178天写起，到寻解救她的娘未果而结束，之前弃学、进城、被拐的经历都是以她间断性的意识流动写出。人物的前史和结局都被省略掉了，胡蝶最终到底有没有被解救？还是如现实中作者乡党的女儿那样又回到了被拐的村子？小说没有给出答案，因为任何答案都未必是最佳，任何结局对她都无比残酷。不能不说小说就此结束是恰切的也是无奈的。梦境中的解救小说中并没有发生，也许之后会发生，但梦境中的经历已昭示胡蝶：解救后的生活也许更加艰难，也会对一直企盼、可能到来的解救心生疑虑，所以才会在没有遇到前来解救自己的娘之后哄骗自己：“我娘没来，訾米是搞错了，误解了，我娘怎能寻到这里来呢？”——为胡蝶留在圪梁村打下了心理和情感的基底。如果说鲁迅提出“娜拉走后怎样”，关注的是勇敢走出封建家庭的妇女，如何求得经济和人格的独立以实现真正彻底的解放，那么《极花》关注的是更具时代现实感的问题：走出乡村的胡蝶面对“肥大了”的城市和“凋敝着” 的乡村，面对做城市人梦想的虚妄、破灭以及土地对于她的如母子般的亲情血缘撕扯，她又该何去何从呢？从这个意义上说，居于城中村的梅梅、眉眉，由农村来到城市打工的刘高兴、五富等，他们和胡蝶其实是一类人，他们从土地上出来，来到城市，却发现城市并不接纳他们，想要回去也回不去了，贾平凹对当代中国徘徊在城与乡之间的农民命运的关注是深刻而沉痛的。

《极花》人物单一，视角集中，情节也不复杂，“这个小说，真是个小小的说话，不是我在小说，而是她在小说。”(《极花》后记)这种“做减法”造成的留白的艺术效果，一方面是作者自觉的艺术追求，另一方面恐怕作者也无法对人物的命运结局给出答案，对于上文提出的问题，作者看到、领悟到，用文学的方式记录下来，至于解决这些问题则不是作家的工作了。一部作品留给读者诸多想象和思考的空间，这本身就是一种价值。读者在哀怜胡蝶不幸的命运，被她的美丽、聪慧、坚毅而感叹的同时，也能理解她后来对黑亮及圪梁村人的和解、认命，这一个女性的被贾平凹写活了，从此当代文学经典人物形象中又忝列一个，多少也有“做减法”写法的功劳吧。

“用减法”绝不意味着不刻画鲜明的人物，不意味着在思想和人物性格上的单薄。《极花》里的人物由“这一个”到“这一类”的指称尤为明显，“正因为强调人物的寓意化、符号化，人物因之而成为某种观念物，成为一个抽象的符号”。① 因此小说传达出来的意蕴是混沌、多义的，绝非一两句话就能说得清楚。《极花》里的人物都是类型化的。胡蝶善良、聪慧、坚忍，她对于城市生活的向往几乎是每个乡村女孩的共同梦想。黑亮憨厚、孝顺，但也强蛮、狡黠，不顾一切地想把血脉延续下去，此外，姥姥爷神秘、智慧、德高望重，寄托了作者乡村伦常维系的理想，麻子婶灵异、具有天赋的剪纸禀赋，这些人物，都算不上是独特的“这一个”，而是普遍的“这一类”。贾平凹的小说人物和情节大多具有个别反映一般、具象表现抽象的意义，如庄之蝶的命运折射了转型期市场化、大众化潮流冲击下，知识分子灵魂无处安放的苦楚，刘高兴写出了由乡入城的农民并不能真正被城市接纳，又不愿回乡的彷徨等。之所以他的小说人物具有广泛的指代意义，是因为贾平凹往往从自己熟悉了解的地域和人物出发，捕捉到中国在改革开放和城市化进程中的难点和痛点，所以他笔下的人物就和阿 Q、别里科夫、格里高尔·萨姆沙等人物一样，具有了典型的人类原型的特征。贾平凹后期特别强调“现代意识”和“人类意识”，强调“中国经验”，如何具有“现代意识”和“人类意识”，怎样写出“中国经验”呢？他说：“我们的

① 王义军：《审美现代性的追求——中国现代写意性小说与小说中的写意性》，暨南大学博士论文，2002 年。

眼睛就得朝着人类最先进的方面注目……正视和解决哪些问题是我们通往人类最先进方面的障碍，比如在民族的性情上、文化上、体制上、政治生态和自然生态环境上、行为习惯上，怎样不再卑怯和暴戾，怎样不再虚妄和阴暗？怎样才是真正的公平和富裕，怎样才能活得有尊严和自在。只有这样做了，这就是我们提供的中国经验，我们的生存和文学也将是远景大光明，对人类和世界文学的贡献也将是特殊的声响和色彩。”(《带灯》后记)《极花》中体现出的人物的原型意义，书写拐卖妇女事件体现出用“人类意识”观照“我们通往人类最先进方面的障碍”的尝试，是不是也显示出了“做减法”叙事手法的提纯与高效呢？

贾平凹的长篇小说的抒情性特征一直未变，他自己也说：“《废都》和《秦腔》正是我对世纪之交中国大陆的历史所作的一份生活记录，也是对我的故乡我的家族的一段感情上的沉痛记忆。它是我的宣泄，一种说话，不写出就觉得郁闷和难受，就像一个人在他的父母去世时没有去奔丧而永远气堵，揪心，耿耿于怀。”①也就是说，他的小说是有情感宣泄色彩的，是“主情”的。一般说来，“主情”是诗歌的特质，叙事记人才是小说的重心，但贾平凹显然将两者结合起来了。这不得不说到中国文学的两个传统：诗骚传统和史传传统，前者注重抒情，后者则重写人叙事。陈平原先生就指出抒情性的小说和诗骚传统的联系，“‘诗骚’传统，使得中国文人先天地存在着接纳‘抒情性的小说’的可能性。引‘诗骚’入小说，突出情调和意境，强调即兴与抒怀，必然大大降低情节在小说整体布局中的重要性，为中国小说叙事结构的转变铺平了道路。”②贾平凹说写《秦腔》是“为了忘却的回忆”，“为故乡竖起一块碑子。”(《秦腔》后记)，碑子意味着告别，似乎表明他今后也不再写故乡了，所以有论者认为，《秦腔》是贾平凹“乡土

① 贾平凹：《〈秦腔〉台湾版序》，《贾平凹文论集·关于小说》，生活·读书·新知三联书店 2015 年版，第 143 页。

② 陈平原：《中国散文小说史》，北京大学出版社 2010 年版，第 359 页。

文学的终结”,① 当然此论是从乡土美学想象和乡土中国现实的层面来说的。与其说是其乡土文学的终结，不如说是商州以及棣花街乡土经验的终结，更广阔的乡土叙事延续在贾平凹之后的创作中。《高兴》《带灯》以来，尤其是《极花》，贾平凹的抒情特色丝毫未减退，但更突出了小说对社会的实录，意象进一步“接地”，表现出了“把自己的作品写成一份份社会记录而留给历史”的写作冲动，我们不妨把《极花》这种独特的现实主义写法称为“抒情的写实主义”。

“实录”之外，抒情的脉络并未终止，“贾平凹一直尝试整合的‘诗人’与‘现实主义’这‘两个世界’的关系。”②在对乡土现实的真实摹写之上，贾平凹“六经注我”的性灵依然闪现，体现在文本中就是处处可见的意象和象征。《极花》是写实的，同时也是贾平凹将写实与意象结合得最好的作品之一。小说中最惨烈、最令人难忘的场景无疑是胡蝶被强暴的场景，之后的胡蝶脑海里就浮现出两个画面：被狮子咬噬的鹿、被剁了头还跌撞行走的鸡。“鹿的眼睛一直睁着，身上的肉一块一块都没有了，腿还高举，硕长健美的腿，小小的秀气的蹄脚。那一夜我就是一只被剁了头的鸡，突然狂乱地扑棱着翅膀而逃，无数的叫声和笑声，无数的眼睛在看着，没人肯帮，也没人说那里是墙边是门，鸡终于碰上墙倒在地上，最后成了人家的美味，留下来只是一堆羽毛。”这两个意象是对胡蝶内心感受的写照，写出了胡蝶无力反抗、任人宰割的无助。贾平凹不惜笔墨、浓墨重彩，似乎不这样不足以批判暴力的恶，以及这恶带给胡蝶的戕害，即使是忠厚善良的黑亮爹，作者也不留情面，暗示出他也是暴力行为的“帮凶”。从情节走向和胡蝶的心理转变来说，被强暴和怀孕无疑是重要一环，这以后，旧的胡蝶死去了，新的胡蝶正在诞生。我们来看看小说此时展现的几个死亡的意象：“到了第六天……我觉得我已经死了，我的坟就在他的肚腹里”，被囚禁了一年后终于走出窑洞的胡蝶，脑海闪现的“如石头般坠地的乌鸦”，

① 陈晓明：《本土、文化与阉割美学——评从《废都》到《秦腔》的贾平凹》，《当代作家评论》，2006 年第 3 期。

② 黄平：《贾平凹小说论稿》，云南人民出版社 2013 年版，第 150 页。

“被两只鸡抢夺的一条蚯蚓”，“瞎子无意中踏烂的一只蜗牛”，这一系列的死亡意象都喻示着胡蝶的伤痛绝不仅仅是肉体的，更是心灵的。身体被占有对胡蝶来说，不仅意味着之前的抵抗和坚持失去意义，而且意味着曾经的少女梦（对大学生青文的朦胧情愫）、城市梦（做一个骄傲的城里人）也随之破灭。过去的胡蝶死去了，一个新的胡蝶正在甦生——在这里，蝴蝶（老老爷说“胡蝶是前世的花变的”）、极花（开在死亡的毛拉身上的花）与被拐女孩胡蝶三位一体，形成一个整体而复合的象征，人、虫、花异形而同体，最大限度地发挥了意象在表达情感、以实写虚方面的功用。

《极花》的“抒情性”除了通过鲜明的意象来呈现，还通过寄予在人物身上深重的感情得以体现。不光是对主人公胡蝶，贾平凹对圪梁村的其他人物也寄托了深沉的悲悯情怀，超越了道德和法律的审判，显现了一种新的“写作伦理”，“它虽然是乡土的挽歌，但它里面没有怨气和仇恨，也没有过度的道德审判，这是一个很高的写作境界。‘必须饶恕一切，乃能承认一切，必须超越一切，乃能洒脱一切’。牟宗三先生这话说出了一种新的写作伦理。”①对黑亮以及圪梁村村民，在批评他们拐卖妇女、强暴胡蝶的暴行的同时，也给予了深深的同情与悲悯，作者借黑亮的口说：“现在国家发展城市哩，城市就成了个血盆大口，吸农村的钱，吸农村的物，把农村的姑娘全吸走了！”——“城市夺去了农村的女人”。对胡蝶，他们是施暴者，但从大的社会层面来说，他们也是受害者。在老老爷、麻子婶身上，更体现了作者维系乡村道德人伦和发掘民间审美的理想。老老爷通过观天象、卜凶吉、断是非，维系着圪梁村岌岌可危的道德人伦，用言行启发、安抚着胡蝶，而胡蝶又偏能领会他的启迪，感受他的神秘：“这么个偏远龌龊的村子里，有这么一个奇怪的人，我觉得他是那么浑拙又精明，普通又神秘，而我在他面前都成了个玻璃人。”他对村子有着责任和使命感，修补着被自私贪婪的村长以及不敬鬼神的村民给乡村人伦造成的伤害，即便

① 谢有顺：《尊灵魂，叹生命——贾平凹〈秦腔〉及其写作伦理》，《当代作家评论》，2005 年第 5 期。

自己受伤了，想的还是村子和村民，“我死不了的，村子成了这个样子了，阎王也不会让我死的。”老老爷是贾平凹小说一直在书写的人物谱系，在《土门》中是云林爷，在《秦腔》中是夏天智和夏先义，在《古炉》中是和尚，在《老生》中是老唱师，这些人物寄托了他的传统道德理想。麻子婶是小说中另一类型的人物，独与天地相往来，“不管草木花卉，飞禽走兽，山川人物，能逮住个形儿都剪，剪出来的都叫花花。花花再不是祭奠用的了，它成了一种装饰，又从装饰变成了一种生活。”无疑，在麻子婶身上，寄托着作者的民间审美理想和道家哲学：通过民间艺术的审美超越现实生活，将日常生活审美化，将审美日常化。这类人物，在《极花》里是麻子婶，在《废都》里是吹埙的宽哥，《白夜》里是夜郎，《秦腔》里是夏天智、白雪和引生。

《极花》中小说叙事的“常”与“变”，体现出贾平凹不断求新突破的创新意识，也是他创作生命如此之长、创作力如此旺盛的重要原因。纵观他五十余年的创作历程，“乡土中国”是他始终关注的命题，对乡村传统人伦道统崩塌的感伤和追怀，通过传统文化和民间文化构筑起繁复多样的意象，来形成一种宏大的气象，将主体情感强烈介入的抒情性和指涉现实的写实性相结合，是他的小说创作一直以来的审美追求。而在《极花》里，我们又看到近来作品体现出的他者经验的进一步深化、叙事手法的极简主义以及营造更加圆融意象带来的抒情性强化等叙事新变。

(二)新世纪现实主义小说美学的探索：“密实的流年式”的写实手法的确立

《秦腔》开始，贾平凹的小说叙事艺术有了大的转向：转向写实，转向记录社会。从《废都》开始的以实写虚仍然延续，不过实显得更“实”，而“虚”更接地气，是“贴着地而在飞”。从他的小说后记、序跋文谈里大致也可看出端倪。写《废都》，他强调“心迹”“能安妥我破碎了的灵魂”(《废都》后记)。《白夜》里夜郎与《废都》里唐敏的身份颇为相似，都是由乡入城的文艺青年，《白夜》仍是对《废都》里人物命运和思想主题的延续，只不过主人公发生社会阶层的下移，由文化名人变为文化盲流，表达“心迹”的意图并未改变。《土门》里，贾平凹延续着意象世界的营造，“我不想使这部小说故事太强，更喜欢运用象征和营造一种意象世界来寓言。”①《高老庄》是作者运用意象来营造虚构世界的比较圆熟的作品，甚至被研究者下了“充满风险”的判断：“单纯就小说艺术而言，《高老庄》才是贾平凹最好的作品。”②从《高老庄》后记里，作者被《红楼梦》《楚辞》《老人与海》《尤利西斯》等中外经典所触动、震撼，评判标准和审美趣味发生了变化，那就是对作家的“灵魂”的珍视：“对于整体的、浑然的、元气淋漓而又鲜活的追求，使我越来越失却了往昔的优美、清新和形式上的华丽”，“他们胸中的块垒却是我在世纪之末的中年里才能够理解”。此时，“灵魂”、精神、“块垒”仍是作者最看重的，以至于他说：“我不是现实主义作家，我应该算作一位诗人。”(《高老庄》后记) 对于意象世界的建构以及心迹的表达是他此时的主要追求，对于现实的关注倒为其次：“我无论写的什么题材，都是我营造虚构世界的一种载体，载体之上的虚构世界才是我的本真。”(《高老庄》后记)《怀念狼》也是如此：“我再次做我的试验，局部的意象已不为我看重了，而是直接将情节处理成意象。”(《怀念狼》后记)《怀念狼》是贾平凹意象写实的最大胆的试验，但由于“观念化”的严重，评论家和读者的反响并不好，这也是作者在《病相报告》之后重回写实的重要原因之一。《病相报告》已显示出写实的趋向，从后记里我们看出，小说人物原型和素材来自作者 18 年前在疗养地认识的一位老头的爱情故事，并且表达出对当时现实主义题材作品的不满，“现今的文坛，许多作品标榜着现实主义，实际上写满了现实的回避。”(《病相报告》后记) 这预示着：贾平凹此后将开始写实的转向。

在《秦腔》和之后作品的创作谈里，“生活记录”“密实的流年的书写”

---

① 贾平凹：《关于长篇小说〈土门〉的通信》，《贾平凹文论集·关于小说》，生活·读书·新知三联书店 2015 年版，第 93 页。

② 黄平：《贾平凹小说论稿》，云南人民出版社 2013 年版，第 117 页。

“社会记录”(《高老庄》后记)、“记忆”(《古炉》后记)、“现代意识”和“中国经验”(《带灯》后记)这样的和写实相关的说法频频出现，是贾平凹《秦腔》之后现实主义转向的明证。而且从《秦腔》开始，在后记里，贾平凹大多喜欢讲述一个和小说人物原型交往的真实故事，以表明写作的初衷和来由，也暗含“所写非虚”的意思。《秦腔》后记是贾平凹所有长篇小说后记里长度仅次于《高兴》的。他用类似于《商州初录·引言》里介绍商州的散文笔法介绍棣花街，从建筑景观到能人轶事，从地理方位到风俗人情，写出了对故乡爱恨交织、断骨筋连的复杂感情。接着回顾了故乡从改革开放到新世纪初的兴衰起落，表达着对故乡乃至中国农村和农民命运的担忧：“土地也从此要消失吗？真的是在城市化，而农村能真正地消失吗？如果消失不了，那又该怎么办呢？”(《秦腔》后记)他写作《秦腔》是要为故乡“竖起一块碑子”。碑子意味着告别，也意味着盖棺定论，它必须是客观的、浮世绘式的，才能经得起历史的考验。这样的创作动机和写作素材，自然是不容许有太多的情节编排和诗意想象，而只能是“密实的流年式的叙写”着“一堆鸡零狗碎的烦泼日子”。到了《高兴》，贾平凹更直接表明了自己小说的写实立场：“把自己的作品写成一份份社会记录而留给历史。”(《高兴》后记)他还感慨：“我们都在探索着怎么写的问题，其实写什么的问题仍还是那么重要。作为写作人，有许多题材要我们去寻找，但也有许多题材在寻找着我们。”①这表明他由重视“怎么写”到重视“写什么”，由单纯强调小说艺术形式的探索到形式和内容的结合。《古炉》书写他个人的“文革”记忆，他在古炉村里复现了巨大的时代风云面前人民的由柴米油盐、生老病死构成的日常生活，表现他所“观察到了‘文革’怎样在一个乡间的小村子里发生的，如果‘文革’之火不是从中国社会的最底层点起，那中国社会的最底层却怎样使火一点就燃？”(《古炉》后记)这是一种独特的“文革”记忆，亦是一种个人的历史书写。此时，他对长篇小说的写实艺术又有了新的认

① 贾平凹：《关于〈高兴〉》，《贾平凹文论集·关于小说》，生活·读书·新知三联书店 2015 年版，第 204 页。

识，“最容易的其实是最难的，最朴素的其实是最豪华的。什么叫写活了？逼真了才能活，逼真就得写实，写实就是写日常、写伦理。脚蹬地才能跃起，任何现代艺术都是建立在扎实的写实功力之上的。”(《古炉》后记)《带灯》里他关注着文学“怎样才具有现代意识、人类意识”，怎样提供“中国经验”，这都是贾平凹通过带灯这个基层乡镇干部所具有的“脊梁”和“精英”本色，而对新世纪中国基层政治生态、自然生态等所作的切实思考。而他对创作手法的追求开始由明清的“清新灵动”向西汉的“海风山骨”靠近，这是由明清的世情小说向以《史记》《山海经》为代表的史传和上古神话的致敬和回望。可以说自创作伊始，贾平凹就一直在探索适合自己也适合中国的小说艺术形式，最后他找到了意象化写实的方式，实践着他的“以中国传统的美的表现方法，真实地表达现代中国人的生活和情绪”的审美理想，而《秦腔》就是他的小说叙事艺术成熟的标志。

(三)古老商州的现代观照

《秦岭记》是贾平凹 2022 年出版的“长篇笔记小说”，收有他 2021 年 6—8 月创作的小说 57 篇，另有外编一和外编二，分别收录他 1990 年创作的《太白山记》20 篇和 2000 年前后创作的 6 篇。外编都属旧作，但由于体裁相同，对象相同(都是写秦岭的)，因此以主附的形式辑为一书出版。至于说它到底是“长篇笔记小说”还是短篇(笔记)小说集？或可商榷，笔者更偏向于后者。《秦岭记》和贾平凹之前的小说创作有何不同，它们之间有哪些联系？多年以后，作者重拾“笔记小说”(早在 20 世纪 80 年代初他就写出了“商州三录”三部笔记小说)这一文体，是对自己漫长长篇小说创作历程的一个休整，还是休止？这是本节想探讨的问题。

1. 以更接近现实的方式写秦岭

与他写秦岭的长篇小说，如《古炉》《老生》《山本》等相比，《秦岭记》基本抛去了故事、情节与虚构以及与此相伴的宏大、厚重、深刻的艺术追求，但小说里的那种混沌、神秘、写实与抒情结合的特征还在，对史传与抒情文学传统的继承还在。《秦岭记》似乎很难发现各篇之间的联系，如果有的话也即上文所提到的文体和书写对象的相同，正如《搜神记》《世说新语》《聊斋志异》等古典文言小说集也都是各自成篇、少有联系，如果说有联系，就是搜异猎奇和品评人物的主题类同。与这些古代的笔记小说相比，《秦岭记》似乎更接近《世说新语》，记录时风压倒了搜易猎奇，毕竟今天这个时代已丧失了谈神论鬼的现实土壤，贾平凹也不得不做出改变，从《太白山记》到《秦岭记》就可看出经历了从复魅到祛魅的过程。所以，记录时代、书写心志、揭示人性，是贾平凹所有写作的主要目的，《秦岭记》也不例外，但《秦岭记》对现实的描述更综合、更全面，“有故事其义不能自《秦岭记》中见出，须得与《古炉》《老生》《山本》，甚或《秦腔》《浮躁》对照着看”。①《秦岭记》中讲述的故事和之前的长篇相比，其实是更丰富的。比如第九篇飞猪寨的养猪人孙全本，给猪喂催肥饲料，六个月可以长到二百斤，这是《老生》里第四个关于戏生带领村民发财致富的故事；第十篇写的西后岔，以前花多、女人也多，2000 年左右，女人变稀罕了，男人也活得没意思，西后岔重新变成了贫苦之地，令人想到《极花》里的圪梁村；又如第二十九篇，二道梁的队长刘争先，带领村民三十年间改河修田，英武了一辈子，一场洪水所有的成果化为乌有，只留下干涸河床上的石拱桥，似乎在昭示着什么，这分明是《秦腔》中夏天义积土造田的翻版……小说主体部分写于 2021 年 6—8 月，反映的却是秦岭地区从 20 世纪 50 年代直到新世纪当下的真实的历史和现实，具有较强的写实性。《秦岭记》记录与反映的现实问题包括：“农业学大寨”，土地承包到户，中国的城镇化进程，农村商业开发(包括旅游、周老虎事件)，农村空心化、人口老龄化，农村更多的痴傻类人口、更少的女性人口等一系列问题。由此可见，与之前写秦岭的作品相比，《秦岭记》和秦岭地区的现实、历史有着更紧密的联系，写实性明显增强。

---

①　杨辉：《“浑沌”之德：〈秦岭记〉的世界、观念和笔法》，《中国当代文学研究》，2022 年第 4 期。

2. 与传统的紧密联系

这种“传统”既包括上古《山海经》开辟的奇幻文学传统、司马迁的史传传统，也包括上面提到的志人、志怪传统。贾平凹曾说过：“《山海经》是我近几年喜欢读的一本书。”(《老生》后记)《秦岭记》中一些篇目就体现出与《山海经》一脉相承的怪诞、奇异与神秘感，其中自然与人的关系更令人遐思良久。如第二篇里，做着从山里往城市里移植树木生意的蓝老板，竟然被化成山民的鬼给戏弄了，找给他的零钱后来发现竟是冥币。第三篇中魔术师鱼化腾表演的魔术不可思议、神出鬼没，竟然让人们怀疑他不是人，是魔，而这么一个人鬼难辨的人物，最后竟死于心脏病。第七篇讲述了一个梦中梦的故事，到关山垴葫芦村下乡工作的干部白又文，夜里看到村里各种人事，清醒过来才发现那竟是自己的梦，在梦中他看到了村民的梦，渲染出一种梦境与现实难分的迷离惝恍的气氛。第九篇飞猪寨的猪会思考，想和嫦娥一样吃了药飞到月亮上。第十一篇二郎山的獾竟然长了人脸，让猎人害怕，从此不敢上山。其他像能听懂人话的狗(第十九篇)，死后化为黑鱼的纸坊村村民(第二十二篇)，在老爷营岔做油炸肉芽(蛆芽)生意的老信，都是让人读了觉得神秘莫测的人或物。

还有一些因果报应的故事，比如第四十三篇，清凉山半坡村村口有棵红豆杉古树，因为盗伐严重，村民在树上刻了“盗我者死”四个字，但树还是被盗了，参与盗树的人家非死即灾，从此清凉山上的红豆杉再无人敢盗。第五十三篇更是奇异，讲的竟然是人兽之间的冤报。做了二十年阉猪行当的武来子有一天意外摔伤，养伤之中竟然有了猪相，“吃了睡，睡了吃”，“吃饭吧唧嘴”，鼾声如雷，后来竟然连男性功能都丧失了，从此不敢做阉客。以上只是《秦岭记》篇目中一部分篇目的列举，并未列举出全部，更不用说他早期创作的“外篇一”中《太白山记》中的篇目，更是离奇怪异。贾平凹有着神秘气氛的山海风小说“在满足读者的好奇心、扩展其见识的同时，也幻化出一片可以让心灵自由飞翔的天地，使其远离尘世的喧器，找到心灵休憩的园地。更进一步讲，新世纪初期那些承续《山海经》文学风格的小说不仅新奇好看，而且在一定程度上还可激发读者内心深处的文化、生命记忆……贾平凹、莫言等作家的小说在形象地展现国家和民族的历史、文化积淀和精神追求的同时，也借助对《山海经》等文学经典资源的取法，实现了与祖先的对话以及对传统的弘扬与回归。”①从文体上来说，《秦岭记》明显接续的是中国古代笔记体小说传统，但又掺杂了很多现代的非虚构元素，对传统加以现代的观照表明贾平凹很注意传统的现代性转化，仿古而不泥古。

3. 鲜明的现代意识

21世纪以来，贾平凹多次强调作家要有“现代意识”，在他看来，现代意识就是人类的意识、世界的意识，“现代意识可以说就是人类意识”②，“现代意识是人类的意识，农民应该怎样去活着和活得更好？之所以长久地关注着和表现故乡的历史命运和生活，基本的一点是我来自乡下，那里至今有我的亲人，有生命的关系；再者，中国是农业国，从乡下的角度更能看清这个社会。”③贾平凹在《秦岭记》中现代性的体现，起码体现在如下方面：

一是对现代人人性的深入洞察以及人生态度的选择。先说对人性的洞察，如第一篇中的主人公黑亮，见师父坐化后肉身不腐很是羡慕，竟然将自己钉死在木箱里，结果化为一堆白骨，讽刺了黑亮德不配位、强求因果的虚妄与愚蠢。第十二篇，生前争吵不休的村长和支书，死后似乎魂灵附在一对稻草人身上，仍旧争吵不休，最后在风雪中散乱零落，批评了一些

① 曾利君：《新世纪中国小说的“山海风”——〈山海经〉与新世纪中国小说的文学想象》，《文学评论》，2019年第6期。

② 贾平凹：《贾平凹与新时期文学三十年》，《贾平凹文论集·访谈》，生活·读书·新知三联书店2015年版，第254页。

③ 贾平凹、黄平：《贾平凹与新时期文学三十年》，《南方文坛》，2007年第6期。

人(尤其是基层干部)戾气太重，化鬼也不安生。如第四十五篇兄弟因为金钱、女人反目的故事，第五十篇对于“考验”的思考。起码提醒我们思考两个问题：一是人性经不经得住考验？二是这种“考验”人性的方式是不是本身就是反人性的？比如用财富考验人的清廉，用生死考验人的勇敢，用异性考验恋人的忠贞等。许多借考验之名的行为，本身是站不住脚的，是反人性的。还有一些篇目写到人性与兽性的交集甚至转换，如第十九篇写人与狗，狗太聪明似乎通了人性，却因此惹来杀身之祸，人竟然害怕一只狗泄露了秘密就夺去狗的生命，似乎有了兽的冷酷与残忍；还有第三十五篇的人与石，被人命名为“守侯”的钟形石崖，就真的成了等的侯，沉着、安静地履行着自己的职责；第五十二篇的人与猪，一个干了二十多年的劁猪匠似乎受了报应，被误为猪的石头阻挡受伤，养伤过程中具有了一些猪相，不得不另寻营生。

再说人生态度与理想的追求，在一些篇目中表达了他对不同人生态度和生存方式的理解。如第五篇中，将史重阳与苟门扇对比，史重阳是高人精于“规划”，总想让自己“有用”，苟门扇是痴傻，过得浑浑噩噩，于人于己都似乎“无用”。但最终，史重阳 84 岁了，苟门扇也 73 了，都还在，难说哪个的人生就更好，探讨了人生中“有用”与“无用”的辩证关系。与本篇颇为类似的是第十七篇，这次是段凯和钟铭两兄弟命运的对比，前者愚笨，后者心眼活泛，但哪种性格和活法更好，还真不好说。第十八篇的主人公叫陈冬，脑子笨一点，欲望少一点，陈东的一生蕴含着某种哲理。“整整一个经历过饥饿和各种政治运动的人都被陈冬用哭声送走了，而陈冬还健在，过了腊月初八，就八十岁了。”谁能说陈冬这一生就活得比谁差？又如第十四篇是则寓言，长错了地方，不管是杂草还是树苗，都免不了被铲掉的命运，也是对人生选择重要性的思考。通过以上篇目的分析，可以得出这样的结论，贾平凹接受了道家思想的影响，在智与愚、巧与拙之间，他更倾向于后者，赞赏一种大智若愚、大巧若拙的人生态度。

二是对当代性问题的关注与思考，如城市化、商品化、乡村开发、环境保护等命题的关注。如第八篇描写了一个名为“豆在田”的人物形象，是以周老虎为原型塑造的。豆在田老虎造假除了自己好逸恶劳个性使然，地方政府的利益驱动和怂恿无疑也起了推波助澜的作用。将 2007 年的事移到了 20 世纪 90 年代。豆在田有个墓生子和他爹一样，不爱干农活，心思活泛，说明周正龙这样的人并没有绝后。第三十九篇，张记炒栗子铺的老板听到了“我要回去”的呼喊，回去当然是指回到故乡，回到乡土。两岔口是张老板的故乡，但它也可以是贾平凹的故乡棣花街，可以是西安，是中国，因为它们都面临着一个问题：在经历了现代化(包括商品化、城镇化、科技化等)的洗礼之后，一旦这个现代化的脚步被阻滞乃至停止(近年来的新冠疫情证明这完全是可能的)，他还能回去吗？所以张老板听到的这个声音实际是发自内心的呼喊，空间上的回去可以做到，但情感上、精神上回到过去、回到传统，还可能吗？这个问题是贾平凹在多部作品中一直在思考的问题，似乎也没有答案。第三十一篇无疑是一反例。作者对为了发展旅游、发展经济，编造故事、迎合游客的现象是讽刺的。清云峡本是因为云而得名，为发展旅游，“竟被宣传为有仕途青云直上之意，而洞窟又成了古时悬棺放置处”，迎合了世人升官发财的心理。所谓市场经济、振兴乡村、讲好故事，不是说可以弄虚作假，不择手段，败坏世风，否则老天也要泼冷水了。结尾他用的是曲笔，“每有表演，就有雨倾盆而下”，“不免有观看者在大雨中鸟兽散”，让这种现象尴尬落幕、草草收场。作者也从正面塑造了一些造福一方的人物形象，他们有村干部，乡村医生等。如第三十二篇就塑造了一个仁医许先生的形象，不但用高明的医术治病救人，死后他留下的祖传药茶配方，继续造福着茶棚沟的乡民，许先生的形象寄托着作者造福一方的乡村发展理想，那就是发展与环保的统一，授人以鱼不如授人以渔。第四十二篇就塑造了一个 20 世纪 70 年代的当代愚公形象。鸡头坝村主任带领村民花了十年修梯田，改变了村子吃不饱的面貌，被评为农业学大寨的先进村，他死后，村民把他葬在坡梁顶上，他的坟墓站在村口就能看见。

三是运用现代意识对文学、文坛、文人等作家的本体问题进行思考。这主要集中在《秦岭记》的后三篇以及外编二的数篇。第五十五篇到五十七篇中的杏开娘、张铁匠、立水就是“我”，是作者心志的抒发，分别表达了作者对于美的一贯追求、对传统灵韵丧失的叹惋以及对于文字的尊崇和虔诚。如果进一步说，我们从第四十八篇那位神秘的寻找者、第四十九篇石狮托生的捞娃身上、第四十篇那位光着身子的民办教师身上、第三十九篇听到“我要回去”的张老板身上，都能依稀看到作者的面影。从这个角度说，《秦岭记》有不少篇目有着直抒胸臆、寄托心志的效用，有着贾平凹作品一贯抒情格调。而外篇二中的几篇则表达了作者有关文学一些思考。如第二篇“蛙事”，蛙的蜕变、古老，它的不停的鸣叫，“它刚出生时的惊叹，后来可能看到了湖河或陆地的许多秽事与不祥，惊叹遂为质问，进而抒发，便日夜蛙声不歇。愈是质问，愈是抒发，生出了怒气和志气，脖子下就有了大的气囊。”作者进一步写“我”与蛙的关系，“我的名字里有个凹字，我也谐音呀，就喜欢蛙，于是家里收藏了各种各样的石蛙、水蛙、陶蛙、玉蛙和瓷蛙……我戏谑自己也成了一只蛙了，一只会写作的蛙。”很明显，作者是借蛙表达自己作为一个作家身份的理解，“蛙叫”就是作家对社会的理解、质询与批评的声音，这个声音“使有些人听着舒坦，也让有些人听了胆寒……它若不叫，这个声音才是空旷和恐惧。”第三篇名为“药王堂”，是供奉药王孙思邈的地方，地方不大，却环境清幽，引得山民虔诚膜拜。这药王亦可理解为作者对文学缪斯女神的膜拜，药王和缪斯有着相似的功用：听人诉说，供人评说，疗愈身心，安抚灵魂。第四篇“眼睛”，说的是“看与被看”的事，表达是作家对主客体关系的一种理解，第五篇“松云寺”，写松云寺院子里的一棵松树，受院墙限制，只能“腰枝往复盘旋，似藤萝一般，塞满了院子，倒感叹这松不是因寺而栽，是寺因松而建，寺的三面围墙竟将龙的腾达限制了。”让人想到作家与创作环境的关系，写作是一个需要自由发挥个性的行业。由此看，外篇二中用的是第一人称，是作者真实想法的艺术化的表达，从中我们可以看到他对文学的责任、使命、功用、创作环境等问题的思考。

4. 余论：重新界定人与自然(物)的关系

中国古代哲学中追求人与自然的和谐统一，所谓天人合一的关系。秦岭中人与自然是何关系，是《秦岭记》着力探讨的问题。首先，在一些篇目中探讨了人如何是人，而不被认为是物。如十六篇中写人与镜的关系，罅水照出人的真实面目，可以照出人类的忠奸善恶，因此也落了个被埋没覆盖的命运，即使后来被旅游开发为景点，也只能作为人不敢正视自己、掩藏自己的铭牌。第八篇人与虎，第九篇人与猪，第十篇女人与乡村，第十一篇猎人与獾，因为獾长了人脸而吓退了猎人，猎人到底猎的是獾还是自己？第十二篇人死后魂灵变成了稻草人，生前矛盾重重，死后托身草人仍吵个不停。第十九篇人与狗，狗很聪明，他的主人柯文龙似乎也能通狗语，但正是太聪明被人类杀掉。第二十篇写寺庙和寺庙旁的桂树与人的关系，景步元塑造了佛像，成就了寺庙的香火繁盛，人们的渎神行为令寺庙烧毁，桂树成为历史的见证。第二十一篇汶河干枯，造成地窝子村的年轻人都去了城里，村子里只剩下老人，而汶河的干涸或许是因为“农业学大寨”。第二十二篇纸坊村被泥石流压埋，除了黑有亮，堰塞湖里还出现了一种黑鱼，他们是不是死去村民的灵魂所化呢？因为村民都姓黑，黑鱼的叫声如同纸坊的木锥捣竹绒的声音。当黑有亮看着游客吃这种鱼的时候，他一定想的是吃他的村民和亲人吧！第二十三篇写到五凤山(其实是五缝山)，山的缝与人脉、人性的关系。比如东边的缝一会儿宽一会儿窄，住在那里的张家、刘家都是隔一辈多子，隔一辈单传。还以胡会众为例，道出胡家为何会绝户，低智未娶，绝户是迟早的事。五凤村人口七十年不增不减，由胡会众的死可见一斑。第二十篇崖底村的村民都有不甘平凡的劲头，除了生有特长的柳十斤，没有特殊能力的村民竟干起了偷自行车的营生。村民只不过是想过得旺一点、体面一点，奈何找不到对的方向。十四、十五篇都是写物的寓言，前者写沙土中的杂草与树苗，后者写被盗树者砍伐的夫妻树，背后都是影射着人。

其次，探讨了人如何变为物，丧失了人性。人化为物，人变成物，人就是物，正是贾平凹心心念念中秦岭中人与物的关系，涉及人的观念、物的观念，人与物(自然)关系的观念。因此，《秦岭》在很大程度上表现了人与物关系的思考。完全脱离环境或者说物的篇名不多，如十七篇写段凯和种铭两种态度，两种人生，十八篇脑子不够数的陈冬哭丧为生，送走了村里一茬又一茬人，却活成了神仙，是道家绝圣弃智观的反映。第二十八篇道观本来是人神相会之处，竟成为权贵指鹿为马、糊神弄鬼之处，只为了得一上上签。方外之地也难清净，人类的弄虚作假延伸到求神、敬神。第三十章写的法显寺，一个和尚守着它，“寺好像就是和尚，和尚好像就是寺”，和尚死了，“寺的大殿里也没了香烛的馨气和磬声，院地的石板缝往外长草，夜夜有鬼哭鹄叫”。当然，对物的重视，也是他所有作品的特点，包括山水、动植物、建筑(尤其是寺庙)，因为物与时代、与人、与作者本来就是密不可分的，有时候作者尤其想体现人与物(主要是动物)之间的联系甚至转换，如《高老庄》中高子路与猪，《怀念狼》中高舅舅与狼，《废都》中庄之蝶与会思考的哲学牛等。他尤其喜欢写一些能与自然界沟通，甚至能从神异现象中预知祸福的神奇人物，如《废都》牛月琴的娘，《秦腔》中的张引生，《古炉》中的蚕婆与狗尿苔，《老生》中的唱师，《山本》中的宽忍和尚等，他是相信有些人是能够从自然中看出一些端倪的，这恐怕不能简单看作是迷信，是相信人与自然之间真有一种神秘的联结，这种自然观是属于贾平凹的。

通过以上对《秦岭记》主题内容及艺术特点的分析，笔者发现《秦岭记》虽然创作时间不长，篇幅也不浩繁，但内容丰富，风格繁复，是贾平凹七十岁前的一部带有总结性的作品，个中内容和之前创作的小说更构成一种互补、映照、互文的关系，如有论者所言：“如《聊斋志异》四百余个故事可呈示蒲松龄颇为整一之世界观呢一般，《秦岭记》中 57 个故事亦能绘出作者精神的星图。其间有总论，有分论；有实写，有虚写；有正言，有反说；有寓言、重言、卮言；有反言若正，正言若反；有声东击西，左右互博……将贾平凹 1970 年代初迄今四十余年作品不分题材，不论文体全作一部看，则《秦岭记》与其他作品之意义参照或如‘太虚幻境’呈示之象与大观园和大观园之外的世界及观者身在其中的世界之映衬关系。”①正如莫言在

① 杨辉：《“浑沌”之德：〈秦岭记〉的世界、观念和笔法》，《中国当代文学研究》，2022 年第 4 期。

获得诸奖八年之后推出了他的中短篇小说集《晚熟的人》，贾平凹在创作了十余部的大部头的长篇小说之后，在即将迎来自己人生的新的年龄关口之时，推出了他的短篇小说集《秦岭记》，或许也有对自己一生创作进行总结的意思吧。

二、还原历史：史传传统的继承与转化

(一)日常化的历史叙事

1. 还原日常的“文革”叙事——《古炉》

如果说《秦腔》是改革+日常，那么《古炉》就是“文革”+日常，《老生》是“革命、运动、改革”+日常，《山本》是战争+日常，它们共同的地方就是写日常。那么，新世纪初，贾平凹重写“文革”题材的动机是什么？《古炉》写“文革”与“文革”后及新世纪初的“文革”叙事有何不同？他的个人化的“文革”叙事又有怎样的艺术特点呢？

《古炉》是贾平凹第一部转向历史题材的长篇小说，写的是他亲历过的“文革”那段历史。这不是他第一次写那段历史，早在“文革”结束后的 70 年代末到 80 年代初，他就写过反思、检讨“文革”的小说，以短篇为主，比如《端阳》《琴声》《日历》等，中篇有《二月杏》《冰炭》。三十多年过去了，贾平凹对新时期初的“文革”小说，包括自己之前的都不满意，认为“它们都写得过于表象，又多形成了程式。”(《古炉》后记)作为“文革”的亲历者、受害者，他觉得他有责任、有义务将那段历史记录下来留给后人。记录的方式就是写自己的“记忆”，充满了人间烟火气的民间“文革”记忆。他说：“我的观察，来自于我自以为的很深的生活中，构成了我的记忆。这是一个人的记忆，也是一个国家的记忆吧。”(《古炉》后记)汪曾祺曾经说“小说是回忆”，意味着他的小说内容主要写过去的回忆，只有经过时光的淘洗，作家才能真正客观地观照笔下的人事，收到除尽火气的效果。贾平凹也

说："记忆如下雨天蓄起来的窖水，四十多年了，泥沙沉底拨去漂浮的草末树叶，能看到水的清亮。"四十多年后的贾平凹对"文革"的认识是更客观、更全面了，虽然可能会带有个人之见，但一定是更深刻的。

转向历史题材，除了以上提到的对"文革"题材小说的不满意、觉得自己有记录的责任之外，也是作家自觉地拓展题材的结果。我们知道之前贾平凹的作品记录了从"文革"后到改革开放各阶段的现实，可以说能够写的题材都写了，必然存在一个题材拓展的需要。而时间拓宽、空间扩大正是寻找新题材的必然选择，于是我们看到，从《古炉》之后，他的长篇小说的素材基本不再有作者自己的影子，也就是说他开始走出自身经历、个人情感的藩篱；而且空间也在拓展，《老生》《极花》《山本》都不再局限于商洛一地，而扩展至西北及整个秦岭地区。同时，随着作家年龄增长、阅历和见识的扩大，都有一个涉足历史、寻求在一个更开阔的时空里书写人生百态的可能，有研究者发现，"大凡对自己的写作有一定追求的作家，最后都会回到一种或朴素或芜杂的历史写作上来。这一现象在中国近年来的写作中得到了印证，在21世纪的第一个十年，中国第一线作家几乎都转向了一种广泛意义上的历史写作，莫言的《檀香刑》、张炜的《你在高原》、王安忆的《天香》、贾平凹的《古炉》、刘震云的《一句顶一万句》、阎连科的《四书》等等。"①

新时期初的"文革"文学作者主要由"归来"作家和知青作家构成，他们尚未从"文革"造成的伤痛、愚弄、压抑、流放的情绪中解脱出来，作品中透露出浓郁的伤感、愤怒、绝望、迷惘等情感，有急切的批判、控诉、清算的愿望。这批作家对"文革"造成原因的理解又和主流意识的结论高度一致，必然造成此时的伤痕和反思文学在思想、美学上高度的雷同。"'文革'后冠以'伤痕'、'反思'、'改革'小说的反思性创作，自然表现了作家不同的思想艺术造诣。但是，多数作品有相近的倾向。这些作品表达的相

① 杨庆祥：《历史重建及历史叙事的困境——基于〈天香〉、〈古炉〉、〈四书〉的观察》，《文艺研究》，2013年第8期。

当一致的看法是，‘文革’是历史的倒退，是‘封建专制’的‘复辟’，‘野蛮代替文明、迷信代替科学、愚昧代替理性’”。① 而到了 90 年代以后，尤其是随着新写实、新历史小说的兴起，“文革”叙事逐渐变得多样化。首先，不再单从政治角度反思“文革”，而是从更多元化的角度，“1990 年代以来，中国作家的‘文革’叙事已不再局限在‘文革’本身，摆脱了意识形态式的写作，开始从文化史、思想史以及人性与道德的角度书写。”②其次，从叙事上看，出现了日常化和个人化的倾向，“1990 年代以来的‘文革’小说出现了日常化的叙事倾向，血腥暴力的灾难性事件被稀释、淡化甚至空缺，食、色、性等人生中的日常之事推到了叙事的中心和前台。无论是王蒙，还是王安忆，抑或更年轻的韩东、毕飞宇、魏薇等作家，都在日常上做足文章，力图写出‘文革’的寻常性，挖掘时代夹缝中隐藏的生活细节，探寻正统历史书写中遗失的潜流，表达对‘文革’历史的独特见解和思考。”③再次，对“文革”历史起源寻踪与历史责任的归咎也更深入，即由“个体免责”“群体代替”到“有罪的个体”。“‘伤痕’‘反思’小说在反思历史时将人性悲剧、历史灾难归为政治路线的错误和少数别有用心的人怀有政治野心，路线正确了，坏人被惩治了，似乎所有的悲剧根源都消失殆尽了”，“(九十年代)作家们宁愿基于个体生命体验和主观经验去重构‘文革’历史尤其是革命狂潮之下人的被欲望、暴力、盲动充斥的生命形态和精神症候。”④正如写作《古炉》时作者在思考：“如果‘文革’之火不是从中国社会的最底层点起，那中国社会的最底层却怎样使火一点就燃?”

古炉村“文革”能够被发动起来并造成巨大破坏的原因有以下几个方面：一是民性和人性的“变异”。导致“变异”的原因各异：夜霸槽主要是由

① 洪子诚：《中国当代文学史》，北京大学出版社 1999 年版，第 259-260 页。

② 沈杏培：《小说中的“文革”：当代小说对“文革”的叙事流变史(1977—2009)》，南京师范大学博士论文，2011 年。

③ 阳燕：《敞开与遮蔽——1990 年代以来的文革小说研究》，武汉大学博士论文，2013 年。

④ 沈杏培：《小说中的“文革”：当代小说对“文革”的叙事流变史(1977—2009)》，南京师范大学博士论文，2011 年。

于不安分、不甘人下的个性和对权力的渴望，发动组织了“榔头队”，在古炉村破四旧、砸磁窑，及至发起和红大刀队的血腥的武斗；守灯是被一种欺压、歧视他的人的仇恨所扭曲了心性，变得残忍而阴鸷；麻子黑为了和摆子挣队长的位子，就下毒却意外毒死了摆子的叔……这些人都是在“文革”的风潮来临之际，潜藏在人性里的“恶”被唤醒，被强化，成为“文革”能够在古炉村风起云涌的内因。二是维系乡村伦理的秩序遭到破坏。“文革”来到古炉村之前，村民间虽也有矛盾，但由于有基层政权和传统伦理在维系，所以古炉村基本还处于稳定、和谐的状态，正常的生产和生活也能保证。而一旦夜霸槽将“文革”带到村里，斗倒了支书朱大柜，在村里搞破四旧，村民之间普通的小恩小怨变成了你死我活的阶级矛盾，传统的伦理秩序荡然无存。小说中一家丢钥匙结果全村都借钥匙，就是伦理失序的隐喻。三是由于运动的频繁，村民形成了一种惯性。“一般老百姓都是觉得运动来了，上面让做啥就做啥，习惯性就做啥，跟着就走了。”①运动的频繁性、百姓接受的被动性、盲目性都造成了大批参与“文革”的“乌合之众”。四是村民的贫困以及由于干部腐败等积累起矛盾和不满。夜霸槽之所以能够打倒支书朱大柜，是和村民怀疑村干部私卖集体瓷货、以公谋私、公饱私囊密切相关的。正由于古炉村存在以上政治的、经济的、宗族的、人性的各种错综复杂的现实，才成为“文革”之火一点就燃的原因。

《古炉》在叙事上呈现出的特点，主要体现在下面几对矛盾冲突叙事元素的辩证统一，那就是暴力与抒情，宏大与日常，写实与隐喻，从而形成一种艺术的张力。

(1)暴力与抒情

贾平凹早期学习孙犁，作品有清新明丽的田园风格，自《废都》突然一变，开始注目丑怪，小说中出现暴力场面始于《土门》，西安城内足球流氓趁乱欺侮妇女，主要为了表现都市的喧闹嘈杂和无理性。《怀恋狼》中也有

① 贾平凹，韩鲁华：《一种历史生命记忆的日常生活还原叙事——关于〈古炉〉的对话》，《西安建筑科技大学学报》，2011 年第 1 期。

残酷场面的描写，父母为了碰瓷，不惜把亲生儿子扔上公路；山民为了口腹之欲，活吃牛。这些暴力场面的描写，是为了表现物质主义对山民的侵蚀，人性向兽性的变异。之后在《高老庄》《秦腔》中都有大规模打斗骚乱场面的描写，主要为了反映农村基层不可纾解的矛盾最终以暴力的方式爆发。自《古炉》开始，作者笔下的暴力风格为之一变。如果说之前的暴力场面描写是为了主题或情节有人为设计之嫌，那么《古炉》《老生》《山本》中的暴力是历史中无法回避的实有部分；如果说以前的暴力场面描写作者为了追求情节跌宕和冲突激烈的艺术效果，有反复铺陈、大力渲染的话，那么《古炉》之后的暴力书写，作者却是举重若轻，冷静客观，力求克制。且看《古炉》里这些描写无疑是残暴的：麻子黑刀捅磨子，肠子都流了出来；麻子黑用劈柴打在支书左肩上，“连旁边的守灯都听见了锁骨的咔嚓断裂声”；被红榔头队监禁的政训班逃跑者，被县联指的人抓住绑在大树上，夜里被狼掏尽了内脏；灶火为解救红大刀队员被抓，马勺和迷糊同归于尽，灶火被绑上炸药包炸上了天……但大多也就是寥寥几语，死亡和暴力突然发生，淹没在吃喝拉撒和争斗不休的日常生活中，达到一种冷静旁观的近似于自然主义的效果。“从《古炉》《带灯》到《老生》，贾平凹写得最触目惊心的是乡村的暴力，甚至到《老生》‘暴力’成了几乎唯一的主题。告密、仇恨、猜忌、以怨报德和相互虐杀，无论是对革命时代的暴力，还是对后革命时代暴力的延宕，小说称为一条被疏浚的河流，流淌着贾平凹生命中暴力的恐惧记忆。在《老生》《古炉》和《带灯》中，贾平凹对人的嗜血性和暴力的书写近乎自然主义。”①这种暴力书写延续到了《山本》之中，这些历史书写中的死亡、暴力并没有得到更多的强调和关注，和生老病死、吃喝拉撒一样，都得到同样的对待，这种对待死亡、暴力的态度很明显是受了中国传统小说《三国演义》《水浒传》的影响，反映了中国传统文化中对生死和暴力的态度，那就是生死有命、各安天命、安时处顺、尚武精神和

① 何平：《存在美好的暴力吗？——贾平凹小说三十年片论》，《扬子江评论》，2014 年第 5 期。

成者为王败者寇的历史态度。贾平凹曾经说过，文学要给人信心和希望，《古炉》写“文革”给古炉带来的毁灭性的打击，又如何使人树立起信心和希望呢？我们认为，《古炉》通过自然景观、人物、道德伦理等方面寄托了自己的人文和审美理想，使小说在暴力书写的同时具备了抒情的格调。正如以下论者发现了“贾平凹的书写位置和沈从文的《长河》有呼应之处，因为就像沈从文一样，贾平凹痛定思痛，希望凭着历史的后见之明——文化大革命之后——重新反省家乡所经过的蜕变；也希望借用抒情笔法，发掘非常时期‘有情’的面向，并以此作为重组生命和生活意义的契机。两者都让政治暴力与田园景象形成危险的对话关系。”①小说中多次对古炉村美丽自然景色的描写，这在之前的小说中是不多见的（主要指《废都》之后的作品），比如第五节这段写于“文革”发生之前：

> 太阳把中山照白了的时候，山后边的天空就发蓝，蓝得像湖一样深不见底，而南山以及西边的圪岬岭和东边的烽火台，一半的身子却是暗的，暗了的身子里才现出着梯田和梯田塄上裸了叶子的树木。这些树木多半是柿树，柿树在冬季里只有粗桩和 细枝，细枝全都斜着往上长，善人不止一次地说古炉村是州河岸上最美丽的地方，瞧么，柿树多像千手观音啊。

而下面这一段借霸槽的口赞美了古炉村的景色，却是在红大刀队被榔头队赶出了古炉村，霸槽带领游行队伍回到古炉村时：

> 天阴得瓷瓷的，但南山上却起了白云，这些白云像是从雪地里长出来的，一堆一堆往天上长。霸槽突然说了句：还是咱古炉的景色美！古炉村从来没有人仔细看过古炉盆地里的景色，就是看到了，也

---

① 王德威：《暴力叙事与抒情风格——贾平凹的〈古炉〉及其他》，《南方文坛》，2011 年第 4 期。

从没说过景色美。霸槽这么一说，大家都往南山看。水皮说：啊风光这边独好！跟后说：好个毬的，我这会儿就想有一碗热饭！

这两次的景物描写并无不同，景还是那个景，但人物的心境变了。在后期的小说，尤其是历史小说中，贾平凹注重人事和自然的关系，《古炉》中美丽的自然景观，人们却无心欣赏，他们挣扎在饥饿线上，为了一点蝇头小利使强弄狠，甚至以命相搏。有心欣赏美景的却是醉心权势和争斗、视村民性命如草芥的政治野心家。古炉村美丽的自然景观和恶劣的生存生态，以及“文革”武斗的血腥暴力之间形成强烈的反差，更显出作家期盼的“物质之丰富、教育之普及、法制之健全、制度之完备、宗教之提升”的愿景的可贵。《老生》中《山海经》里一个山一个山地写，小说是一个村庄一个村庄的人事在记录，自然山水的美丽富饶、和谐静谧和人事的纷乱、悲苦构成一种对照；《山本》中涡镇毁于一场炮火，只剩下陆菊人、剩剩、陈先生等几人，而“远处的山峰峦叠嶂，以尽着黛青。”在战争与暴力、权力与金钱等人事面前，自然显得更悠长，人不过是自然的一个过客而已。因此，有论者这样理解《古炉》抒情的回归，“而《古炉》则代表了他回归抒情的尝试，却是从沈从文中期沉郁顿挫的转折点上找寻对话资源。这样的选择不仅是形式的再创造，也再一次重现当年沈从文面对以及叙述历史的两难。与其说这是他们一厢情愿的遐想，不如说是一种悲愿：但愿家乡的风土人情能够救赎历史的残暴于万一。”①

其次，是通过寄托情感的人物以及体现出的道德伦理表达自己的情感趋向。代表人物就是狗尿苔、蚕婆、善人等。在这些人物身上寄托着作者对世界的希望，更是抵抗“文革”中人性之恶的重要一极。狗尿苔是和《秦腔》中引生有类似性格的人物，他们都命运悲苦，不被人重视、理解，但他们都善良、真挚，具有未卜先知的奇异能力。可以说，在这两个人物身

① 王德威：《暴力叙事与抒情风格——贾平凹的〈古炉〉及其他》，《南方文坛》，2011 年第 4 期。

上作者都投入了很深的感情，并有着自己的少年和青年时代经历的投影。《老生》里的墓生也有着狗尿苔的身影。蚕婆是民间巫医和民间艺术的代表，是善的化身，这样的人物有《极花》里的麻子婶、《山本》里的陈先生。善人是伦常道的传播和维护者，他通过说病和疗伤的方式，治愈着村民的精神和身体的疾病，维护着乡村的伦理秩序。当他发现自己的所有努力都无法拯救古炉村，象征古炉村的白皮松又被炸倒，他对人世彻底失望，也失去了继续活下去的意义，于是将自己的“遗志”托付给狗尿苔和葫芦媳妇，自焚而死。从殉道角度来说，和《秦腔》里的夏天义有相似之处，只不过夏天义的“道”是“土地”，善人的“道”是“伦常”；而从道统维护的角度，又和夏天智类同。贾平凹在他们身上寄托自己的情感，作为不伦世道救助人心的“良心”，以此表明“他所推崇的文化秩序之中，暴力、革命、强悍的铁腕权势并非世界的理想轴心，阴柔、谦让与节制才是主宰社会的崇高品德。”①

(2)宏大与日常

“文革”无疑属于一个宏大题材，新时期初期的“文革”小说继承了十七年文学的宏大叙事传统，基本是从政治的角度对“文革”造成的创伤加以倾诉，对“文革”的发动者进行控诉，情感强烈而外露，其文学观和历史观与主流意识保持着高度一致。即使是从个体的小人物命运入手，反映的主题仍然是宏大的主流意识形态，如《天云山传奇》《许茂和他的女儿们》《芙蓉镇》等都是如此。这种局面在90年代得到改变，尤其是在新写实小说不作主观预设地逼真还原生活的原初状貌写作诉求的影响下，中国作家的“文革”叙事已不再局限在“文革”本身，开始摆脱意识形态式的写作。

写日常生活是贾平凹从《废都》开始，学习借鉴了明清世情小说的写法，融汇了自己多年深厚丰富的乡村生活经验，以及民间化、口语化的语体，逐渐成为之后长篇小说创作的写实基底。“日常生活”即“为那些同时

① 南帆：《剩余的细节》，《当代作家评论》，2011年第5期。

使社会再生产成为可能的个体再生产的要素的集合。”①中国古代小说脱胎于史传，长期以历史神怪、英雄传奇为主要内容，与日常生活无涉。《金瓶梅》一个创造性的贡献就是将普通市井人物的日常生活写进小说，《红楼梦》延续了它的以家庭生活透视整个社会的写法，创造了古代文人白话小说的最高成就。李遇春认为贾平凹继承了《金瓶梅》《红楼梦》开创的闲聊式说话体小说写法，“《废都》源自于《金瓶梅》，《秦腔》脱胎于《红楼梦》，前者是贾平凹走向闲聊式说话体小说的起点，后者是贾平凹实践闲聊式说话体小说成功的典范……《废都》还残留着传统小说情节流的遗痕，《高老庄》则是从情节流到生活流的艺术转型见证，至于《秦腔》，它标志着贾平凹正式建构起了生活细节流小说形态。”②《古炉》是贾平凹第一次深入涉及“文革”的长篇小说，他用写日常的写法写“文革”，在村民吃喝拉撒、生老病死、磕磕碰碰的生活化描写中，革命与暴力悄然而至，中断了安稳的生活，激化了彼此的矛盾，最终象征古炉村的古窑和白皮松被毁灭，历史在安稳和激越之间做了一次轮回。《古炉》中“历史+日常”的写法收到了“个人化”“文革”叙事的艺术效果，在新世纪众多的“文革”叙事中独树一帜，风格迥然，正在于它写出了以前“文革”叙事中被忽略的“剩余”生活细节，这些细节表明“游离于宏大叙事的乡村并不是一个丧失了活力的干枯根茎。从民族、国家、政党的认同到行政组织机构的建立，乡村的重组已经基本完成，但是，无数细节组成的日常生活仍然是一个坚实而独立的存在。乡村仍然是一个顽强的文化空间，隐含了自身的习俗、传统、价值观念以及行为逻辑……”③假如此言不虚，《古炉》以细节流、生活流的方式抵近“文革”，或许才能真正探察到历史褶皱深处的隐秘。

(3)写实与隐喻

《古炉》延续着《秦腔》高度还原生活的写实手法，作者在后记中说：

① 阿格妮斯·赫勒：《日常生活》，衣俊卿译，重庆出版社1990年版，第3页。

② 李遇春：《“说话”与贾平凹的长篇小说文体美学——从〈废都〉到〈带灯〉》，《小说评论》，2013年第4期。

③ 南帆：《剩余的细节》，《当代作家评论》，2011年第5期。

“我依然采取了写实的方法，建设着那个自古以来就烧瓷的村子，尽力使这个村子有声有色，有气味，有温度，开目即见，触手可摸。以我狭隘的认识吧，长篇小说就是写生活，写生活的经验，如果写出让读者读时不觉得它是小说了，而相信真有那么一个村子，有一群人在那个村子里过着封闭的庸俗的柴米油盐和悲欢离合的日子，发生着就是那个村子发生的故事，等他们有这种认同了，甚至还觉得这样的村子和村子里的人太朴素和简单，太平常了，这样也称之为小说，那他们自己也可以写了，这，就是我最满意的成功。”在一次关于《古炉》的访谈中，在回答《古炉》为什么是生活还原的写法时，贾平凹说：“我就想写这个‘文化革命’为啥在这个地方能开展，‘文化革命’的土壤到底是啥，你要写这个土壤就得把这块土地写出来，呈现出来。”①《古炉》以冬—春—夏—秋—冬—春六个季节写了古炉村 1965 年冬天到 1966 年冬天一年多发生的事情，以“文革”开始前古炉村贫困而平静的生活开始，到霸槽将洛镇的“文革”运动带入，村民开始分裂为两派。在两派的争斗中，普通平庸的农民逐渐演变为敢打敢杀的“英雄”，激烈的武斗中，多人丧命，作为村子象征的白皮松被炸倒，以说病维系伦常的善人自焚，最后小说在一帮造反头目被解放军枪毙后结束。整个古炉村的“文革”进程实际上淹没在大量的村民吃喝拉撒、生老病死、喜怒哀乐、恩恩怨怨的日常生活细节当中。在古炉村绵密的日常生活肌理中，透露出“文革”发生演变的秘密：“《古炉》的全部故事显明，这一场大革命不是从乡村内部涌现出来的。对于古炉村来说，‘文化大革命’犹如从天而降。具体地说，古炉村之外的那一条公路接收到了第一批不同寻常的消息。这即是‘文化大革命’的前锋……古炉村内部的种种混乱乃至势不两立的武装冲突多半来自外部的唆使，而不是内部矛盾的必然产物。”②这也是贾平凹对古炉村“文革”发生与发展的理解。

---

① 贾平凹，韩鲁华：《一种历史生命记忆的日常生活还原叙事——关于〈古炉〉的对话》，《西安建筑科技大学学报》，2011 年第 1 期。

② 南帆：《剩余的细节》，《当代作家评论》，2011 年第 5 期。

《古炉》不满足于写实，“写实并不是就事论事，为写实而写实，那是一摊泥塌在地上，是鸡仅仅能飞到院墙。”在后记中，贾平凹还强调了中西艺术、哲学理论相结合运用到写作中的重要，对他写作《古炉》的启示：“比如，看似写实，其实写意，看似没秩序、没工整，胡摊乱堆，整体上却清明透彻。比如，怎样‘破笔藏锋’。比如，怎样使世情环境苦涩与悲凉，怎样使人物郁勃黝黯，孤寂无奈。”《古炉》的写意很大程度是通过隐喻象征来实现的。古炉村以烧制瓷器闻名，“瓷器”在英文里刚好指“中国”，小说中的一座山叫“中山”，从这些命名都不难看出作者以古炉村隐喻整个中国的用心。包括小说中的一些细节，都有明显的隐喻。比如狗尿苔两次说夜霸槽“成毛主席了”，那些政治野心家有意无意都在模仿领袖的一举一动，对领袖的个人崇拜和个人的政治野心交织一起，成为历次政治运动中发起、推动者的“兴奋剂”，同样在《老生》中的老余，阎连科小说《受活》中的柳鹰雀身上都有着模仿领袖的习惯。还有下面对古炉村派别的描写，正是对当时整个中国政治形势的隐喻：“古炉村有了两派，两派都说是革命的，造反的，是毛主席的红卫兵，又都在较劲，相互攻击，像两个手腕子在扳。”正如有论者认为，“《古炉》中存在着一个隐喻系统，作者对民族—国家的历史隐喻既表现在小说的线性循环结构中，也表现在小说家寓言式的思维模式中，还表现在小说文本中有关疾病的隐喻系统中。总之，这是一个立体的历史隐喻系统。”①

2. 百年宏阔，唱声苍凉——《老生》

2014 年出版的《老生》是贾平凹长篇小说中时间跨度最大(从 20 世纪 20 年代到 21 世纪初的周正龙事件，将近百年)，地域空间最广(写了陕南地区四个乡镇)的小说，在结构、视角、历史观等方面都呈现出独异的特点，以至于有论者就认为《老生》是一部“总结之书”，“是贾平凹创作道路

① 李遇春：《作为历史修辞的“文革”叙事——〈古炉〉论》，《小说评论》，2011 年第 3 期。

上的一个非常重要的'界碑'，它是对过去的一种告别，也是一个新的起点"。① 小说写了秦岭地区从国内革命战争到新世纪近百年历史，将《山海经》的经文与唱师讲的四个故事穿插并列，以秦岭地区四个乡镇的地方"故事"(历史)来反映中国现当代的百年革命、运动、改革史，既有历史小说宏阔的"史诗性"，又有民间讲史的传奇性与日常性。

首先，它有精心营构的结构。不同于他其他长篇小说的"单体式"结构，即小说中有贯穿始终的中心人物和情节，《老生》属于"组合式"结构，即将四个不同时期，不同主要人物的故事，串联在一起，而起到串联作用的就是那个活了近百岁的老唱师。以《金瓶梅》《红楼梦》为代表的单体式长篇小说，和现代西方长篇小说结构模式类似，成为中国当代作家包括贾平凹在内的长篇小说的主要结构模式。以《西游记》《水浒传》《儒林外史》等为代表的组合式长篇小说，不再成为当代长篇小说结构的主流，但我们仍然在韩少功的《马桥词典》《日夜书》以及《老生》中，看到作家们对这种古老的小说结构模式的运用。"贾平凹的小说文体探索并非一味追求西化或现代化，而是更侧重于复活中国古代文学文体传统，或曰致力于中国文学文体传统的现代性转化……如果说 20 世纪 80 年代的贾平凹主要是从中国古代笔记小说和'传奇'小说中汲取滋养，90 年代的他主要转向了借鉴以《金瓶梅》《红楼梦》为代表的明清文人'话本'小说传统，那么 21 世纪以来他又进一步上溯至先秦两汉文学传统中探骊寻珠……如果说《带灯》中隐含了《离骚》的抒情传统，那么《老生》中就张扬了《山海经》的巫史风骨。"②《老生》以教书先生给放牛娃讲解《山海经》，引出同处一窑老唱师的四段回忆，第一段是国内革命战争时期的正阳镇，李得胜、老黑、匡三、三海、雷布等参加陕南游击队，在血腥残酷的战斗中，只有匡三活下来，成为解放后位居当地高位的人；第二段回忆是土改时期的老城村，主要写的人物

① 何言宏：《讲述中国的方法——贾平凹长篇小说〈老生〉读札》，《当代作家评论》，2015 年第 1 期。

② 李遇春：《贾平凹长篇小说文体美学的新探索——以〈老生〉为中心》，《文艺研究》，2015 年第 6 期。

有白石、白土兄弟，土改领导者马生借土改之机抢占土地，淫人妻女，老实巴交的白土只有带着痴傻的地主遗孀玉镯过起了隐居生活；第三段回忆是人民公社时期的过风楼镇的阶级斗争，主要人物有公社书记老皮、棋盘村村长冯蟹，驻村干部刘学仁，以及窑厂负责人阎立本，四类分子墓生等；第四段是改革开放的社会转型期，当归村主任戏生在上级领导老余的授意、鼓动下，上演了一幕幕发展与改革的“大戏”：发展特色农业、炮制假老虎、发展药材种植等各种“事业”，最后在一场突如其来的大瘟疫中，当归村成为废村。在四段回忆之前和中间分别穿插了教书先生讲解的《山海经》，将四段回忆又分成两个部分，最后以一段《山海经》作结。讲经的时间只有四天，但四天里唱师的回忆跨越了百年。《山海经》与四个故事之间形成一种对照，文言与白话、历史与现实、平静与纷乱，构成一种多声部的复调叙事。

小说在结构上另一个很突出的特点就是《山海经》的引入。《山海经》“它写尽着地理，一座山一座山地写，一条水一条水地写，写各方山水里的飞禽走兽树木花草，却写出了整个中国。《山海经》里那些山水还在，上古时间里有那么多的怪兽怪鸟怪鱼怪树，现在仍有着那么多的飞禽走兽鱼虫花草让我们惊奇。”《山海经》启示着作者“《山海经》是一个山一条水地写，《老生》是一个村一个时代地写。《山海经》只写山水，《老生》只写人事。”(《老生》后记)贾平凹找到了“历史如何归于文学”的方法，就是客观还原、真实记录历史留给后人。秦岭山中修行的隐者启发作者画了“过山河图”，河流在山头上流过，历史从来是叙述者眼中的历史，是被叙述的文本。《老生》写的是作者记忆中的历史，生活中的关系。“文学就是记忆的，那么生活就是关系的。”“《老生》就得老老实实地去呈现过去的国情、世情、民情。”同样是在秦岭山中的一个有威望的老人，启发作者如何讲出以前“不愿想不愿讲”的而不担心惹麻烦，那就是“说公道话”，“没有私心偏见，你即便错了也错不到哪儿去”。(《老生》后记)《山海经》与《老生》中四个故事之间有着“互文”关系。互文性是一个文本(主文本)把其他文本(互文本)纳入自身的现象，是一个文本和其他文本之间发生关系的特性。

小说中一共引用了九段《山海经》，如第一段《山海经》的师生答问，老师回答："人史也就是吃史。"紧接着唱师讲的第一个故事中游击队员参加革命的最初动机也是"吃"。老黑成了孤儿，被正阳镇党部书记王世贞收留当了"粮子"，"吃粮就是背枪，背枪当了兵的人叫粮子"，做了国民党地方民团武装的一个兵。匡三从小吃得多，他爹甚至想用绳子勒死他，被加入游击队的老黑鼓动："要吃饱，跟我走!"从此走上革命道路。可见，吃饱饭是贫苦农民参加游击队的直接动机，而不是什么革命理想和理论。第一个故事的第二段老师讲解《山海经》；"人在大自然中和动植物在一起，但人从来不惧怕任何动物和植物，人只怕人，认识产生一切灾难厄苦的根源。"接下来的故事里，讲游击队与地方武装、地主大户之间的仇杀与报复。匡三在老黑的训练下，由一个"只会吃"的胆小者蜕变成为敢于杀人的"战士"。游击队的核心人物李德胜、三海、老黑、雷布相继壮烈牺牲，反倒是信奉和平的周百义和徐老板活到解放后，都做了政府的副县长，最没有英雄相的匡三成为革命胜利后最大的官，权倾一时，成为那个扯着历史走向和人物命运"绳头"的人。从以上举例可以看出，《山海经》的经文讲解与故事之间确实存在一种相互指涉的联系，但要把这种联系确切表达出来又是困难的，我们同意以下论者的直感，"至少在目前我无法破译《山海经》的片段隐藏了何种确凿而具体的寓意，我所能察觉的是另一种广阔的时间和空间尺度，另一种远为不同的文本风格……若干古代神话和亦真亦幻的传言、杂说作为异质的声音形成了文本的复调和多种风格的张力。相对地说，《老生》是贾平凹长篇小说之中较为复杂的文本。"①从整体的审美效果来说，《山海经》具有上古史书的时光久远以及地方志书的辽阔空间，给《老生》百年历史故事提供了一个阔大的背景，极大地拓展了《老生》的意蕴空间，滋生出一种苍茫混沌的时空感。

其次，它有民间写史的立场。这种叙事立场是由小说的叙述视角来决定的。小说共有三个叙述视角，分别为开头和结尾的叙述人(全知视角)、

---

① 南帆：《"水"与〈老生〉的叙事学》，《当代作家评论》，2015年第1期。

教书先生和唱师。其中最核心的能统摄四个故事的叙述视角就是唱师的视角。《老生》从标题来看是讲生死，“老”即是死，而唱师是为死去的人唱阴歌、超度亡灵的人。唱师超越了时代、阶级、族群的身份，决定了他讲述故事时的民间态度，比如他为在革命斗争中惨死的老黑们，为身份地位卑微的墓生，为在瘟疫中死去的当归村民唱，这本身就代表了他的立场和态度。贾平凹在一次访谈中谈到以唱师作为叙述视角的原因，“为啥我选唱师作为叙事人？唱师是社会最基层的一个人，以他的面貌来看这一百多年来的过程。这个人是超越了族类，也超越了不同的制度，超越了人和事，这样就有意识地超越地来讲这些东西。如果你站到很高的时候就不去争是与非、对与错的观念，你完全是看到人生的那种大的荒唐，这些东西就能够看清。”①有研究者注意到与以往历史叙事的“神性叙述”不同，“神性叙述”指“最富权力意志的”第三人称全知视角，也称“上帝视角”，正史和革命历史小说中多用此。而《老生》是“巫性叙述”，“作为阳间向阴间的引导人，作为神的代言者，唱师游荡在阴阳两界和山川大地，他时而清醒时而糊涂，时而睿智时而荒诞，而清醒与糊涂、睿智与荒诞又经常难以区分。唱师的身份实际上带有通常说的‘巫’的性质，他的叙述因此也兼具神、人和妖的多重语调，正是通过这样一个前所未有的叙述者，贾平凹将文学的历史叙述从‘神性叙述’，变换成‘巫性叙述’”。② 唱师除了具有“巫”的身份，还具有“史”的功能，只不过是民间讲史，记录了民间记忆。“民间记忆指的是流传于民间的有关人类历史、生活、文化等方面的记忆。它往往带有亲历者的生存感受和体验，有时成为一种潜意识或者通过遗传，进入人们日常生活的行为习惯，一般以口耳相传的方式流传，其中有相当一部分融入民风、民俗等民间文化当中，还有一些进入到民歌、民谣和民间故事以及神话传说等民间文艺形式之中。我们所说的民间记忆，是相对于正

① 田超：《贾平凹谈〈老生〉：借“唱师”之口写历史变革》，《京华时报》，2014-10-31。

② 丛治辰：《小说的可能性与小说家的世界观——论贾平凹〈老生〉》，《南方文坛》，2015年第5期。

统历史和知识分子的历史记忆而言的一种散落于民间、流传于民间的未经整理与篡改的人类生存和活动的印记。这种记忆完全来源于民间生活中对于现实和历史的感受，也可以说，它是同民间生存感受和体验有着紧密联系的历史记忆。”①贾平凹正是找到了老唱师这个集“巫”“史”于一身的人物，作为自己讲述百年历史的代言人，表达了作者“民间的个体性”视角对历史的观照，这种观照不同于正史，也和新历史小说刻意颠覆正史不同，它是来自民间流传的、个体记忆的照实写来，“说公道话”，必然有着和正史和新历史小说不同的历史记忆和美学呈现。贾平凹选择了老唱师，选择了《山海经》，是因为“《老生》追求的其实是《山海经》那种巫、史、诗三合一的艺术境界。”②

再次，它有着深重的忧患意识。有论者认为，“面对历史面对村庄的故事，贾平凹不急于去批判，更无意于将谁推到历史的审判台上，他饶恕一切，也超越一切。”③和以上看法不同，我们认为《老生》远没有那么淡然和超脱，相反有着远较之前作品更强的批判和忧患意识，只不过将自己的态度表达得更隐晦，更追求史传的春秋笔法。比如在教书先生对《山海经》文字的解读里，在唱师给不同人唱阴歌的态度里，在对倾注同情与爱的人物的细致描写中（如对白土和玉镯隐居深山、相濡以沫终老的描写中看出作者边缘化被侮辱被损害的小人物的同情，对归隐山林、与世无争生活的向往等）；在对不同人物命运结局中（征战杀伐的老黑、李得胜等人都死于非命，拒绝暴力的周百义和徐老板得以善终；匡三解放后身居高位，与他有关系的人也能鸡犬飞升，但老年虽高寿，却已痴傻孤独，连和故乡来的后辈回忆旧事都不能尽兴，比他活得更长的却是唱师），都包含着贾平凹对人物的臧否，对暴力和丑恶的批判，对百年历史苦难不绝似有轮回的深

① 王光东，郭名华：《民间记忆与〈老生〉的美学价值》，《小说评论》，2015年第2期。

② 李遇春：《贾平凹长篇小说文体美学的新探索——以〈老生〉为中心》，《文艺研究》，2015年第6期。

③ 谢有顺：《乡土的哀歌——关于〈老生〉及贾平凹的乡土文学精神》，《文学评论》，2015年第1期。

重忧虑。

小说开头交代了秦岭里最大的人物匡三的家族史："这个家族出过十二位厅局级以上的干部，尤其是秦岭里十个县，先后有八位在县里的五套班子里任过职，而一百四十三个乡镇里和七十六个乡镇的领导干部也都与匡家有关系。"让人想到《浮躁》里商州地区的田家和巩家，和匡三有着相同的地位，他们都是革命胜利后的当权者，却也成为争权夺利和大搞裙带关系的新时期改革的"掣肘者"，这不能不说是对中国官场文化和政治生态的卓有批判意识的洞见。作者在后记中说："当文学在叙述记忆时，表达的是生活，表达生活当然就是要写关系。《老生》中，人和社会的关系，人和物的关系，人和人的关系，是那样的紧张而错综复杂，它是有着清白和温暖，有着混乱和凄苦，更有着残酷，血腥，丑恶，荒唐……《老生》就得老老实实地去呈现过去的国情、世情、民情……能真正地面对真实，我们就会真诚，我们真诚了，我们就在真实之中。"第一个故事中，老黑等人参加游击队不是出于崇高的革命动机，只是为了吃饱饭，唯一外来的革命者李德胜在逃亡途中错杀无辜，演出了类同于曹操误杀吕伯奢的戏码，不由人想到曹操那句流传广泛的名言"宁可我负天下人，不可天下人负我!"这是不是自古以来战争杀伐年代共同信奉的生存哲学呢？老黑杀死了与他有恩的王财东，加入了游击队，在他的品性中有着嗜血、好斗的天性，而这种品性在战争年代被认为是勇敢。因此，《老生》对革命起源的书写和正史不同，它不是从阶级论的角度，而是从民间的、伦理的、人性的角度，写出了前革命时代善恶难分、美丑毕现的历史混沌状态。第二故事中的马生，本是一个道德败坏的流氓无产者，却因历史的错误成为老城村土改运动的领导者，他随意地界定地主，将地主王财东逼上绝路，还霸占了他的妻子玉镯；嫉妒白菜和和尚的不正当关系，挑拨白菜丈夫打死和尚，逼疯白菜，分了寺庙的土地。他的亲戚占用了白土的田地，白土只好到偏僻荒凉的首阳山去开荒，最后和玉镯双双死在山上。这样一个人却成为村子的领导，决定着许多人的生杀大权，反映了土改中只以阶级成分判定人，似乎贫穷就必然根正苗红，富有就必然恶贯满盈，土改中地主阶级不但从财产上而且从肉身上被消灭，是土改极端化政治化的一个反映。《老生》的土改书写不同于十七年文学对“土改”的书写，《山乡巨变》《暴风骤雨》《太阳照在桑干河上》等土改小说，都对土改运动的正义性和合理性进行了“历史化”的书写，这种书写90年代以来已越来越受到来自民间叙事的反拨和质疑，《老生》无疑列数这一民间叙事之列。第三个故事中大概有三类人物，第一类是专政的执行者，有老皮、冯蟹、刘学仁、阎立本等，第二类是依附专政者以求自保的人物，如墓生，第三类就是被专政的对象。过风楼镇党委书记老皮，举动做派模仿领袖毛主席，视权力为生命，享受个人崇拜，擅走上层路线；他手下的棋盘村村长冯蟹和公社干部刘学仁，一文一武，沆瀣一气，前者信奉“只要当村干部心硬手狠，能下得茬，没有谁不敢不听话的”，他在“割资本主义尾巴”中斗傻了棋盘村最漂亮的媳妇马立春，用检举箱揪出了偷看检举信的刘四喜。后者信奉思想灌输，写标语和唱歌是他爱用的方式，他将匡三司令种的杏树作为革命历史教育点，很好地引起了匡三的注意。上述二人的行为代表了人民公社和“文革”时期阶级专政的两个重要手段——肉体上的打压和思想上的钳制。监禁走资派的窑厂负责人阎立本则是暴力专政的代表，残酷的体罚逼得犯男女错误的张收成自断男根。第二类人物墓生身上有着狗尿苔的影子，他们都因为出身问题，伏低伏小，但墓生缺少了狗尿苔的异能，显得更加孤苦无依，他就像竹节虫一样伪装着自己，仍没能逃脱死于非命的结局。第四个故事将21世纪以来发生的一些重大新闻事件都穿插其中，有“周老虎事件”“非典”“汶川地震”等，其“新闻化写作”的方法有类于余华的《第七天》。中心人物是老余和戏生，老余是游戏规则的制定者和操控者，戏生不过是他手上的一个提线木偶。戏生，戏者，表演、游戏之意，反映了改革开放试水过程中，由于决策者的动机不纯(老余不断鼓励戏生折腾，是为了多出政绩便于升迁)，将改革作为自己的政治表演舞台和试水场所，演出了一系列破坏环境、弄虚作假、急功近利的荒唐大戏。虽然戏生和当归村在他的提议下种植药材走上致富之路，终归在一场大瘟疫中，生命和财富都化为乌有，这或许是自然和天道对人类错误的惩罚。从以上分析不难看出，贾平凹对中国现代以来百年历史有着深重的忧患与反思意识，正如他所说：

> 在灰腾腾的烟雾里，记忆我所知道的百多十年，时代的风云激荡，社会几经转型，战争，动乱，灾荒，革命，运动，改革，在为了活得温饱，活得安生，活出人样，我的爷爷做了什么，我的父亲做了什么故乡人都做了什么，我和我的儿孙又做了什么，哪些是荣光体面，哪些是龌龊罪过？太多的变数啊，沧海桑田，沉浮无定，有许许多多的事一闭眼就想起有许许多多的事总不愿去想，有许许多多的事常在讲，有许许多多的事总不愿去讲。能想的能讲的已差不多都写在了我以往的书里，而不愿想不愿讲的，到我年龄花甲了，却怎能不想不讲啊！(《老生》后记)

3. “英雄”的诞生及毁灭——《山本》

《山本》是贾平凹 2018 年出版的长篇小说，与之前的《古炉》《老生》一起可以组成他的“秦岭志”历史小说三部曲。《山本》原本起名就是《秦岭志》，一是觉得容易和《秦腔》相混淆，二是为了读来上口，后改为现名。“山本，山的本来，写山的一本书。”(《山本》后记)《山本》却不仅仅是写山的一本书，记录秦岭地区的草木记、动物记虽然是贾平凹写作的初衷之一，但绝对不是写作《山本》的全部意义。因为文学不是历史，不是政治，更不是动植物学，文学不管怎样关注历史、政治、自然博物，写得似秦岭的百科全书，最终使之成其为文学而不是其他的，还是因为它写了历史中的人和人性。所以，我们认为，《山本》固然写了历史，写了战争，写了秦岭地区的动物植物，具有百科全书的特点，但其根本还是在于表现历史中的世相和人心。

《山本》中有三个耐人寻味的物象：铜镜、黑猫和皂荚树。铜镜是井宗秀在陆菊人那三分胭脂地下的古墓中所得，被视为宝物珍藏，后作为信物赠给了陆菊人。后来井宗秀“成事”了、自我膨胀了，陆菊人将铜镜交还井宗秀以示劝诫，希望他“见了铜镜能回忆起铜镜的来历，会明白其中的意思”。贾平凹精心选择了铜镜作为陆菊人和井宗秀二人之间的信物是别有意味的，唐太宗曾言：“以铜为鉴，可以正衣冠；以人为鉴，可以知得失；以史为鉴，可以知兴亡。”铜镜的意象在小说中就成了人心、历史的镜鉴，历史中可以看到未来，人心中可以看到善恶忠奸。陈思和也指出小说中铜镜、陈先生和宽忍师父的功用分别为：“以铜镜立戒指向过去，以救世行医指向当下，以宗教慈悲指向未来，三界均有指点。”①黑猫是作为陆菊人的陪嫁一起到涡镇的，“头是身子的一半，眼睛是头的一半”，心中有鬼或行为不端者就会在它的眼中看出森煞，它甚至还有着预知祸福的能力。它就像一个神秘的幽灵，一直扮演着陆菊人守护神的角色。皂荚树“长在中街十字路口，它最高大。站在白河黑河岸往镇子方向一看，首先就看见了”，是涡镇的地标式植物。它结的皂荚没人敢摘，因为身上长刺，而且它有个神奇的功能——能够识人德行，只有德行好的人经过，才会自动掉下来一个两个。井宗秀为了修钟楼将它移栽，它就在一场大火中烧成木炭，涡镇似乎也就失去了皂荚树精魂的护佑，最后也在炮火中化为灰烬 。这三个物象有一个共同的特点就是有着神秘的洞察人心、鉴别品行的镜鉴作用，理解了这三个物象，可以帮助我们理解贾平凹《山本》中写 20 世纪 20 年代秦岭地区历史的意义，就在于用强烈的史鉴意识，接续了中国传统小说的史传传统，以历史风云烛照出动乱苍茫年代里的世相和人心，这也是贾平凹设置这三个核心意象并在作品中反复渲染的原因。

然而，从历史到文学的转化也并不是没有难度，贾平凹也因此犹豫过、挠头过。《老生》后记中说：“写起了《老生》，我只说一切都会得心应手，没料到却异常滞涩，曾三次中断，难以为继。苦恼的仍是历史如何归于文学，叙述又如何在文字间布满空隙，让它有弹性和散发气味。”在写作

① 陈思和：《民间说野史：读贾平凹新著〈山本〉》，《收获》，2018 年长篇专号春卷。

《山本》时，他也有同样的困惑："《山本》是在2015年开始了构思，那是极其纠结的一年，面对着庞杂混乱的材料，我不知怎样处理。首先是它的内容，和我在课本里学的、在影视上见的，是那样不同，这里就有了太多的疑惑和忌讳。再就是，这些素材如何进入小说，历史又怎样成为文学?"(《山本》后记)贾平凹的困扰主要在两点，一是如何处理野史与正史、主流意识和作家创作之间的冲突，二是如何完成历史到文学的转化。关于第一点，他给出的解决方案是"没有私心偏见"地"说公道话"，这多少受到了司马迁"究天人之际，通古今之变，成一家之言"人文史观的影响。写作《山本》时他想的是："我还是试图着先写吧，意识形态有意识形态的规范和要求，写作有写作的责任和智慧。"这是他自觉身上承担着作家的良知和责任，即使写作可能有不符合规范要求的地方，但也不能不说，不能不写。关于第二点，他在《老生》和《山本》后记中都提到了流在秦岭山顶上的河，这是他"感觉的河"，他进而领悟到"老子是天人合一的，天人合一是哲学，庄子是天我合一的，天我合一是文学。这就好了，我面对的是秦岭二三十年代的一堆历史，那一堆历史不也是面对了我吗，我与历史神遇而迹化，《山本》该是从那一堆历史中翻出另一个历史来啊。"贾平凹找到了他写历史的方法，那就是尊重历史的精神，用自己钟情的人、事、物来重造一个属于自己"个人化"的历史。这个历史是只属于他的历史，是"在社会的、时代的集体意识里又还原一个贾平凹，这个贾平凹就是贾平凹，不是李平凹或张平凹"，是"看山是山看水还是水"的新境界，也是他的"新历史小说"的"新"之所在——"通过强调偶然性因素，构造时空破碎的历史图景，引用'反英雄'的写作叙述策略，采取闹剧和讽刺剧的情节化方式，以虚无主义的历史观取代了革命历史小说的进化论史观。"①

贾平凹是如何看待中国20世纪百年历史，如何看待革命和英雄人物的呢?《古炉》写了古炉村"文革"的一段历史，目的是想搞清楚"如果'文革'

① 刘川鄂，王贵平：《新历史小说的解构及其限度》，《文艺研究》，2007年第7期。

之火不是从中国社会的最底层点起，那中国社会的最底层却怎样使火一点就燃？”（《古炉》后记）《老生》的四个故事分别截取了国内革命战争时期、土改、人民公社和改革开放以来四个历史阶段，表明了作者对革命的态度，“我的《老生》在烟雾里说着曾经的革命而从此告别革命”，原来写革命历史是为了“告别革命”；到了《山本》，只写了20世纪20年代秦岭地区以涡镇为中心的国民政府军、红军游击队、土匪逛山以及各类地方武装之间的军事斗争和人事纠葛，意旨似乎又进了一步，那就是——告别英雄。小说中有段文字表达了作者“告别英雄”的英雄观，写到井宗秀为了替死去的哥哥报仇，将仇人抓来剜心掏肝，十分残忍，陆菊人就慨叹：“我嫁到镇上也十多年了，来的时候镇上是穷，人也整天吵呀骂呀也打架，那算是个日子，但这些年生活是好了，到处是血，今天我杀了你，明日我又被人杀了，谁都惊惊慌慌，谁都提心吊胆，这人咋都能成这样了！陈先生说：人是十二个属相么，都是从动物中来的。陆菊人说：那你看着啥时候世道就安宁啊？陈先生说：啥时候没英雄就好了。”陈先生是小说中儒道精神的代表，他认为涡镇乃至整个秦岭地区争斗仇杀的根源，都在于人身上的兽性，而他、宽忍师父、陆菊人则是唤醒涡镇人善、真一面，涤荡掉人性中罪恶的救赎力量。《老生》和《山本》都表达了在历史长河中个人（包括英雄人物）和时代的渺小的思想。《老生》后记中说“匡三司令是高寿的，他晚年荣华富贵，但比匡三司令活得更长更久的是那个唱师……没有人不死去的，没有时代不死去的。”《山本》后记中也说：“巨大的灾难，一场荒唐，秦岭什么也没改变，依然山高水长，苍苍莽莽，没改变的还有情感，无论在山头或河畔，即使在石头缝里和牛粪堆上，爱的花朵依然在开，不禁慨叹万千。”《山本》更表明，在历史中真正能永恒的、有力量的、值得铭记和书写的是山河，是爱。至此，贾平凹用三部历史小说完成了20世纪百年中国历史的书写，《古炉》和《老生》写齐了各个历史阶段，而《山本》又对20年代国内革命战争时期秦岭地区的那段历史做了重写，这种重写是属于贾平凹个人的，是来自民间立场的。正如陈思和所说：“文学创作起源于民间，在被士大夫文化改造之前，它是走在后一脉野史的源流之中。中国当代文学发展到上世纪九十年代，最为绚烂的成果，就是作家重归民间的自觉，贾平凹和莫言为佼佼者。”①

了解了一些贾平凹对中国现代历史的看法，我们来看看《山本》中的这一段历史表现了怎样的世相和人心。那个世道是如此的动荡不安：“那年月，连续干旱即是凶岁，地里的五谷都不好好长，却出了许多豪杰强人。这些人凡一坐大，有了几万十几万的武装，便割据一方，他们今日联合，明日分裂，旗号不断变换，整年都在厮杀。”写的是秦岭地区，但又何尝不是中国有史以来战争动乱时期的共同写照呢？井宗丞是秦岭地区最早发展的共产党员，为了筹措经费，出主意让人绑票他爹，导致他爹自溺于粪窖里。这在涡镇人看来就是纲常败坏，“没世事了”。在革命年代里，这种革命后辈以惊人的勇气和剥削阶级的父辈们决裂甚至成仇的故事并不少见，因此井宗丞的这种行为不缺少历史事实和政治理论的基础。作者在此所要表现的是革命对人伦道德的破坏，而且这种破坏是反复重演的，又是很难修复的。除了基于革命目的的道德伦常破坏，对金钱和权力的争夺也带来了世相的颓败。无人主政时期的涡镇，群龙无首，地方权贵间必然明争暗斗，吴掌柜和岳掌柜之间的争斗就是对地方话语权的斗争。陈先生说：“算起来，拐弯抹角的都是亲戚套了亲戚的，谁的小名叫啥，谁的爷的小名又叫啥，全知道，逢年过节也走动，红白事了也去帮忙，可谁在人堆里舒坦过？不是你给我栽一丛刺，就是我给你挖一坑。每个人好像都觉得自己重要，其实谁把你放在了秤上？”这无疑是对中国人世相的精准概括。中国人喜热闹、爱扎堆、讲感情、重面子，中国社会至今仍是个熟人社会。这种民族特性和社会构成有其弊端，就是爱窝里斗，所谓一个中国人是条龙，十个中国人是条虫，说的就是中国人不团结。“咱镇上都是些黄羊，空长着一对犄角。陈来祥说：有犄角只会窝里斗么！”而“窝里斗”的症结都在于不是以契约精神为核心，而是以人情为核心，所谓“有人情无法治”。

① 陈思和：《民间说野史：读贾平凹新著〈山本〉》，《收获》，2018 年长篇专号春卷。

“这日子过不前去了，他捂着嘴用屁股笑你哩。日子比他强了，这话里不是凉水就是刺！”嫉妒心强、看不得别人比自己好也是中国人的通病。《山本》中吴掌柜和岳掌柜的明争暗斗、井宗秀兄弟和阮天保之间的殊死搏杀等，都是对彼时中国人世相和人心的具体而生动的反映。

权力、地位对人的心性改变，体现得最集中最明显、也是作者最着力刻画的人物是井宗秀。客观说来，未“成事”前的井宗秀本性善良、心思缜密、待人诚恳。对待善待自己的人，比如陆菊人、杨掌柜以及从小玩到大的一帮兄弟，他很懂得报恩。他最初能力的显现是处理父亲井掌柜的后事，拿回父亲卖地的钱安抚集资的乡亲，表现得冷静理智、有勇有谋。在杨掌柜送给自己的三分地里发现了古墓，变卖古董完成了翻身的第一笔原始积累，他也表现得毫不张扬、低调隐忍。在陆菊人告诉了他那三分地的来历和暗示玄机后，他也没有说出发现古墓的事情。得财后他首先想到的是谋个做画师的活计，这样才可以花销得来的钱财，不至于招人怀疑，可以说他走的每一步都是精心盘算、稳妥周全的。当陆菊人终于告诉他三分胭脂地的秘密，他视陆为命中贵人，尊称为“夫人”，一生敬爱有加。对于送给自己埋父之地的杨掌柜，始终尊敬爱戴，奉为义父；对从小玩到大的发小杨钟、陈本祥、苟发明、唐景、巩百林等人，也是一路关照提携，兄弟情深；对于自己的哥哥井宗丞，虽也有怨恨，更有政治派别的分歧，但毕竟血浓于水，始终牵挂于心，得知哥哥惨死，多方打听消息，抓来仇人为兄复仇。总之，除了陆菊人，井宗秀应该是小说最着力刻画的人物，作者毫不掩饰对他的偏爱，说他“从没说过一句硬话，但从没办过一件软事。”但同时，井宗秀对背叛自己或与自己为敌的人，从不心慈手软，显出他性格中阴冷、毒辣、残忍的动物性的一面。他的媳妇孟家大女儿与土匪五雷有奸情，他便使计将其淹死在水井里。为了除去五雷，他又利用小姨子挑拨五雷和二当家王魁的关系，虽成功杀死五雷，但也导致小姨子死于非命，岳父发疯。对阮天保派来挖自己祖坟的士兵，更是将他们活埋在城墙内。请麻县长联系国民党军12师联合剿灭了阮天保的保卫队，却也学了曹操“挟天子以令诸侯”，架空麻县长，成为涡镇乃至平川县的独裁者，与之前的史三海、阮天保并无二异。井宗秀的畸变应始于他联合麻县长剿灭土匪五魁，自己当上预备团团长之后。此时的他变得血腥残忍、刚愎自用，连陆菊人的话也听不进去了。陆菊人告诉他王成进团长抢人家女儿，“这不是和土匪一样吗?”“井宗秀脸却一下子黑了，说了句我知道了。扭头就走了。井宗秀还从来没有在陆菊人话未说完就走开的”，足以说明他连他最信任最倚重的人的批评意见都听不进去，变得独断专行了。之后又借改造街巷之机大兴土木，盖钟楼、戏楼，搜刮民财，占有民女——保护涡镇的独立旅成为危害地方的一霸，走向了自己之前反对的对立面。井宗秀这个人物说明：一个失去权力制约的地方首脑，就如同一只脱缰的猛虎，必将成为一股无法控制的破坏性力量；而金钱、权力正是会激发出他们心性中的残忍、冷酷、独断的恶魔性因素。

如果说在井宗秀这个人物身上我们看到了善恶混杂、人性复杂，那么在陆菊人身上，我们更多看到人性善良、温情、执着、坚强的一面。“《山本》里虽然到处是枪声和死人，但它不是写战争的书，只是我关注一块木头或石头，我就进入这木头和石头中去了。”(《山本》后记)战争虽然占了《山本》很大的篇幅，但写战争是手段不是目的，是为了表现人心、人性、人情，旁及文化、风物，才写如此动荡的时代。除此之外，陆菊人和井宗秀之间特殊的情爱关系，也是小说着力要表现的。雷达先生很早就敏锐地发现“贾平凹的模式中的轴心是一‘情’字”，他同时指出，写情是中国古典小说的美学传统，如同曹雪芹、汤显祖、孔尚任的作品那样。① 笔者觉得这是很有洞察力的发现，至于写情的好与坏，则可能意见并不能统一。如黄平就认为“贾平凹并不擅长写‘爱情’，他的所有作品里没有一场真正的爱情故事，他擅长的是对‘爱情’的‘旁门左道’的处理，比如《废都》的偷情、《白夜》的滥情、《高老庄》的婚外情以及《秦腔》疯子引生那畸形的感情，他曾经试图以‘爱情’为主题，但是合乎逻辑的，《病相报告》成为他最

① 雷达：《模式与活力：贾平凹之谜》，《读书》，1986 年第 7 期。

失败的作品。"①在笔者看来，贾平凹不是写不了"真正的爱情故事"，可能和他独特的爱情观或人性观相关，也由他独特的秉性偏好决定，不是不能是不愿。笔者更认同陈晓明的"性情"说："他的人物总在文化体系边缘行走，人们时时处于僭越伦理道德的危险境地……似乎只有非法的反常的情欲关系，还是能显现人的'性情'，才具有复杂的文学意味。"②《山本》中的爱情描写，进一步丰富和完善了贾平凹的情爱画廊。如果说《废都》写的是无爱之性的话，《病相报告》则写的是无性之爱；如果说《秦腔》中引生对白雪和《带灯》中带灯对元天亮是单方面的一厢情愿的爱的话，那么《极花》则写的是强迫的性与爱。以上的爱情书写确实都有畸异甚至变态的成分，那么《山本》中井宗秀与陆菊人的情爱与以上皆不同，他们的情爱(因为道德的约束无法有性爱)却是真正建立在彼此欣赏、惺惺相惜的颇有知音意味的情爱，如王春林所说："与其说他们俩之间的感情是一种'绝美的爱情'，莫如说他们俩是惺惺相惜彼此相知的精神知己更准确些。"③《山本》的爱情书写是对作家之前情爱叙事的有力补充，至此，人们再不能说贾平凹不会写真正的爱情，也即建立在人格平等和心灵相通之上的爱情。小说中的陆、井二人不是没有结合的机会，在陆菊人的丈夫杨钟中弹去世，井宗秀后来也死了媳妇，按理说两个彼此欣赏、互相牵挂的人是可以结合的。之所以没有，一方面是彼此受传统伦理道德的约束，杨钟是井宗秀的发小兄弟，杨父又对宗秀有恩；另一个方面，也可能是更深层的原因：井宗秀将陆菊人视若地藏菩萨，他是不愿用世俗的婚姻毁掉自己的信仰的。排除井宗秀后来的人性畸变不谈，他与陆菊人的情爱是颇符合中国人的传统审美心理的，发乎情而止乎礼，缠绵悱恻也能当机立断。小说中有一段陆菊人说二人关系的话，表明她已从两人剪不断理还乱的情爱"执迷"中解脱出来，真正"悟"了。她说："一个人对一个人器重也好，喜欢也好，感到亲

① 黄平：《贾平凹小说论稿》，云南人民出版社2013年版，第43页。

② 陈晓明：《他能穿过"废都"，如佛一样——贾平凹创作历程论略》，《东吴学术》2013年第5期。

③ 王春林：《历史漩涡中的苦难与悲悯》，《收获》，2018年长篇专号春卷。

了，自己就会发现自己的能力……有时也想，我待你亲什么呢，其实还是待我的想法亲，在杨家十几年了，我有一肚子想法，却乱得像一团麻。现在我是把这团麻理顺了，我才知道了我要什么什么是能要来的，什么是要不来的，也就理顺了我该咋样去和人打交道咋样去干事。”可以说，《山本》中的情爱书写是对《废都》无爱之性、《秦腔》单方面的爱、《极花》强迫之爱的反拨，它更真实，更纯粹，更接地气，也更中国化。

《山本》在小说在形式、结构等方面的变化，首先体现在开头，那是一个《百年孤独》式的预叙开头：“陆菊人怎么能想到啊，十三年前，就是她带来的那三分胭脂地，竟然使涡镇的世事全变了。”这个开头为全书奠定了基调：以陆菊人的回忆展开故事，并且弥漫着神秘的宿命气息，小说中关于风水、龙脉、梦占等神秘事件更是为那段历史蒙上了重重迷雾。全书采用了主副双线结构，从陆菊人八岁被许给开寿材铺的杨家做童养媳写起，以陆菊人和井宗秀的情爱纠葛为主线，以陆菊人和陈先生在涡镇废墟上的一段对话作结。另一条副线写井宗秀哥哥井宗丞在游击队和红军的经历，最后两条线汇合一起，井宗秀在和红军的两次交锋中先胜后败，涡镇毁于炮火。

其次，《山本》的结构更加混沌、圆融，整体感强。《古炉》共分为五部，分别为冬—春—夏—秋—冬，完成一个季节的轮回。《老生》也有简单的章节，四个故事实际就是四章，这之前有“开头”，之后有“结尾”。《山本》则没有明确的章节，只在一个个相对独立的意义单元间用虚线隔开，似乎更符合贾平凹对小说整体、大气、混沌的追求。从小说和中国古代元典之间的关系来看，《老生》在每个故事中间又加入了老师对《山海经》的讲解，使故事和经文形成一种互文关系。《山本》也有《山海经》的影响，不过这个影响已化为血肉，融入小说的肌理。从动物性中看出人性，这是《山海经》，从人性中看出动物性，这是贾平凹的《古炉》《老生》《山本》。如同贾平凹在《山本》后记中所说：“随便进入秦岭走走，或深或浅，永远会惊喜从未见过的云、草木和动物，仍能看到像《山海经》一样，一些兽长着似乎是人的某一部位，而不同于《山海经》的，也能看到一些人还长着似乎是兽的某一部位。这些我都写进了《山本》。”《山本》中井宗秀属虎，就故意学虎的作派，之后又有剥人皮、活埋人、剖心挖肝等血腥举动，具有了虎的残忍、冷酷；陆菊人喜欢蟾，是背负责任、隐忍坚强的化身，杨钟似猴，杜鲁成类狗……《老生》中拴牢是牛，裹上牛皮就卷起来，白河说：本来就是畜生么！墓生觉得自己是竹节虫……贾平凹受中国天人合一传统思想和民间朴素的万物有灵思想的影响，在其对历史书写中，将人性的变异用具象的动物形象体现出来，其呈现的美学效果和莫言的《生死疲劳》确有异曲同工之妙。如果说《老生》的结构由于写了四个彼此并不关联的故事，显得并不整体合一，所以就用了《山海经》和活了百年的老唱师将它们串联起来。《山本》结构相对更有整体性，因为时间集中，就写了 20 世纪 20 年代这一个历史阶段；人物集中，以陆菊人和井宗秀的情感纠葛为主线；地点集中，集中在秦岭地区最大的镇——涡镇。而在小说内部，作者也采用一些办法使节与节之间联系更紧凑，这应该是借鉴了中国古典章回小说的写法。试举几例。如一上节末尾写：“却意外得到一个消息：井掌柜死了！”下节就写井掌柜如何被绑票又如何被勒索了去了众人集资的银子而自尽。又如，上节末尾写：“井宗秀好久没有想到过井宗丞了。”下一节就写井宗丞在游击队的战斗经历。这种类似于顶针修辞的写法，使每一节似断实连，形成一气呵成、气韵畅通的审美效果。

此外不能不说《山本》中的语言更加老辣，主要体现在不动声色的言说中，有更多的言外之意可供读者品咂，只写出事实的部分，事实背后的许多东西并不明说，交给读者自己去品味。据说贾平凹家里挂着海明威的画像，表明他对海明威简约有力的语言是欣赏的，对著名的“冰山理论”也定不陌生，而这种写作理论与中国传统绘画计白当黑的画法颇能相通，对中国画论颇多关注的贾平凹不能不有所领会。还是举例说明之，如小说中写到五雷搬进了井宗秀家，一天街上有人叫卖饸饹，宗秀媳妇说：“他爱吃饸饹，我去买些。”这里的一个“他”就暗含玄机。不称名只说“他”，表明井宗秀媳妇没拿五雷当外人；而丈夫就在旁边，不考虑丈夫的喜好，却记挂着五雷的喜好，也难怪小说写道：“井宗秀知道媳妇所说的他是指五雷，心里多少有些不美，却也不好说别的。”读者和井宗秀一样，都能感觉出两人关系的不正常，所以宗秀才会觉得“不美”，但读者和宗秀一样并无实据，所以宗秀也只能是“不好说别的”。之后有一段井宗秀回家，见到家里只有媳妇和五雷在这段尤其精妙。小说写道：“到了家，前院没人，门道里放着一篮子青菜，鸡在那里乱鸽，撵走了鸡，去桶里舀水熬茶喝，桶里却也干着。提了桶到后院井里打水，便听到后院上房里有说话声，以为五雷和王魁他们在里边，并没在意。”井宗秀和媳妇住前院，五雷住后院，前院没人，宗秀理所当然认为媳妇不在家，而且门道里放着一篮子青菜，说明媳妇离开的时候比较匆忙，起码是中途离开的。但“这时候媳妇从后上房出来”，猜想此时宗秀心中定是又疑又怒，疑的是媳妇在后上房到底干啥，怒的是媳妇太没把他放在眼里。因为世人都明白此情理：丈夫不在家，媳妇和客人定是要有所回避的，她不但不回避，还主动往上凑，丈夫撞见了还镇定自若，这只能说是仗着五雷的武力撑腰，色胆包天了。这时小说又两次写到媳妇出来见到丈夫时“低了头”，一次写低头并不让人奇怪，两次提及就有深意了——媳妇一定是脸上有什么痕迹不愿让丈夫看见。之后的情形更加印证了宗秀和读者的猜测，“井宗秀进了上房，房里都是烟气和酒气，五雷好像才洗了脸，西间屋里的洗脸盆里水溅湿了地，而酒肉却摆在东间屋的床桌上……”这里的这个“却”字，也暗指了媳妇说的是假话：“他要喝酒的，我给端了盘卤肉”，仅仅是喝酒的话，五雷或宗秀媳妇是都没必要洗脸的。媳妇低头和五雷洗脸共同印证了他们在消除某种痕迹，具体什么痕迹作者也没说，我们只能猜测是他们偷情的痕迹。难怪宗秀狐疑：“这个时候他洗的什么脸?”之后的描写，也是令人回味无穷，井宗秀“提了西间屋半桶水往前院去，媳妇在对着镜子照。他说：你看着我。媳妇说：我补粉哩。”“井宗秀没有说话，便去熬茶。往常茶熬成琥珀色正好，但他熬了半天，熬得黑乎乎的，像是药汤，筷子一蘸能吊线儿。”这里简单的两句话，细心的读者却能读出宗秀此时内心的万丈波涌，“没有说话”，是没法对媳妇表示怀疑甚至发怒，他知道五雷是什么样人，任何怀疑或撕破脸皮都可能带来灾祸，但以他的脾性肯定也不能容忍这种羞辱和背叛，为后文的设计杀妻埋下伏笔。篇幅所限，不能一一列举。贾平凹的这种写法是颇得中国古典小说神髓的，金圣叹在评点《西厢记》时说："吾尝遍观今人之文矣，有用笔而其笔不到者，有用笔而其笔到者，有用笔而其笔之前、笔之后不用笔处无不到者。"①这样讲究语言用词准确、讲究语言含蕴的写法在古典小说中并不鲜见，比如《水浒传》第三回，写鲁智深在五台山当了四五个月的和尚，肚子饿得干瘪，正在想酒吃，"只见远远一个汉子，挑着一付担桶，唱上山来，上面盖着桶盖，那汉子手里拿着一个旋子(温酒的器具)。"金圣叹就批道："二语之妙，正是索解人不得。盖桶上无盖，则显然是酒，有何趣味；桶上有盖，则竟不见酒亦未为奇笔也。惟是桶则盖着，手里却拿个酒旋，若隐若约之间，宛然无限惊喜不定在鲁达眼头心坎，真是笔歌墨舞。"②贾平凹在《山本》中的一些笔法，正是用有限的语句表达出超出语句本身的大量"言外之意"，这或许就是金圣叹所说的"趣味""奇笔""笔歌墨舞"了。

《山本》是贾平凹历史小说的第三部，考虑到他有一组题材写三部的习惯(比如商州三录，改革三部曲等)，这会不会是他历史题材长篇小说的终章呢？《山本》以历史洞察人性的现代历史、文学观念为出发点，以民间流传的神秘意象为贯穿全书的线索，写出了一个不同于其以往作品的爱情故事，表达了对建立在平等、尊重、信任、扶持基础上的情爱理想的追求；在小说结构的圆融、语言的老辣方面颇得古典小说美学的神髓，这也正体现了作者对"现代性、传统性、民间性"的自觉追求。

(二)对史传传统的继承与转化

1. 实录精神

由班固所总结出来的《史记》"实录"精神："善序事理，辨而不华，质

① 金圣叹：《第六才子书》，转引自叶朗《中国小说美学》，北京大学出版社 1982 年版，第 113 页。

② 金圣叹：《第六才子书》，转引自叶朗《中国小说美学》，北京大学出版社 1982 年版，第 113 页。

而不俚，其文直，其事核，不虚美，不隐恶，故谓之实录。”(《汉书》卷六十二《司马迁传》)这种“实录”精神成为中国文学的叙事传统，中国古代小说莫不以写实求真作为艺术评判的标准。深受中国叙事传统影响，且对《史记》《山海经》格外偏好的贾平凹自然受到实录精神的影响，他的绝大多数作品都是现实主义基调的，尽管可能有魔幻神秘或意象抒情的元素，他整体上仍是一个现实主义小说家。他的小说对《史记》实录精神的吸取体现在以下两个方面。

首先，体现为一种求真精神。中国自古就有写实求真的传统，“古代现实主义作家都把实录写真当成一种自觉的艺术追求。白居易倡导诗歌创作‘直书其事’，‘其事核而实，其言直而切’；李贽主张‘真心’、‘真情’、‘真言’、‘真文章’；《儒林外史》虽然是作者之‘微辞’，‘亦是世间真事’(卧闲草堂本《儒林外史》回评)；曹雪芹开章明义，宣布《红楼梦》是‘实录其事’，刻意‘真传’，脂砚斋也一再申说作者‘移东挪西，任意写去，却是真有的’……这样，史著的实录写真，经过杜甫、白居易、李卓吾、吴敬梓、曹雪芹等许多现实主义作家的丰富和发展就转化成了我国古代现实主义文学创作和理论所强调的艺术求真精神。”①贾平凹的小说一直以来也是以现实为依据，以反映现实为宗旨的。《满月儿》是以贾平凹的两位本家姐姐，以及他的爱人和她的一位朋友作为原型来创作的。《商州初录》类似于游记，叙述者客观地展示着商州的山川、地理、风俗、人情，《商州再录》中一个个人物的故事，就似纪传体文学一样，真实反映这些人物的性情以及山民在新的变革的风气到来之后的内心涌动。《小月前本》《商州》中的人物故事，来自他多次探访棣花以东 50 公里的武关。一位对西安和作家都十分了解的评论者指出：“构成《浮躁》的基本事件是 1985—1986 年在陕西乃至全国引起很大反响的几个经济案件。这些案件中有的人曾经是我们西安

① 方锡德：《中国现代小说与文学传统》，北京大学出版社 1992 年版，第 174 页。

新闻，文艺圈子中的人，甚至与作者有较多的来往。"①在《废都》之后的长篇小说里，我们大多能在作品一些人物身上中看到作者的经历和身影，如庄之蝶、子路、子明、夏风、张引生、狗尿苔等人物身上都或多或少有着作者的影子，这也表明他受《红楼梦》开创的作家自叙传统的影响，正如他所说："我写了几十年，是那么多的题材和体裁，写来写去，写到这一个，也只是写了我而已。"(《极花》后记)此外，在他新世纪的几部反映现实的长篇小说后记里，他都不厌其烦地交代与小说人物相关的现实背景，如《秦腔》《高兴》《带灯》《极花》中的人物故事都是其来有自，其人物原型都与作家有着切近的关系。如此反复强调和交代"所言非虚"，无非表明其作品的现实基础和写实品格。

其次，贾平凹小说的"实录"精神还体现自一种对现实的介入和批判。他说："作家是受苦与抨击的先知，作家职业的性质决定了他与现实社会可能要发生摩擦，却绝没企图和罪恶。"(《秦腔》后记)早在1980年发表的《山镇夜店》《上任》《夏家老太》等篇就对干部特权化现象有了揭示，对这种现象产生的"国民性"基础做了解读，"在落后的农村，人们从封建意识中承袭来的顽固的等级观念和奴才气，不能不说是官僚主义生存的极适宜的空气和土壤。"②其后，他的大部分作品都真实地反映着中国社会发展的欣喜与阵痛、硕果与痼疾，在对中国改革进程中市场化、城市化所带来的社会风气、人心人性的变化又带有总括性和前瞻性的表现，因此是他的一些作品带有浓重的"史诗"风格，《浮躁》《废都》《秦腔》无疑都是这样的作品 。《浮躁》试图将改革开放初期人们面对市场经济观念冲击以及自身主体意识的觉醒所带来的心理变化概括为"浮躁"，这也确实是80年代前期普遍存在的社会心理。而在小说的情节和人物的具体设置上，他将金狗、雷大空等"改革派"争夺话语权的对立面设置为田、巩两大家族代表的家族化权力，有着极强的洞察力，反映着改革开放初期商州地区基层权力家族

① 李星：《混沌世界中的信念和艺术秩序—《浮躁》论片》，《小说评论》，1986年第6期。

② 费秉勋：《贾平凹论》，西北大学出版社1990年版，第44页。

化、宗法制的现实。《废都》更是80年代末、90年代初一代知识分子心境的写照，他称这种心理意识为“废都意识”。他说：“西安可说是一个典型的废都，而中国又可以说是地球格局中的一个废都，而地球又是宇宙格局中的一个废都吧。”①具体作品呈现如何且不论，单就作者借庄之蝶写出人类共同精神苦闷，借西安写出整个宇宙的气魄或说“野心”来看，《废都》都是一个有着大气魄和大包容的作品，在传统文人的颓废气息中隐藏着现代意识和世界意识。《秦腔》以类似于《红楼梦》的家族化叙事，写出了新世纪初清风街在商品化、城市化进逼下衰败、没落的现实。秦腔艺术的没落实际上是一代人对乡土传统丧失以及精神家园丧失的隐喻。与此主题类似的作品还有《高兴》《带灯》《极花》，它们反映的问题更为具体，也更加深入。《高兴》反映的是失地的农民如何在城市里艰难打拼，却在城乡之间找不到归处的命运。《带灯》表现的是在中国乡镇的最基层的政权——乡政府，如何面临上面的政策和工作安排以及下面农民的各种利益诉求，两头受气、左右为难的尴尬处境。《极花》借一个进城打工妹被拐卖到偏远乡村的故事，反映的仍然是城市对农村的掠夺，偏远农村面临灭种断根危机的社会现实。赵树理曾说：“我的作品，我自己常常叫它是‘问题小说’……因为我写的小说，都是我下乡工作时在工作中所碰到的问题，感到那个问题不解决会妨碍我们工作的进展应该把它提出来。”②可以看出，贾平凹的小说继承了赵树理小说的问题意识，他的小说也是“问题小说”。如何做到“真实”同时规避可能出现的政治风险，贾平凹的方法是“说公道话”和“真诚”，“没有私心偏见，你即便错了也错不到哪儿去”，“能真正地面对真实，我们就会真诚，我们真诚了，我们就在真实之中。”(《老生》后记)

2. 春秋笔法

“不直接置身叙事内容中去说出自己的倾向，而把自己的态度隐含在

① 《与田珍颖的通信(一)》，《贾平凹文论集·关于小说》，生活·读书·新知三联书店2015年版，第68页。

② 钱理群，吴福辉，陈平原：《中国现代文学三十年》，北京大学出版社1998年版，第477页。

叙事中。这种态度和方法，在我国史传文学传统中被称为‘春秋笔法’”，“‘春秋笔法’在我国叙事文学中有着源远流长的传统。孔子‘因鲁史以修《春秋》举得失以表黜陟，征存亡以标劝戒。褒见一字，贵逾轩冕；贬在片言诛深斧钺。’(《文心雕龙·史传》)在史传文学中，《左传》的别善恶寓褒贬、《史记》的寓论断于叙事，都把作者的倾向隐含在叙事中。魏晋六朝人把这种史家笔法移用到人物品评中，又成为‘口绝臧否，而心存泾渭’的‘皮里阳秋’方法。”①贾平凹小说中的“春秋笔法”又有人物命运安排、人物语、神灵预言等不同表现方式。第一种是指作者并不直接表达对人物的臧否，但通过对人物命运结局的安排自然能够看出作者的态度。《废都》里的四大文化名人书法家龚靖元的字满布西京，画家汪希眠仿制名人字画，他们身边“总有赶不走的一堆女人”；乐团团长阮知非办歌舞团四处走穴，“钱飘雪花一般往回收”，他们都游走在法律和道德的灰色地带，尽情拥抱着都市的欲望法则。就连最“不爱钱”的庄之蝶，也以牛月清的名义开起了书店，办起了画廊，为了谋取名人字画设局低价从龚小元手里谋得其父的收藏。但他们的结局也很悲惨，龚靖元爱赌博多次被公安局抓，儿子因为吸毒将他多年书画收藏贱卖，一气之下上吊自尽。阮知非被歹人绑架打瞎双眼，换上一对狗眼。汪希眠因为制作假画被查，庄之蝶输了官司，坏了名声，准备南下却中风倒在了车站。作者正是借人物的命运结局表达了对废都物质主义的批判以及“百鬼狰狞，上帝无言”的社会现实的愤懑。《古炉》中直接或间接将“文革”的星火带入古炉村，并且给这里带来巨大灾难的是黄生生和夜霸槽，前者活烤麻雀，吃相残忍，武斗中受伤被鸟啄瞎双眼死去，后者被解放军抓住枪毙。第二种是借人物的语言、行动间接地表达作者的态度。《古炉》中写夜霸槽在古炉村的武斗中取得胜利，有可能在成立的革委会任职，又是穿中山装，又是掀倒旧的石狮子，凿新的石狮子，石匠就说“狮子的开脸要刻出似乎像人面一样，人面要像是霸槽，就

① 方锡德：《中国现代小说与文学传统》，北京大学出版社1992年版，第200页。

让霸槽立在那儿，他们得左右端详”，而一向狂妄跋扈的霸槽，此时“竟然很听话，就立在那儿”。作者并未对霸槽心态做一描写，但通过水皮、石匠等的阿谀言行以及霸槽表现出的受用，即可看出他政治上的野心和对权力的渴望。《老生》中第二个故事写到洪栓劳累死了自家的老牛，留下了牛皮，没想到牛皮披在他身上便卷起来，将他包在了里面，而牛皮披在其他人身上却不会出现这种情况，村人就觉得这事蹊跷，白河说了一句话："本来就是牲畜么!"借人物之口挞伐了拴牢虐待牲畜的不人道、残忍。地主王家芳将自己的旧袄送给了贫农刘巴子，给他送的饭是纯麦的捞面，自己在家吃的却是杂面，可在老城村地主批斗会上，刘巴子还揭发地主不给他提水喝，这时有人嘟囔了一句："水拿河盛着哩，懒么。"也是一句看似平淡无奇的插话，却道出了人物之间品格道德的高低。第三种是通过一些自然的异象、神鬼预言关涉人事，表达作者的爱憎。《浮躁》中借韩文举之口说出天道与人道的关系，“民国末年，商州大旱十八个月滴雨不落，韩文举船到月日摊，去饭铺吃饭，包子里咬出个人脚指甲。国民党政府不几年就垮了……”就连州河的涨落也和人事相关，“那一年金狗去州城的时候，州河就发了大水”，“这时候，正是州河有史以来第二次更大洪水暴发的前五夜，夜深沉得恰到子时。”此时，金狗与巩、田两家的斗法取得了阶段性胜利，回到仙游川，州河的涌动预示着改革派与当权派的斗争远未结束。这种自然界和人世间神秘的对应关系反映着民间朴素的鬼神信仰，体现着中国人传统的天人感应的思维方式，贾平凹对此是津津乐道并表示尊重的，因此也在他多部作品中出现。《秦腔》中夏君亭为扳倒秦安，给派出所打了有人赌博的举报电话，不远处王老九砍的一棵椿树“血水流了一滩”。这种用自然界动植物的异象影射人物、表达臧否的写法在他的小说中并不鲜见。清风街建市场挖出了土地公土地婆的石像，村民认为这是好兆头，预示着市场会成功，引生却一语惊醒梦中人："说不定是君亭事先埋在那里的!"一下子让一个普通细节具有了耐人寻味的意味，君亭处世的心机深和不择手段，以及引生表面疯癫实则见解超群的人物性格跃然纸面，又能明显看出此事件与《史记》所载陈胜吴广造反之前的舆论准备勾连起来，以鬼神信仰收敛人心，历史惊人的相似，一下子给当代的基层权力斗法增添了历史的厚重感。

3. 史鉴意识

所谓史鉴意识就是文学和历史一样反映出社会历史发展变化规律的意识，即司马迁所说史传应具有“究天人之际，通古今之变，成一家之言”(《报任安书》)的功能。贾平凹的小说自觉记录着中国社会现实从“文革”结束直到现今四十余年改革开放的进程，对农村从家庭联产承包责任制到城市化、工业化对农村的改变，以及21世纪以来存在的城市与农村的不平衡发展，农村面临的环境破坏、资源枯竭、劳力短缺等现象，都有着对应时代的记录。尤其是他后期确定了以文学记录现实的写作目标，其作品更是具有了民间写史的功能。而在其反映从20世纪20年代直到现今的百年历史的小说里，其通过文学表达“通古今之变”的史鉴意识的目的就尤为明显。贾平凹在《秦腔》后记里对故乡“文革”至今社会生活变迁做了一番总结：“1979年到1989年的十年里，故乡的消息总是让我振奋，土地承包了，风调雨顺了，粮食够吃了，来人总是给我带新碾出的米，各种煮熟的豆子，甚至是半扇子猪肉，他们要评价公园里的花木比他们院子里的花木好看，要进戏园子，要我给他们写中堂对联，我还笑着说：棣花街人到底还高贵！那些年是乡亲们最快活的岁月……”(《秦腔》后记)我们在贾平凹创作于80年代的小说里看到农村的这种变化，《商州初录》里的《黑龙口》写出山地乡民在土地到户、发展经济的“新政策”影响下，尝到商品经济的甜头而又内心忐忑的心态。山地由于地理的闭塞，人们对新事物的接受要晚于城市和平原地区，作者敏锐地把握到山地春寒料峭、暖意渐生的政治经济文化气候。《龙驹寨》《棣花》等篇写出龙驹寨的贸易繁荣、经济兴旺，“也是也是奇怪的事情，全商州最能跟上时代的，不是离西安省城最近的商县、洛南，往往却是龙驹寨。”《棣花》以不无骄傲的语气介绍它的奇景、异人，对故乡腊月闹社火的习俗做了浓墨重彩的渲染，而这无疑要归功于政策对路带来了农村经济文化的发展。《商州再录》中的《周武寨》写商州地区一个从清嘉庆年间开始兴起的一个小村寨——清风寨(后改名为周武寨)的历史，在贾平凹的小说中时间跨度是最大的。尤其重点写20世纪20年代开始，历经民国、解放、“文革”武斗、“一打三反”运动直到80年代，周、武两家此消彼长、争斗不息到化干戈为玉帛，两家合为一家。小说表达了争斗则两败俱伤，和合则一荣俱荣的思想，也体现出作者期盼和平发展，农民得以休养生息的人道主义历史观。在直接描绘改革的作品中，虽然作者出于传统现实主义小说习见的二元对立思维，给改革者树立了对立面，但其对改革必将胜利、中国的现代化道路不容阻挡的信念是乐观的，虽然这一简单、乐观的现代性思维到《废都》《土门》以后发生改变，变得犹疑而彷徨。在《小月前本》《鸡窝洼的人家》《腊月·正月》《古堡》《浮躁》等作品中，我们能看到改革会遇到诸如对政策变化的怀疑、重农轻商思想、传统的政治权力和“德高望重者”对新生力量的压制等种种阻力，但从故事的结局(往往是改革力量的胜利)和作者的情感态度来看，为改革摇旗呐喊无疑是80年代改革小说的主题。值得注意的是，虽然贾平凹80年代的表现农村经济发展的小说客观反映了国家土地分配到户、鼓励农民在农业之外搞多种经营等政策，但政治和经济的发展并不是小说的全部或者目标，文化的、道德的和人性的变迁才是作家描写的重点，这正是雷达所概括的贾平凹80年代小说的“模式和活力”。1992年，中共十四大召开，提出建立社会主义市场经济体制，改革开放迈入快车道。农村的发展在市场化、城市化的浪潮中却显得步履蹒跚，对此贾平凹不无忧心：“当国家实行起改革，社会发生转型首先从农村开始，它的伟大功绩解决了农民吃饭问题，虽然我们都知道像中国这样的变化没有前史可鉴，一切都充满了生气，一切都混乱着人搅着事，事搅着人，只能扑扑腾腾往前拥着走，可农村在解决了农民吃饭问题后，国家的注意力转移到了城市，农村又怎么办呢？……农村又成了一切社会压力的泄洪池。体制对治理发生了松弛，旧的东西稀里哗啦地没了，像泼出去的水，新的东西迟迟没再来，来了也 抓不住，四面八方的风方向不定地吹，农民是一群鸡，羽毛翻皱，脚步趔趄，无所适从，他们无法再守住土地，他们一步一步从土地出走，虽然他们是土命，把树和草拔起来又抖净了根须上的土栽在哪儿都是难活。”（《秦腔》后记）90年代自《废都》以降的长篇小说，虽然也反映着社会现实，但贾平凹更侧重的是文化和社会心理的考量。在《废都》有着西安以庄之蝶为中心的文化圈，波及政商圈、市民圈，可以说以清明上河图的散点透视的方式、明清世情小说的笔法，一一铺陈开来，是世纪末被传统文化浸染的“新儒林”浮世绘；《白夜》表现的是转型期逐利世风席卷之下，西安城内古今杂陈、真假莫辨、黑白不分、美丑交缠的社会现实，宽哥和吴清朴的遭遇都缘于拜金主义、道德滑坡的社会风气；《高老庄》也反映了代表现代的工业文明和代表传统的农业文明之间的冲突，王文龙和苏红办的地板厂在给乡村带来就业和财富的同时，也破坏了当地的环境，造成掠夺式的不可再生的开发……这些都是从反映现实的层面来说的，但这一时期贾平凹更注重意象写实艺术的探索，从精神探索的层面他感兴趣的是“表现他对人间宇宙的感应，发掘最动人的情趣，在存在之上建构他的意象世界。”（《浮躁》序言二）本时期的小说通过“废都”“白夜”“土门”“狼”等一系列意象的营造，表达着他对于传统与现代、城市与乡村的思考，试图为自己寻求精神上的突围，如他所说：“我终生要感激的是我生活在商州和西安两地，典型的商州民间传统文化和西安官方文化孕育了我作为作家的素养，而在传统文化的其中浸淫愈久，愈知传统文化带给我的痛苦，愈对其种种弊害深恶痛绝。”（《高老庄》后记）清醒的认知并不意味着一定会有理性的决断，贾平凹在痛陈传统弊害的同时，难抑传统失去的怅惘与不舍，这在《高老庄》中西夏被高老庄的古碑以及蔡老黑的雄强魅力所吸引，《白夜》中虞白所过的琴棋书画、不食人间烟火的古雅生活方式对夜郎的吸引，都可以看出。身处传统去希冀现代，和身处现代去回望传统，绝对是两种不同的心境，贾平凹明显偏向于前者。

到了21世纪，贾平凹重新回到写实的轨道，作品中意象营构的成分淡化，“把自己的作品写成一份份社会记录而留给历史”的意图更为突出，具有更为强烈的史鉴意识。《秦腔》《高兴 》《带灯》《极花》莫不是新世纪农村现实问题的立此存照。《秦腔》关注的是土地和文化的问题，作者哀叹：

“我以清风街的故事为碑了，行将过去的棣花街，故乡啊，从此失去记忆。”(《秦腔》后记)作为村镇而存在的故乡永远不会消失，但作为精神家园的故乡不复存在了，后者正是贾平凹所叹惋、悲哀的地方。清风街是属于小说中引生和夏风的，而每个中国人心中未尝不希冀存在一片类似于“清风街”的地方，来抵御步步逼近的现代性所带来的压迫、焦虑与紧张感。《高兴》以一个有些另类的农村文化青年刘高兴为中心人物，反映的是失地农民进城之后的生活，可说是《秦腔》中农民命运的延续。喜爱城市的刘高兴和厌恶城市的五富代表着农民工对城市的不同态度，刘高兴的留城之路注定无法平坦，五富厌恶着城市却把自己的灵魂留在了城市，等待着游移徘徊在城乡之间农民的是充满了悖谬的命运。《老生》和《山本》都表达了在历史长河中个人(包括英雄人物)和时代的渺小的思想。《山本》更表明，在历史中真正能永恒的、有力量的、值得铭记和书写的是山河，是爱。至此，贾平凹用三部历史小说完成了 20 世纪百年中国历史的书写，《古炉》和《老生》写齐了各个历史阶段，而《山本》又对 20 年代国内革命战争时期秦岭地区的那段历史做了重写，这种重写是属于贾平凹个人的，是来自民间立场的。

三、“我是农民”——新世纪民间写作立场的确立

21 世纪始，尤其是从《秦腔》开始，贾平凹真正有了自觉的民间写作立场，主要体现在两个方面，一是小说人物叙述视角的下移，由知识分子视角变为农民视角，成为真正的“作为老百姓的写作”；二是创作姿态的调整，由一种居高临下的俯视民间，到一种悲悯、慈悲来平视、直观民间。

第一个方面，“作为老百姓的写作”是莫言的说法，他说：“我认为所谓的民间写作，最终还是一个作家的创作心态问题。这个问题的一个方面是为什么写作。过去提过为革命写作，为工农兵写作，后来又发展成为人民写作。为人民的写作也就是为老百姓的写作。这就引出了问题的另外一个方面，那就是，你是‘为老百姓写作’，还是‘作为老百姓的写作’，‘为

老百姓写作’……其实还是一种居高临下的态度……其实不能算做‘民间写作’，还是一种准庙堂的写作……我认为真正的民间写作就是‘作为老百姓的写作’。(‘作为老百姓的写作’者)他在写作的时候，没有想到要用小说来揭露什么，来鞭挞什么，来提倡什么，来教化什么，因此他在写作的时候，就可以用一种平等的心态来对待小说中的人物，他不但不认为自己比读者高明，他也不认为自己比作品中的人物高明。‘为了老百姓的写作’要做出评判，‘作为老百姓的写作’就不一定做出评判。”①90年代贾平凹以一种平等、开放的态度看待民间，但那毕竟还是以一种知识分子的启蒙视角，也就是“为老百姓的写作”，而到了新世纪知识分子的启蒙视角一变而为百姓视角，成为莫言所说的“作为老百姓的写作”。在《秦腔》后记里，他写道自己和农村爱恨交织、割舍不断的情感，农民的“本性”深入骨髓，“就在这样的故乡，我生活了19年……我是个农民，善良本分，又自私好强，能出大力，有了苦不对人说。我感激着故乡的水土，它使我如芦苇丛里的萤火虫，夜里自带了一盏小灯，如漫山遍野的棠棣花，鲜艳的颜色是自然的。但是，我又恨故乡，故乡的贫困使我的身体始终没有长开，红苕吃坏了我的胃。我终于在偶尔的机遇中离开了故乡，那曾经在棣花街是一件惊天动地的事情，记得我背着被褥坐在去省城的汽车上，经过秦岭时停车小便，我说：我把农民皮剥了！可后来，做起了城里人了，我才发现，我的本性依旧是农民，如乌鸡一样，那是乌在了骨头里的。”在《高兴》后记里，认为自己写作的目的和意义就在于写自己熟悉的农民群体，将自己的小说作为社会记录留给历史，“我现在要写到底该去写什么，我的写作的意义到底是什么？我掂量过我自己，我可能不是射日的后羿，不是舞干戚的刑天，但我也绝不是为了迎合和消费去舞笔弄墨。我这也不是在标榜我多么清高和多大野心，我也是写不出什么好东西，而在这个年代的作家普遍缺乏大精神和大技巧，文学作品不可能经典，那么，就不妨把自己的作品写成一份份社会记录而留给历史。我要写刘高兴和刘高兴一样的乡

① 莫言：《文学创作的民间资源》，《当代作家评论》，2002年第1期。

下进城群体，他们是如何走进城市的，他们为何在城市里安身生活，他们又是如何感受认知城市，他们有他们的命运，这个时代又赋予他们如何的命运感，能写出来让更多的人了解，我觉得我就满足了。”《带灯》进一步肯定了自己一生写作的重点和方向就是农村，“这一本《带灯》仍是关于中国农村的，更是当下农村发生着的人事。我这一生可能大部分作品都是要给农村写的，想想，或许这就是我的命，土命。或许是农村选择了我，似乎听到了一种声音：那么大的地和地里长满了荒草，让贾家的儿子去耕犁吧。于是，不写作的时候我穿着人衣，写作时我披了牛皮。”(《带灯》后记)而在他新世纪的历史题材小说里，他表达着民间的历史观，以老百姓的眼光来看待中国百年来的历史，“《老生》就得老老实实地去呈现过去的国情、世情、民情。”“能真正地面对真实，我们就会真诚，我们真诚了，我们就在真实之中 。”“匡三司令是高寿的，他的晚年荣华富贵，但比匡三司令活得更长更久的而是那个唱师。”(《老生》后记)可以说，在现代和传统的维度之外，他对民间维度有了更明确的自觉意识，他说：“除了儒释道外，中国民间又同时认为万物有灵，对天的敬畏，对自然界的阴阳的分辨。中国文化中这些元典的东西，核心根本的东西，才是形成了中国人的思维和性格，它重整体，重混沌，重象形，重道德，重关系，重秩序。能深入了解了这些，中国的社会才能看得懂，社会上发生的许多事情也才能搞明白。”①作品中人物叙述视角的下移，是贾平凹民间写作立场的具体体现。新世纪的长篇小说，主要的表现人物以及叙述视角不再是知识分子，而是农民。《秦腔》里张引生、《高兴》里的刘高兴、《带灯》里的带灯，《老生》里的唱师、《古炉》里的狗尿苔、《极花》里的胡蝶，他们都不是知识分子，至多是有一定文化基础的农民，如刘高兴和胡蝶。他们都生活在中国最底层、最偏远、最贫困的农村，都对农村和农村民间文化有着深厚的感情，他们的命运折射出新世纪伊始中国西部仍然没有走上富裕、文明之路

---

① 贾平凹：《在第三次汉学家文学翻译国际研讨会上的讲话》，《贾平凹文论集·关于小说》，生活·读书·新知三联书店2015年版，第260页。

的乡村的整体面貌，体现着作者一直以来对中国农村、农民问题的深切关注和沉痛忧思。

第二个方面，创作姿态的调整。“民间立场是指作家自觉地站在社会底层及广大平民的立场上，对民间生活作出自己的审视与评估……作家的民间立场，更体现为对待民间的人生价值观念和道德规范的尊重与认可，特别是能够从历史的民间精神资源中发掘出鲜活的生命意义与时代价值。”①贾平凹新世纪长篇小说为我们描绘了一系列朴实、善良、勤劳、真诚，散发着人格魅力或艺术之美的农民形象，如张引生、白雪、夏天义、刘高兴、五富、带灯、狗尿苔、蚕婆、善人、胡蝶、黑亮、老老爷、麻子婶等，他们身份卑微，命运多舛，或是被城市化、商品化的大潮裹挟，身不由己，不知哪里才是自己真正的家园；或者在基层的矛盾、沉疴里无法自拔，精神的超拔无法抵御现实的残酷，最终在乡镇的街道梦游。作者满怀着情感描写这些人物，并没有觉得自己比他们高贵或更智慧，为他们的悲欢而悲欢，为他们的忧乐而忧乐。“中国新文学是从启蒙运动开始发轫的，以鲁迅为代表的先进知识分子是站在一个比民间更高的立场上……在高高在上的主体俯视下，被俯视的民间社会只能以可笑的愚昧的面目呈现，不可能真正飞扬起来。而贾平凹是自觉地走出这种启蒙传统的作家之一……在以往启蒙的文学传统里，夏风这样的角色往往是充当农村叙事的叙述者，但是《秦腔》里的知识分子形象是受嘲弄的……所以，由引生取代夏风作为叙事者，标志了贾平凹创作的民间叙事立场已经完成。引生已经不是一个单纯的讲述人，他不仅带着自己的故事，而且带着自己的民间精神立场和审美趣味来讲述清风街历史，也就是说，民间的叙事功能决定了这部小说的民间精神和审美的导向。”②以农民的身份来看待农民，看待农村的传统和民间文化，固然无法给出历史化的高度理性的结论，对农民和

① 宗元：《贾平凹小说的民间立场》，《理论学刊》，2000年第1期。

② 陈思和：《〈秦腔〉的现实主义艺术》，李伯钧主编《贾平凹研究》，陕西师范大学出版社2014年版，第157-158页。

农村的历史、现实和未来，也只能表现出迷茫和无助、悲悯与宽容。在民间立场的作家看来，知识分子实在并不比农民高明多少，他们曾经给农民指明的道路、勾画的蓝图都被证明是乌托邦，而只有这种民间的价值态度和审美立场才是21世纪以来面对中国经验的最合理的态度。

民间写作立场还表现在他的以历史为题材的小说中。《老生》的四个故事分别截取了游击战争时期、土改、人民公社和改革开放以来四个历史阶段，表明了作者对革命的态度，“我的《老生》在烟雾里说着曾经的革命而从此告别革命”，原来写革命历史是为了“告别革命”；到了《山本》，只写了20世纪20年代秦岭地区以涡镇为中心的国民政府军、红军游击队、土匪逛山以及各类地方武装之间的军事斗争和人事纠葛，意旨似乎又进了一步，那就是——“告别英雄”。贾平凹用三部历史小说完成了20世纪百年中国历史的书写，《古炉》和《老生》写齐了20世纪从国内革命战争到改革开放的各个历史阶段，而《山本》又对20年代国内革命战争时期秦岭地区的那段历史做了重写，这种重写是属于贾平凹个人的，是来自民间立场的。民间激活了之前被官方意识形态和启蒙意识所压抑的底层文化和现实空间，发现了底层民众身上可贵的精神和品质，是知识分子一次主动地深入民众、锻造思想，和50—60年代被迫以放弃启蒙理性的思想改造运动不同。民间的粗朴、原始、混沌的状态为作家提供了新的创作资源和动力。同时，民间使知识分子能够跳出知识分子的身份来看待自己，从而发现历史、理解现实、展望未来。正如南帆所说：“民间并不是理论制造的紧箍咒，民间是文学不尽的资源。文学有理由充分地描述民间；至少，文学必须充分地意识到民间的存在。不论知识分子试图与民间保持何种关系，他们首先必须与民间进行不懈的对话。事实上，这样的对话将驱使知识分子更为有效地描述自己的位置，并且重新估价他们所热衷的一系列概念，例如启蒙，主体，人文精神或者现代性。”①

---

① 南帆：《民间的意义》，《文艺争鸣》1999年第2期。

四、新世纪现代意识的全新体现——人类意识

进入21世纪，主要是在《秦腔》之后，贾平凹确立了用生活细节流摹写中国农村现实和历史的写法，中国传统的“史传”传统成为他主要继承的传统，将中国现实记录下来留给历史成为他创作的初衷和结果。此时期，是他有更多、更明确的关于现代意识表述的时期，而他对现代意识的理解就是“人类意识”，例如他在2002年的一次访谈中说：“西方有西方的生存经验，这种生存经验即民主、自由，注意人，人的个性，同时，工业对人的异化，高科技使人产生的种种病相等等。而我们的生存经验又是什么呢，这就不用我在这里多说了。他们的经验和我们的经验结合参照，我想应该是我们写作的内容，我们强调现代文学(文学的现代性)，得了解它的背景，寻找生命、精神里的因素，再是寻找一种语感，所以，因其语感的背景不一样，硬性模仿就失去了精神。必须加入现代，改变思维，才能用现代的语言来发掘我们文化中的矿藏。现代意识的表现往往具有具象的、抽象的、意象的东西，更注重人的心理感受，讲究意味的形式，就需要去把握原始与现代的精神契合点，把握如何去诠释传统。我喜欢用‘作品的境界’这个词。现代意识说穿了就是人类意识。”①在2007年的一次访谈中他又明确说道：“现代意识是人类的意识，农民应怎样去活着和活得更好？之所以长久地关注和表现故乡的历史命运和生活，基本的一点是 我来自乡下，那里至今有我的亲人，有生命的关系；再者，中国是农业国，从乡下的角度最能看清这个社会。”②此时他对现代意识的理解，就是表现中国的农村与农民的历史和现实命运，而这种中国经验就是对人类共同历史命运的反映，具有了人类性和世界性。这种具有“人类意识”的作品，贯穿在21

① 贾平凹，胡天夫：《关于贾平凹的阅读》，《贾平凹文论集·访谈》，生活·读书·新知三联书店2015年版，第113-114页。

② 贾平凹，黄平：《贾平凹与新时期文学三十年》，《南方文坛》，2007年第6期。

世纪《秦腔》以来一系列反映中国乡村历史和现实的真实的原生态摹写的长篇小说中。他在《古炉》和《带灯》后记中都阐明了他对现代意识的理解，“我们放不下心的是在我们身上，除了仁义礼智信之外，同时也有着魔鬼，而魔鬼强悍，更易于放纵，只有物质之丰富，教育之普及，法制之健全，制度之完备，宗教之提升，才是人类自我控制的办法。”“任何现代主义的艺术都是建立在扎实的写实功力之上的。”(《古炉》后记)“现代意识就是人类意识，而地球上大多数的人所思所想的是什么，我们应该顺着潮流去才是……但是，到了今日，我们的文学虽然还在关注着叙写着现实和历史，又怎样才是具有现代意识、人类意识呢？我们的眼睛就得朝着人类最先进的方面注目……正视和解决哪些问题是我们通往人类最先进方面的障碍，比如在民族的性情上、文化上、体制上、政治生态和自然生态环境上、行为习惯上，怎样不再卑怯和暴戾，怎样不再虚妄和阴暗？怎样才是真正的公平和富裕，怎样才能活得有尊严和自在。”(《带灯》后记)可见，此时他的现代意识包含了很多启蒙现代性的内容，强调对人类共同价值观的追求，那就是民主、自由、科学、法制、生态、尊严等，贾平凹的创作也表明中国的现代性目标是一个远未达成的愿景。

结　　语

贾平凹指认的“现代”是一个内涵和外延在不断发生着变化的概念，代表着他在不同时期关于现代/传统、民族/世界、中国/西方等关系问题的不同理解和思考。大致说来，他的现代意识有一个由浅入深、由表及里、由形式到观念的逐步深化的过程。我们无意对贾平凹的现代意识理解的科学性、严谨性做苛求，事实上他也不是一个以理论、思辨见长的作家。推进一步说，如果评论家都以作家的弱项去和其他中外优秀作家的强项作比较，往往会得出不够公正客观的判断。对某个时代、国家、民族、作家创作成就的评价，应该放在具体的时代、国情、政治经济文化条件等背景下来评估，抽离这些客观外在条件去做评判往往很难做到理性、客观。除了以上从主题和叙事的考量，从人物塑造来看，贾平凹90年代以来现实题材的创作也是具有“人类性”和“世界性”的：庄之蝶、夜郎、子路、子明、夏风、刘高兴、带灯、胡蝶等人物，无不是徘徊在城市与乡村、现代与传统、理想与现实、物质与精神之间，举步维艰、进退失据、万分纠结——这是他们的生存困境，也是贾平凹的精神困境，更是全球化、信息化、城市化背景下地球上所有人的现实与精神困境。看到了这一点，就能够理解贾平凹小说的现代意识（现代性），理解其在传统性和民间性重重包裹下的现代内核，如谢有顺所说：“他是被人公认的当代最具有传统文人意识的作家之一，可他的作品内部的精神指向却不但不传统，而且还深具现代意识。”①但同时我们也应看到，在被他视为写作宗旨的“三驾马车”——传统性、民间性和现代

① 谢有顺：《贾平凹小说的叙事伦理》，《西安建筑科技大学学报》，2009年第4期。

性中，现代性并不具有和其他二者平起平坐的地位，从他的作品和生活中体现出的对传统、民间的沉醉与痴迷相比，现代性特征多少显得有些浮泛和刻意。他在80—90年代对西方文学和哲学的借鉴和吸取，暗含了以西方为中心的后殖民心态，而他所谓的“现代意识”只容纳了“西方”和“现代”中好的一面，对现代性的负面反思不足；新世纪后，他对现代意识的理解是单一的、不全面的。具体到他的创作中，多少存在一些与现代性相冲突的地方，比如神秘主义，在他21世纪创作的写农村的长篇小说中，有大量的神秘的无法用科学解释的人物和细节，这明显不符合改革开放多年来农村的现实，是为了神秘而神秘，为了审美而审美，审美现代性的追求压倒了启蒙现代性。关于神秘和迷信的区别，有论者说得好：“衡量此类描写是否有现代性，是有一个尺度的。我认为：如果作家总是让那些巫术卜占应验就是缺乏现代性；如果偶有印证是巧合，那是一种文学手法；如果让它们很难应验甚至经常事与愿违式的写法，这恐怕就是更为现代性的审视。”①另外，相对于他生活了50年的西安城，在他创作的18部长篇小说里，只有6部写了城市，而且在他的小说里很难看到对都市景观、都市人物、都市文明的肯定性的正面描绘，这表明对农业文明、传统文化的倾心与沉迷多少压抑了他对都市文明与现代文化的理解和接受。

贾平凹习惯性混用“现代意识”和“现代性”概念，其作品中的“现代”在不同创作阶段有着不同的体现，即80年代的学习西方现代派和“主体意识”高扬，90年代的存在主义哲学观念，新世纪以来的“人类意识”。尽管贾平凹是一个具有自觉现代意识的作家，但他的思想和作品中体现出的现代性和其传统性、民间性相比，并不具有完全对等的地位，创作主体呈现出传统与现代、城市与乡村、精英与民间、诗性与理性的矛盾与纠结状态——在文化取向上偏向传统，在精神归属上偏向乡村，在创作姿态上经历了由知识分子话语到民间话语的转变，在审美追求上力求写实与抒情、理性与诗性的结合，而这种悖论式的文化选择和创作观念体现在小说的人

① 刘川鄂：《传统文人写作与现代性观照》，《长江文艺》2016年第8期。

物塑造、叙事策略、审美风貌等各方面。他的小说创作形式接续了传统美学精神，但对现代小说技巧和美学精神的汲取并不充分，其小说的现代性主要体现在西方哲学和人学思想观念上。传统美学与现代语境之间有冲突，当代乡土小说仍需以现代思想和美学精神加以观照，才能真正实现对传统的继承与创造性转化。

参考文献

一、专著类

[1]亚里斯多德．诗学[M]．北京：人民文学出版社，1997.
[2]韦勒克、沃伦．文学理论[M]．北京：生活·读书·新知三联书店，1984.
[3]W·C. 布斯．小说修辞学[M]．北京：北京大学出版社，2007.
[4]华莱士·马丁．当代叙事学[M]．北京：北京大学出版社，2005.
[5]J. 希利斯·米勒．解读叙事[M]．北京：北京大学出版社，2002.
[6]米歇尔·福柯．知识考古学[M]．北京：生活·读书·新知三联书店，2003.
[7]米歇尔·福柯．疯癫与文明[M]．北京：生活·读书·新知三联书店，2003.
[8]安东尼·吉登斯．现代性与自我认同[M]．北京：生活·读书·新知三联书店，1998.
[9]亨廷顿．变化社会中的政治秩序[M]．王冠华等译，北京：生活·读书·新知三联书店，1987.
[10]马奈·卡林内斯库．现代性的五副面孔[M]．顾爱彬，李瑞华译，北京：商务印书馆，2002.
[11]尼采．悲剧的诞生[M]．北京：生活·读书·新知三联书店，1986.
[12]萨义德．知识分子论[M]．单德兴译，北京：生活·读书·新知三联书店，2002.

[13]萨义德．东方学[M]．王宁根译，北京：生活·读书·新知三联书店，1999.
[14]米兰·昆德拉．小说的艺术[M]．北京：生活·读书·新知三联书店，1995.
[15]亨利·詹姆斯．小说的艺术[M]．上海：上海译文出版社，2001.
[16]徐复观．中国艺术精神[M]．沈阳：春风文艺出版社，1987.
[17]宗白华．美学散步[M]．上海：上海人民出版社，1998.
[18]叶朗．中国美学史大观[M]．上海：上海人民出版社，1985.
[19]杨义．中国叙事学[M]．北京：人民出版社，2009.
[20]浦安迪．中国叙事学[M]．北京：北京大学出版社，1996.
[21]余英时．士与中国文化[M]．上海：上海人民出版社，2003.
[22]申丹．叙事学：经典与后经典[M]．北京：北京大学出版社，2010.
[23]陈平原．中国小说叙事模式的转变[M]．北京：北京大学出版社，2003.
[24]张隆溪．中西文化研究十论[M]．上海：复旦大学出版社，2005.
[25]费孝通．乡土中国 [M]．北京：北京大学出版社，1998
[26]朱光潜．西方美学史[M]．北京：人民文学出版社，1979.
[27]陈平原，夏晓虹编．二十世纪中国小说理论资料(1-5卷)[M]．北京：北京大学出版社，1997.
[28]方锡德．中国现代小说与文学传统[M]．北京：北京大学出版社，1992.
[29]钱理群、温儒敏、吴福辉．中国现代文学三十年[M]．北京：北京大学出版社，1998.
[30]赵园．地之子[M]．北京：十月文艺出版社，1993.
[31]许志英，丁帆．中国新时期小说主潮[M]．北京：人民文学出版社，2002.
[32]洪子诚．中国当代文学史(修订版)[M]．北京：北京大学出版社，1999.

[33]刘川鄂．中国自由主义文学论稿[M]．武汉：武汉出版社，2000.
[34]陈思和．中国当代文学史教程[M]．2版．上海：复旦大学出版社，2005.
[35]丁帆．中国乡土小说史[M]．北京：北京大学出版社，2007.
[36]孟繁华，程光炜．中国当代文学发展史[M]．北京：中国人民大学出版社，2009.
[37]陈平原．中国散文小说史[M]．北京：北京大学出版社，2010.
[38]温儒敏等．中国现当代文学学科概要[M]．北京：北京大学出版社，2005.
[39]董乃斌．中国文学叙事传统研究[M]．北京：中华书局，2012.
[40]王又平．新时期文学转型中的小说创作潮流[M]．武汉：华中师范大学出版社，2001.
[41]曹文轩．中国八十年代文学现象研究[M]．北京：北京大学出版社，1988.
[42]许子东．当代小说阅读笔记[M]．上海：华东师范大学出版社，1997.
[43]吴炫等．十作家批判书[M]．西安：陕西师范大学出版社，1999.
[44]王晓明．二十世纪中国文学史论(第一卷)[M]．上海：东方出版中心，2003.
[45]刘川鄂．从现代到当代[M]．北京：中国社会科学出版社，2015.
[46]黄晓华．20世纪中国小说修饰史略[M]．北京：人民出版社，2014.
[47]王德威．想象中国的方法——历史·小说·叙事[M]．北京：生活·读书·新知三联书店，2003.
[48]刘继林．“先锋”与“民间”——20世纪中国文学话语研究[M]．北京：中国社会科学出版社，2018.
[49]费秉勋．贾平凹论[M]．西安：西北大学出版社，1990.
[50]肖夏林主编．《废都》废谁[M]．北京：学苑出版社，1993.
[51]王永生等．贾平凹的语言世界[M]．西安：太白文艺出版社，1994.
[52]刘斌，王玲选编．失足的贾平凹[M]．北京：华夏出版社，1994.

[53]贾平凹，穆涛．平凹之路——贾平凹精神自传[M]．西宁：青海人民出版社，1994.
[54]费秉勋编．《废都》大评[M]．香港：香港天地图书公司，1998.
[55]贾平凹，冯有源．平凹的艺术：创作问答例话[M]．上海：上海人民出版社，1998.
[56]赖大仁．魂归何处——贾平凹论[M]．北京：华夏出版社，2000.
[57]马河声主编．贾平凹书画艺术论[M]．西安：陕西旅游出版社，2001.
[58]孙见喜．贾平凹前传(三卷本)[M]．广州：花城出版社，2001.
[59]郃科祥．贾平凹的心阈世界[M]．西安：陕西旅游出版社，2002.
[60]曾令存．贾平凹散文研究[M]．北京：中国社会科学出版社，2003.
[61]贾平凹，谢有顺．贾平凹谢有顺对话录[M]．苏州：苏州大学出版社，2003.
[62]韩鲁华．精神的映象：贾平凹文学创作论[M]．北京：中国社会科学出版社，2003.
[63]孙见喜．贾平凹传[M]．上海：上海人民出版社，2008.
[64]郜元宝主编．贾平凹研究资料[M]．天津：天津人民出版社，2005.
[65]雷达主编．贾平凹研究资料[M]．济南：山东文艺出版社，2006.
[66]李星，孙见喜．贾平凹评传[M]．郑州：郑州大学出版社，2005.
[67]许爱珠．性灵与启蒙：贾平凹的平平凹凹[M]．北京：团结出版社，2007.
[68]杨辉．“大文学史”视域下的贾平凹研究[M]．北京：人民出版社，2017.
[69]黄世权．日常沉迷与诗性超越——贾平凹意象写实艺术[M]．北京：北京师范大学出版社，2012.
[70]黄平．贾平凹小说论稿[M]．昆明：云南人民出版社，2013.
[71]樊娟．影响中的创造——贾平凹小说的独异生成[M]．北京：中国社会科学出版社，2016.
[72]贾平凹．贾平凹文论集·关于小说[M]．北京：生活·读书·新知三

联书店，2015.
[73]贾平凹．贾平凹文论集·关于散文[M]．北京：生活·读书·新知三联书店，2015.
[74]贾平凹．贾平凹文论集·访谈[M]．北京：生活·读书·新知三联书店，2015.
[75]李斌、程桂婷．贾平凹创作问题批判[M]．长沙：湖南大学出版社，2015.

二、学位论文类

[1]王义军．审美现代性的追求——论中国现代写意性小说与小说中的写意性[D]．广州：暨南大学博士论文，2002.
[2]叶世祥．20世纪中国审美主义思想研究[D]．杭州：浙江大学博士论文，2004.
[3]李火秀．审美现代性视域中的中国现代自由主义文学[D]．杭州：浙江大学博士论文，2010.
[4]方秀珍．神秘主义：祛魅与复魅——二十世纪中国文学现象之一种[D]．兰州：兰州大学博士论文，2005.
[5]张舟子．在传统和现代之间——新笔记小说研究[D]．开封：河南大学博士论文，2006.
[6]宋洁．论当代文学的民间资源——以贾平凹的小说创作为个案[D]．兰州：兰州大学博士论文，2007.
[7]王建仓．中国现代乡土文学的境界叙事和意象叙事——简论沈从文和贾平凹[D]．西安：陕西师范大学博士论文，2009.
[8]李春燕．新时期30年陕西文学批评研究——以小说批评为中心[D]．西安：陕西师范大学博士论文，2010.
[9]刘一秀．传统与现代的纠结——贾平凹长篇小说创作研究[D]．长春：吉林大学博士论文，2012.

[10]杨洁梅．世纪之交的精神风景——贾平凹长篇小说《高老庄》的叙事策略研究[D]．武汉：华中科大博士论文，2012.

[11]阳燕．敞开与遮蔽——1990年代以来的文革小说研究[D]．武汉：武汉大学博士论文，2013.

[12]李俊．经验与话语——贾平凹90年代长篇小说叙事研究[D]．武汉：华中师范大学硕士论文，2006.

[13]王昱娟．制造声音——贾平凹与中国现当代文学批评[D]．西安：西北大学硕士论文，2007.

[14]谭飞菲．贾平凹与明清白话小说——以《废都》《高兴》为中心[D]．沈阳：沈阳师范大学硕士论文，2012.

[15]赵娜．文化传播视野下的贾平凹小说传播与影响力研究[D]．西安：西安建筑科技大学硕士论文，2013.

[16]李丹丹．论贾平凹文学创作与神秘主义叙事[D]．开封：河南大学硕士论文，2012.

三、报刊论文类

[1]邹荻帆．生活之路——读贾平凹的短篇小说[J]．文艺报，1978(5).

[2]胡采．关于贾平凹和他的小说[N]．文汇报，1978-12-18.

[3]程德培．短小精悍 清新自然——读贾平凹几篇短篇小说[J]．上海文学，1978(10).

[4]阎钢．贾平凹和他的短篇小说[N]．光明日报，1980-2-6.

[5]丁帆．谈贾平凹作品的描写艺术[J]．文艺评论，1980(4).

[6]费秉勋．试论贾平凹小说的艺术风格[J]．延河，1980(8).

[7]孙犁．读一篇散文[N]．人民日报，1981-7-4.

[8]梁建．形象鲜明，讽刺真切——读《晚唱》[N]．文学报，1981-11-19.

[9]于朝贵．格调低沉，立意失真——评《晚唱》[N]．文学报，1982-11-19.

[10]王愚，肖云儒．生活美的追求[J]．文艺报，1981(12).

[11]臻海．揭出病苦应是为了疗救：读中篇小说《二月杏》[N]．工人日报，1982-3-26.

[12]文闻整理．对《二月杏》的批评意见[J]．长城，1982(3).

[13]“笔耕”组贾平凹近作讨论会[J]．延河，1982(4).

[14]费秉勋．贾平凹 1981 年小说创作一瞥[J]．延河，1982(4).

[15]孙犁．再谈贾平凹的散文[N]．天津日报，1982-4-22.

[16]孙犁．读贾平凹[N]．解放日报，1982-12-26.

[17]张志忠．充满活力的溪流：试论贾平凹的创作道路[J]．钟山，1983(5).

[18]胡采．给贾平凹同志的信[J]．中国现当代文学研究，1983(12).

[19]何镇邦．变革中农村的诗意再现：读《鸡窝洼的人家》[J]．红旗，1984-1-7.

[20]贾平凹．怎样写好散文[N]．文学报，1984-4-5.

[21]闻冰．用积极进取的态度反映人生：评贾平凹同志的创作倾向[J]．长安，1984(5).

[22]唐先田．充满浓郁诗意和改革精神的农村画卷：评贾平凹的三篇中篇小说[J]．江淮论坛，1984(5).

[23]季红真．平波水面，狂澜深藏：评《鸡窝洼的人家》[J]．《十月》，1984(5).

[24]贾平凹，丁帆．关于《九叶树》的通信[J]．钟山，1984(6).

[25]王愚．贾平凹创作的新变化：谈《小月前本》和《鸡窝洼的人家》[J]．文艺报，1984(7).

[26]曾镇南．农村社会变革急潮中的心理微澜：评贾平凹的几部中篇近作[N]．光明日报，1984-8-30.

[27]丁帆．写出时代交汇点的不同人物：贾平凹近作短评[N]．文学报，1984-11-22.

[28]费秉勋．论贾平凹[J]．当代作家评论，1985(1).

[29]张志忠．贾平凹的创作：渐进与跳跃[J]．文艺研究，1986(6).

[30]费秉勋．论贾平凹小说创作中的现代意识[J]．小说评论，1986(4).
[31]李振声．商州：贾平凹的小说世界[J]．上海文学，1986(4).
[32]雷达．模式与活力：贾平凹之谜[J]．读书，1986(7).
[33]金平．由“浮躁”延展的话题：与贾平凹病榻谈[J]．当代文坛，1987(2).
[34]周政保．《浮躁》：历史阵痛的悲哀与信念[J]．小说评论，1987(4).
[35]邢小利．《浮躁》疵议[J]．小说评论，1988(1).
[36]费秉勋．关于贾平凹的创作[J]．小说评论，1990(3).
[37]韩鲁华．审美方式：观照、表现与叙述——贾平凹长篇小说风格论之一[J]．当代作家评论，1990(2).
[38]吴进．贾平凹创作心态探析[J]．陕西师大学报(哲社版)，1991(4).
[39]樊星．贾平凹：走向神秘——简论当代志怪小说[J]．文学评论，1992(5).
[40]钟本康．世纪末：生存与焦虑——《废都》的主题意识[J]．当代作家评论，1993(6).
[41]吴亮．城镇、文人和旧小说——关于贾平凹的《废都》[J]．文艺争鸣，1993(6).
[42]陈晓明．废墟上的狂欢节——评《废都》及其他[J]．天津社会科学，1994(2).
[43]黄嗣．贾平凹与川端康成创作心态的相关比较[J]．湖北大学学报(哲社版)，1995(3).
[44]旷新年．从《废都》到《白夜》[J]．小说评论，1996(1).
[45]贾平凹，陈泽顺．贾平凹问答录[J]．文学自由谈，1996(1).
[46]王尧．重评《废都》——简论九十年代知识分子[J]．当代作家评论，1996(4).
[47]孟繁华．面对今日中国的关怀与忧虑：评贾平凹的长篇小说《土门》[J]．当代作家评论，1997(1).
[48]邢小利、仵埂、闫建滨、李建军、孙见喜、王永生、贾平凹．《土门》

与《土门》之外——关于贾平凹《土门》的对话[J]. 小说评论，1997(3).
[49]宗元. 贾平凹小说中的民间色彩[J]. 小说评论，1997(3).
[50]盐旗伸一郎. 贾平凹创作道路上的第二个转机[J]. 小说评论，1998(1).
[51]贾平凹，穆涛. 写作是我的宿命：关于贾平凹长篇小说新著《高老庄》访谈[N]. 文学报，1998-6-9.
[52]雷达. 贾平凹的《高老庄》[J]. 小说评论，1999(2).
[53]谢有顺. 贾平凹的实与虚[J]. 当代作家评论，1999(2).
[54]张志忠. 贾平凹创作中的几个矛盾[J]. 当代作家评论，1999(5).
[55]廖增湖. 贾平凹访谈录：关于《怀恋狼》[J]. 当代作家评论，2000(4).
[56]雷达. 长篇小说笔记之五：贾平凹《怀恋狼》[J]. 小说评论，2000(5).
[57]丁帆."新汉语文学"的尝试：《怀恋狼》阅读断想[J]. 小说评论，2001(1).
[58]段建军. 灵与肉的交响——《怀恋狼》简论[J]. 小说评论，2001(1).
[59]陈思和. 20世纪中外文学关系研究中的"世界性因素"的几点思考[J]. 中国比较文学，2001(1).
[60]李建军. 消极写作的典型文本：再评《怀恋狼》——兼论一种写作模式[J]. 南方文坛，2002(4).
[61]高玉. 论中国现代文学的民族性[J]. 广东社会科学，2004(3).
[62]王尧. 重评《废都》兼论九十年代知识分子[J]. 当代作家评论，2006(3).
[63]陈晓明. 本土、文化与阉割美学——评从《废都》到《秦腔》的贾平凹[J]. 当代作家评论，2006(3).
[64]陈思和. 新世纪以来长篇小说创作的两种现实主义趋向[J]. 渤海大学学报，2007(3).
[65]黄平. 贾平凹与新时期文学三十年[J]. 南方文坛，2007(6).
[66]贺仲明. 从本土化与民族化角度反思新文学[J]. 首都师范大学学报，

2009(5).
[67]程光炜．批评对“贾平凹形象”的塑造[J]．当代文坛，2010(6).
[68]郭萌，赵学勇．地理的空间与文学的意象——以贾平凹小说的创作为例[J]．人文地理，2011(2).
[69]栾梅健．以天为徒——贾平凹的文学观[J]．当代作家评论，2012(6).
[70]贺仲明．犹豫而迷茫的乡土文化守望——论贾平凹1990年代以来的小说创作[J]．南方文坛，2012(4).
[71]欧阳光明．论贾平凹后期长篇小说的叙事视角[J]．当代文坛，2012(3).
[72]程光炜．贾平凹与琴棋书画[J]．当代文坛，2013(2).
[73]王玉珠．再论中国现当代文学的民族性与世界性——以莫言获‘诺奖’为契机[J]．山东大学学报，2013(6).
[74]杨经建．“黑夜”意识与“深渊体验”存在主义诗学视野中的王小波和贾平凹[J]．当代作家评论，2015(3).
[75]曹小晶等．媒介融合背景下文学作品改编研究新维度——以贾平凹作品电影传播效果为个案的调研报告[J]．浙江传媒学院学报，2015(6).
[76]曹刚．论新世纪以来贾平凹的乡土叙述和修辞美学——以《秦腔》《古炉》和《老生》为考查对象[J]．小说评论，2016(3).
[77]史习斌．乡下人的城市眼光——贾平凹及其笔下的小城文化特征[J]．当代作家评论，2016(4).
[78]朱寿桐．贾平凹与当代小说文化多元化格局的形成[J]．小说评论，2016(2).
[79]刘川鄂．传统文人写作与现代性观照[J]．长江文艺，2016(8).
[80]王春林．走入与走出：论贾平凹对传统的现代转换[J]．小说评论，2017(2).
[81]韩蕊．贾平凹小说的主题变迁[J]．小说评论，2017(2).
[82]段建军，李荣博．贾平凹的现实主义探索及其贡献[J]．中国文学研

究，2017(3).
[83]程光炜．长篇小说“后记”的人与事——贾平凹论之三[J]．文艺争鸣，2017(6).
[84]冯阳．贾平凹小说的叙事演变[J]．小说评论，2017(2).
[85]乔艳．贾平凹近期小说的空间转向[J]．小说评论，2017(2).
[86]张世胜．贾平凹作品在德语国家的译介情况[J]．小说评论，2017(3).
[87]臧小艳．陕西文学的海外传播之路[J]．小说评论，2017(3).
[88]谭湘衡．贾平凹小说的语言风格探析[J]．小说评论，2017(2).
[89]贾平凹．我与传统接受[J]．小说评论，2017(2).
[90]韩鲁华．论贾平凹对传统的三个承续[J]．小说评论，2017(2).
[91]谢有顺．在传统与现代之间往返博弈的贾平凹[J]．小说评论，2017(2).
[92]陈思和．向传统小说致敬——关于贾平凹新著《山本》[J]．书城，2018(5).
[93]陈晓明．“土”与“狠”的美学——论贾平凹叙述历史的方法[J]．文学评论，2018(6).
[94]陈思和．试论贾平凹《山本》的民间性、传统性和现代性[J]．小说评论，2018(4).
[95]吴义勤．抒情话语的再造——《山本》论之二[J]．文艺争鸣，2018(6).
[96]王金胜、吴义勤．莫言与中国文学“现代传统”的历史关联性——路径、方法与可能性的探讨[J]．小说评论，2018(4).
[97]杨杨．以山为本：作为一种象征的晚期风格[J]．探索与争鸣，2018(7).
[98]张学昕，张博实．历史、人性与自然的镜像——贾平凹的“世纪写作”论纲[J]．西北大学学报(哲社版)，2019(6).
[99]徐勇．新时期以来文学现代性的两极走向及症候——以王安忆和贾平凹为中心的考察[J]．当代作家评论，2019(4).
[100]杨辉．历史、通观与自然之镜——贾平凹小说的一种读法[J]．当代文坛，2020(2)

[101]孙立武. 作为书写策略的现代意识——以贾平凹《暂坐》为考察对象[J]. 宁夏大学学报(人文社科版), 2021(5).
[102]吴义勤. "传统"何为? ——《暂坐》与贾平凹的小说美学及其脉络[J]. 南方文坛, 2021(2).
[103]杨辉. "混沌"之德:《秦岭记》的世界、观念和笔法[J]. 中国当代文学研究, 2022(4).
[104]徐勇. 总体性的重构与笔记体的内在难度——关于贾平凹的《秦岭记》及其他[J]. 商洛学院学报, 2022(3).